『厦门六中素质教育课改研究』丛书

博雅育人史政学科五育融合教学集萃

下卷

姚育青 鲍鹭滨 杜益 主编

1953—2023
福建省厦门第六中学70周年校庆
70th ANNIVERSARY XIAMEN NO.6 HIGH SCHOOL OF FUJIAN

海峡出版发行集团
THE STRAITS PUBLISHING & DISTRIBUTING GROUP
鹭江出版社
2023年·厦门

第四章　爱国民族精神的觉醒振兴

第一节　甲午之殇促醒与戊戌维新图强

梁启超先生在评价甲午战争和《马关条约》的影响时，有以下的文段：

“盖十九世纪下半世纪以来，各国之战争，其胜负皆可于未战前决之。”“唤起吾国四千年之大梦，实自甲午一役始也。吾国之大患，由国家视其民为奴隶，积之既久，民之自视亦如奴隶焉。彼奴隶者苟抗颜而干预主人之家事，主人必艴然而怒，非挨斥则谴责耳。故奴隶于主人之事，罕有关心者，非其性然也，势使之然也。吾国之人视国事若于己无与焉，虽经国耻历国难，而漠然不以动其心者，非其性然也，势使然也。”

“故非受巨创负深痛，固不足以震动之。昔日本当安政间，受浦贺米舰一言之挫辱，而国民蜂起，遂成维新。吾国则一经庚申圆明园之变，再经甲申圆明园之变，再经马江之变，而十八行省之民，犹不知痛痒，未学稍改其顽固嚣张之习。直待台湾既割，二百兆之债款既输，而鼾睡之声，乃渐惊起，此亦事之无如何者也。”

从梁君之言中，不难悟出甲午战争和《马关条约》对中华民族意识的重大振醒，因而1894—1895年也成为近代前期重要的分水岭。

一、甲午风云的始末与民族意识的初萌

（一）19世纪70年代后的边疆危机

1. 整体概述

沙皇俄国不仅在19世纪60年代初并吞了我国东北边疆的100多万平方公里的地区，而且紧接着，又把黑手伸进我国的西北边疆。沙皇俄国经过同治三年（1864）的划界议定书而夺得的中国领土，虽然已经超过《北京条约》第二条的规定，但是他们觉得，《北京条约》对他们还是一个束缚。他们在消化已得赃物的同时，利用当时新疆的形势，继续寻求机会攫取更多的领土。

沙皇俄国多次派遣军官同南疆的阿古柏接触，进行拉拢。同治十一年（1872），沙皇政府在同阿古柏订立的条约中，承认阿古柏是"独立国君主"，而阿古柏则承诺给予俄国某些在南疆的特权。（很快就有了阿古柏的叛乱，俄国也乘机侵占伊犁的北疆地区。）

沙皇侵略者盘踞伊犁地区达十年之久。光绪二年（1876），左宗棠进军新疆，粉碎了企图分裂中国的阿古柏反动政权，也就剥夺了沙皇侵略者不交还伊犁的借口。但沙皇侵略者又用了别的手法，继续进行对中国领土的蚕食。

英国主要以东南沿海为根据地，向长江流域伸展其势力。但它的活动并不限于沿海、沿江地区。从19世纪70年代开始，它以已经成为它的殖民地的印度为基地，把侵略的黑手伸向了中国的西部，即云南、西藏和新疆等地区。《中英烟台条约》中规定宜昌、芜湖、温州、北海成为通商口岸，英国可以派员驻在重庆，并指定长江沿岸六个城市准许外国轮船停泊，还对领事裁判权做了更具体的规定等。

侵略中国的列强既互相配合、勾结，又互相竞争、排挤。在云南，同英国竞争的是法国，而在西藏，沙皇俄国也同时进行着侵略阴谋。但是，英国和俄国当时在中国进行争夺的重点还是在新疆。①

---

① 《从鸦片战争到五四运动》，第169—178页。

2. 重点问题

（1）新疆地区与沙俄的图谋

左宗棠平定了新疆阿古柏叛乱后，也展开了和盘踞在伊犁的沙俄势力的谈判。《伊犁条约》签订后，清政府收回了伊犁，但是沙俄也获得了西北边境地区的领土作为补偿。该条约是一个不平等条约，也是第一个因中国反对而推翻前约并收回部分主权的条约。

徐中约先生对新疆问题有如下评述：

> （曾纪泽代表中国政府和俄方签订的《伊犁条约》）一般认为这次和平解决是中国的外交胜利，其重大后果有二。第一，它助长了中国保守主义势力的抬头。尽管曾侯曾经警告不要自满、乐观和傲慢，但是，从一个西方强国那里赢得了胜利的想法激发了自信和自满。那些不负责任、妄发清议的士子文人更加相信，这次胜利是来自于他们坚定的立场，因而过分地自信他们有能力解决中国在对外关系中的难题。
>
> 这个协定的第二个重要结果，是新疆的地位发生了变化。新疆历来被看作“西域”……一直是边疆地区，中国强盛时便领有它，衰落时便丧失它。清廷接受左宗棠的建议，于1884年将新疆改为行省，并任命在收复新疆中功绩卓著的年轻骁将刘锦棠为首任巡抚。这一前所未有的制度革新，建立了中国边疆史上的重大里程碑。

（2）西南地区与法国的渗入

越南在清代是中国的藩属国，向来是中国西南地区的门户。法国的侵略势力在渗入越南后，也开始觊觎中国的西南地区。边疆危机表现出来的，就是19世纪80年代的中法战争。

1885年3月的镇南关战役中，老将冯子材利用采取坚固防御阵地待敌，而后转入反攻的作战方针，毙伤法军近千人，缴获了大量枪炮和干粮，取得了清廷与法国开战以来最大的一次胜利。但这只是一个局部胜利，当1885年3月30日下午，茹费理总理因战败刚宣布辞职，紧接着法国议会便开始讨论对华政策问题。一些议员先后发言，认为不能改变对华战争政策，应该设法挽回损失。于是议会迅速通过了五千万法郎的增兵议案。一周后，一亿五千万法郎的新计划也顺利通过了，摆出一副扩大侵略战争的姿态。

诚然，镇南关败北的法军一时犹如惊弓之鸟，兵溃百里。但法国陆军部和前线军事当局迅速采取了紧急措施增援前线。半个月之后的 1885 年 4 月 14 日，北圻法军总数猛增到 2.5 万人，其数量就已大大超过南下追击的清军（40 多营，13000 人）。

此外，清军也没有继续作战的物资储备，几乎是靠随身枪弹追敌，军事后勤根本无法保证战场的需要。而法军则可以利用越南的内河航道，快速运送物资，以致出现法军从南圻到北圻畅行无阻，而援越清军反而接济维艰，孤立无援的情况。

据《中法战争调查资料实录》中记载，由于粮食供应不足，清军士兵甚至到了要用步枪向越南百姓换取口粮的地步。在作战条件极为不利的情况下，清军要想收复失地谈何容易，冯子材“自谅城攻克后，该法匪等倍形胆怯，利于速追，勿任延息，以收破竹之效”的战略意图纵有胆气，却不免失于乐观。

而在越北战场之外的地方，战局继续朝着不利于中国的方向发展。在不到一小时内的马尾海战全歼福建水师后，法国舰队横行海上，就在清军收复谅山后的第二天，孤拔率领法国舰队攻占澎湖岛，建起一个长期围困台湾的据点。这在很大程度上抵消了越南战场上法军镇南关受挫后的不利形势，连慈禧太后事后都承认“朝廷吃亏在无水师”。

法国占据澎湖对清政府造成致命性的打击，“澎湖诸岛，外蔽全台，内固金、厦，历来视为险要”，而法军“得之则以塞援台之路而为水军停船之区”，南洋曾派出五轮赴援台湾，但在浙江海面遭到法国舰队截击，三沉两返。苦守台湾的刘铭传虽然打退法军对基隆、淡水等地的进攻，但“百战之余，乃至有呼乎天之语”，“受困日久，民心惶恐，求迅速济兵、济械，设法救援。”其师李鸿章亦为之哀叹，“澎湖既失，台湾必不可保”，却无可奈何。

清王朝最后与法国签订《中法会订越南条约十款》（即《中法新约》），承认了法国对越南的殖民占领，中国失去在越南的宗主权；同时开放中越边境通商，也便利了法国的侵略势力渗入中国西南地区。

(3) 台湾地区与日本的野心

除了法国之外，明治维新中的日本也对台湾、澎湖地区蠢蠢欲动，虎视眈眈。

1871 年，《中日修好条规》《中日通商章程》签订。日本的要求是按“西人成例，一体订约”，其提案则“荟萃西约取益各款而择其优”，力争互惠之一体待遇。在他们看来，则是效法西洋的一大步。那个时候，多数中国人对日本存防祸之见，有轻视之心。因此，对他们“一体均沾”的愿望颇以东施效颦视之。安徽巡抚英翰在奏疏中说：“日本向来为臣服朝贡之国，非如英法各国曾经明定条约者比，今乘我之隙，而忽来尝试，其心实不可问。”就是说，不能把黄皮肤黑发的日本人与高鼻深目之属列为同等的对象。其时，日本不但比不上英国，甚至比不上秘鲁。（当中国同秘鲁订约，许以列强取得所得权益的时候，日本尚未得一体均沾之权。）最能表现这种意思的，是 1873 年，同治皇帝接受外国公使觐见那一回，主持仪式的中国人，把品级较高的日本外务大臣副岛种臣的班次排到了品级较低的英、法、俄、德、美公使的后面，以寓区别对待之意。结果，副岛以回国威胁，引起了一场小小的风波。

但是从 1874 年起，中国人的这种观念开始变化了。这一年，日本用断然出兵台湾向人们显示了它的另一方面：黩武扩张的方面。这件事，在上一年曾经是中日交涉的内容之一。总理衙门的大臣用两种回答来对付日本的诘难。其一，“二岛俱属我土，土人相杀，裁决固在我。何预贵国事”。意思是台湾和琉球都是中国治下的地方，其民人殴争致杀，本是中国家事，无须外人多嘴。其二，“番民皆化外，犹贵国之虾夷，不服王化，亦万国所时有也”。

这段话出自毛昶熙之口。他置台湾居民于中国王化之外，用政教所不及为理由以解释其越轨好杀。前一种回答强调了中国对台湾的主权与对琉球的宗主权，以此堵住了日本的嘴，后一种回答却几同于默认日本代表琉球的权力，而且把台湾土民划出了中国的治辖，授日本以出兵的口实。当时，由大久保和大限起草的《台湾番地处分要略》，即接过话头，提出“台湾吐蕃部落乃清政府政权所不及之地”，“可视为无主之地”，所以“我藩属琉球人民遭受杀害，为之报仇，乃日本帝国政府之义务”。他们不仅把尚未解决归属问题的琉球划入自己的界圈，而且跃跃有觊觎台湾之心。

同时，与日本隔海相对的台湾也由“化外之地”转为世人所重。沈葆桢提出了移福建巡抚驻台湾的主张。经变通之后被采纳：闽抚以冬春、夏秋为期分驻台湾、福州。同时，在台湾、福州、厦门都配置了相应的军事设施。这些做法，为后来台湾建省提供了基础。但与国内的人们相比，一部分出使海外的中国人则对日本的崛起有更为明切的见识。1877 年后任驻英公使的郭嵩焘曾作《伦敦致李傅相》书，提到“日本在英国学习技艺二百余年，各海口皆有之”。他因之而希望中国不仅“专意考求兵法”，也应多派留学生“分途研习”西国种种科技。这里没有愤激的敌忾之气，反而是观察之后的冷静思考。他的建言反映了日本的崛起对中国人的启发。但在那个时候的中国，对日本既恨且鄙的人多，愿意取法日本的人则非常少。

对于日本来说，出兵台湾不过是初试手段。吞并琉球之后，它又踏上了朝鲜半岛。日本之热衷于“征韩”，据研治中国近代外交史而时有心得的蒋廷黻分析，其理由有三：“其一，日本不向海外发展不能图强；其二，日本不先下手，西洋各国将占朝鲜；其三，征韩能为日本废藩而不得志者谋出路。”这些动机构成了强有力的内在冲动，并且是不容易消解的。

当时的朝鲜是与中国关系最密切的藩属国。这种关系密切包括历史渊源和国土防卫两个方面，要使朝鲜转手，首先必须割断中国与朝鲜的藩属关系。于是，中日两国的矛盾在这里又一次激化。1876 年初，日本特使以《柏利提督日本远征记》一书相赠。20 年前美国军舰逼迫下开国的日本，这个时候却用美国的“榜样”去对付朝鲜了，其结果是签订了《江华条约》。这个条约，开头就标明“朝鲜国乃自主之邦”，这种来自日本军舰和大炮的“自主”，当然不过只有字面意义，但日本借此否定了中国对朝鲜的宗主权。从此，本不接壤的中日两国在朝鲜构成了错结纠缠之势。三年后，恭亲王奕䜣说“日本恃其诈力，雄视东隅。前岁台湾之役，未受惩创。今年琉球之废，益张气焰。臣等以事势测之，将来必有逞志朝鲜之一日”。然而量度国力，他又发为浩叹：“中国将往助而力有未逮，将坐视而势有不能。臣等为朝鲜计，愈不能不为中国虑。”

中法战争爆发后，身在朝鲜的袁世凯上书北洋大臣李鸿章说："朝鲜君臣为日人播弄，执迷不悟，每浸润于王，王亦深被其惑，欲离中国更思他图。探其本源，由法人有事，料中国兵分难分，不唯不能加兵朝鲜，更不能启衅俄人，乘此时机引强邻自卫，即可称雄自主，并驾齐驱，不受制中国，并不俯首他人。此等意见，举国之有权势者半皆如是。"朝鲜之希望摆脱宗藩地位而求自主，本来代表了近代变局刺激下的合理愿望。但为求自主而依托于日本，则自主不能不染上昵日反华色彩而变质。这种趋向，终于酿成1884年亲日派诛杀"心服中国者"的"甲申政变"。这是日本策划的一次不成功的政变，虽然被占优势的中国军队所扑灭，但对日本而言，它却远不是毫无结果的。在事后签订的《中日天津会议专条》里，日本获得了对中国对等的派兵权。（按：这给十年后的甲午战争日本的出兵干涉提供了合法依据。）后来有人说："综计中日交涉以来，于台湾则酬以费，于琉球则任其灭；朝鲜壬午之乱，我又代为调停，甲申之役，我又许以保护。我愈退，则彼愈进；我益让，则彼益骄。养痈贻患，以至今日，夷焰鸱张，贪婪无已，一误再误，则我中国从此无安枕之日，可不虑哉?""甲申政变"十年之后，爆发了甲午战争。①

（二）甲午战争的风云始末

1. 战争的动因

（1）蓄谋已久的战争准备

这次战争在日本方面是蓄谋已久，是作了充分准备的。日本这个初兴的资本主义国家带有浓厚的封建性，它从一开始就强烈地要求对外侵略扩张。同治十三年（1874），日本曾武力侵略中国的台湾。光绪五年（1879），日本并吞了琉球国。这是，日本已经积极向朝鲜伸张其侵略势力，并且企图对中国发动侵略战争。从光绪十一年（1885）起，日本进行十年扩军计划。这个计划提前两年，于1892年完成。光绪十九年（1893），日本成立战时大本营，做好了武力并吞朝鲜并进而同中国作战的准备。

日本的对外扩张活动，得到了美国和英国的支持。美国一直想利用日

① 《近代中国社会的新陈代谢》，第162—164页。

本来作为它充当侵入朝鲜和中国的助手，所以在中日战争中，美国很明显地是站在日本方面。英国想把日本用作在远东牵制俄国的走卒，对于日本势力向朝鲜和中国的东北部发展采取鼓励的态度。在中日宣战前半个月，日本和英国在伦敦订立了新的条约。

朝鲜是具有民族文化历史的独立国家（按：名义上是清朝的朝贡附属国）。这是在腐朽的封建王朝的统治下（李朝），国内阶级矛盾十分尖锐，同时，统治阶级内部的派系倾轧很厉害。日本侵略势力乘机在政治和经济上日益渗透到朝鲜内部。光绪十一年（1885），李鸿章和日本首相伊藤博文在天津订立一个有关朝鲜的条约，规定以后遇到重大事件，两国或一国要派兵，须互相通知。日本后来利用这个条约出兵朝鲜，发动了侵略朝鲜和中国的战争。

（2）朝鲜内乱的直接触因

就上文提到，李朝统治下的朝鲜，在进入19世纪末季后，就一直政局动荡，派系倾轧。

朝鲜高宗于1873年亲政后，闵妃（即韩国史上的“明成皇后”）削夺大院君的势力而取得越来越大的权力。她支持改革，雇用一些日本军官训练朝鲜军队。大院君对此妒忌不满，决定削弱其影响，甚至想趁机除掉她。这场权力斗争于1882年发展成一场正面冲突。大院君利用一些被遣散的士兵（他们是闵妃军事改革的牺牲品）的不满情绪，煽动他们攻打王宫与日本使馆。闵妃乔装而逃，幸免一死，日本使馆则被焚，七名军官被杀，日本公使逃回本国。这场政变使大院君重新掌权。

与此同时，更多的日本与中国兵船来到朝鲜。朝鲜国王与日本达成一项协议，同意支付日本5万美元赔款抚恤被害军官，另赔偿50万美元给日本政府，派使团赴东京道歉，并允准日方在使馆内驻军和建筑兵营。这项协议给予日本向朝鲜派兵的权力，标志着日本外交的重大胜利，这一条约后来造成了巨大的麻烦。

1882年兵变后，李鸿章开始积极行动，加强中国在朝鲜的地位。中国和朝鲜缔结了一项商约，条约给予中国以治外法权，中国人则提供贷款给朝鲜政府，并赠送了一批洋枪。中国的六个营军队驻在朝鲜，以维持治安和防备日后日本的侵略。由于李鸿章的积极政策，中国在朝鲜的影响达到新的顶点。[①]

中日之间的甲午战端直接起因于朝鲜的内乱（东学道农民起义）。东学党策划了一次叛乱，朝鲜王室向袁世凯求援。（按：袁世凯代表清政府驻扎朝鲜。）日本公使企图造成日本出兵的借口，怂恿袁世凯采取积极行动镇压叛乱者，并佯装日本的唯一目的只是保护贸易，无意参加任何军事干涉。东京的中国公使也报称，日本政府不大可能发动一场战争，因为自1890年宪法生效以来，日本政府一直纠缠在与国会的冲突中。李鸿章受此蒙蔽，认为日本不会进行战争，但事实上，在中国派兵朝鲜时，东京已做好了充分的行动准备。

李鸿章决心寻求外交解决，他希望争取到西方列强的同情，迫使日本和平解决事端。俄国政府收到其驻日公使警告，若俄国支援中国，英国可能支援日本。（按：英日缔结同盟协定。）李鸿章转而请求英国调停，英国建议中日双方同时撤军：中国向北，日本向南，在中部环朝鲜首都周围留下一块中立地带。日本拒绝了这一提议，但向英国保证，将在战争中保证上海的中立，并尊重英国在华商业利益。

李鸿章的外交不仅没有取得任何积极成效，而且延误了军事准备工作。直到外交解决的希望全告破灭时候，他才同意袁世凯的紧急请求，派兵增援。清廷租用三艘英国汽船，在三艘中国战舰护航下向朝鲜运兵。1894年7月25日，日本海军在朝鲜湾将汽船“高升”号击沉，950名中国士兵落水而死。8月1日，中日双方同时宣战。[②]

2. 战争的过程

(1) 战争概述

这场战争，实际上是两个从事现代化历一代人之久的国家间的一场重大较量。在陆上，日本在平壤将李鸿章的淮军打得落花流水，随后成立了以大院君为首的傀儡政府，并宣布朝鲜独立。在海上，中国的境况更为悲

---

① 《中国近代史：1600—2000，中国的奋斗》，第245—246页。

② 《中国近代史：1600—2000，中国的奋斗》，第248—249页。

惨。尽管中国海军吹嘘有 65 艘军舰，相比之下日本只有 32 艘；尽管中国海军力量在世界排名第 8，而日本只排名第 11 位，但是中方并没有将所有船舰都动员起来作战，只有李鸿章的北洋舰队与日方交战，南洋舰队以及另外两支舰队则保持“中立”（分别驻广东和福建），以图自保。日本人动员了 21 艘舰船，其中 9 艘是 1889 年以后建造的，时速可达 23 海里。北洋舰队在 1888 年正式成立时共有舰船 25 艘，其中两艘铁甲舰排水量 7000 吨，而日本最大的船舰排水量也不过 4000 吨。但是中国船只的时速仅达 15 海里或 16 海里。总之，中国舰队庞大、陈旧且迟缓，日本舰队小巧、新颖且快捷。

两支舰队于 1894 年 9 月 17 日在鸭绿江口外的黄海海面上相遇。经过五个小时的交火，中方损失了四艘军舰，一千余名官兵战死，而日本只损失了一艘军舰。李鸿章随后避战自守，全部军舰撤入军港。日军路上攻陷大连与旅顺，并于 1895 年 2 月抄后路攻陷威海卫。中国的惨败已成定局。①

（2）细节视角

唐德刚先生在《晚清七十年》一书中对黄海海战的战况有如下描述：

> 定远、镇远二舰连续血战 4 小时有半。二舰共中重炮弹 370 余发，遍体如麻。据日人统计，定远一舰独中轻重炮弹不下 2000 发。盖血战自始至终，日方即以我二主舰为攻击重心。
>
> 定、镇二舰各长 300 英尺，于 4 小时内，各中敌炮千弹以上。如此则船内官兵承受如何，不难相像也。
>
> 我两舰共有 12 英寸巨炮 8 尊。4 小时中共发 12 英寸弹 197 枚。有 10 弹直接命中。不幸我舰无战场经验。每炮只有“爆炸弹”15 枚。其中一枚直接击中敌松岛旗舰，死敌 80 余人，器械尽毁。
>
> 爆炸弹之外，我舰多的是“穿甲弹”，而敌舰无重甲。穿甲弹攻力虽猛，过猛反而无用。我有两穿甲弹直接击中敌舰“西京丸”。然两弹皆穿船而过，把西京丸凿了 4 孔，而全船无恙。
>
> 我各舰小炮共发 482 弹。有 58 弹直接击中敌舰。敌舰比叡号被我围攻，独中 22 弹，几被击沉。我一鱼雷亦常直射敌船，不意此雷迫近

① 《中国近代史：1600—2000，中国的奋斗》，第 249—250 页。

敌舰时，竟潜入船底之下，穿船而过。

综计全战局，日人炮多而快，命中率至15%。我舰炮少而慢，然命中率，亦达10%。

读者贤达，该知刘步蟾、丁汝昌并非饭桶。大清不亡，我军不败，实无天理，然非战之罪也。①

参详其他材料加以佐证，不难看出，黄海海战北洋舰队主力尚存，日本舰队亦元气大伤，双方可以说战个平手。缘何最后结局竟是大清惨败？

（3）败因剖析

水师的官兵是英勇的。在茫茫洋面上，他们用愤火和热血表现了中国军人的爱国主义和英雄主义；“致远”舰攻敌而受重创，复为鱼雷所中，管带邓世昌以下250人均阵亡，“经远”舰突进途中为敌舰环攻，舰身碎裂，管带林永升以下270人俱殉国。“超勇”“扬威”两舰中弹发火，全舰焚毁。但是，他们的愤火和热血并没有换来中国的胜利。“是战胜负之分，决于舰炮之灵钝。未战之先，‘定’‘镇’两舰曾请购配克鹿卜十生快炮十二尊，以备制敌。部议以孝钦太后六十大祝嘏（福）用款多，力不逮而未果。论者惜之，而战时子弹巨细，多与炮径不符，则为天津军械所之所误也”。在这里，政治原因成为最终的原因。

从时间上说，中国为了武备而向外国买船比日本更早。然而，黄海海战中的中国海军在吨位、速度、火力三个方面都比日本略逊一筹。在西太后的心目中，颐和园比海军更重要，因此，每年“由海军经费内腾挪三十万两”以建造颐和园。通过这种腾挪，一艘一艘的铁甲舰化为颐和园里的山水花木。中国水师欲不逊一筹，得乎？黄海海战前，廷旨严责北洋海军将领畏葸巧滑。李鸿章疏奏复陈，言词苦涩：

“详考各国刊行海军册籍，内载日本新旧快船，推为可用者共二十一舰，中有九艘自光绪十五年后分年购造，最快者每点钟行二十三海里，次亦二十海里上下。我船订购在先，当时西人船机之学尚未精造至此，仅每点钟行十五至十八海里已为极速，今则至二十余海里矣。

① 《晚清七十年》，第258—259页。

近年部议停购船械，自光绪十四年后，我军未增一船。丁汝昌及各将领屡求添购新式快船，臣仰体时艰款绌，未敢奏咨渎请。……前于豫筹战备折内奏称，海上交锋，恐非胜算，即因快船不敌而言倪与驰逐大洋，胜负实未可知。

“武器装备的差距是一种现象。拨开这种现象，可以看到两国不同的社会政治之间的差距。”①

此外，李鸿章个人因素也很大程度影响了这场中日战争的走向。诚如胡绳先生在《从鸦片战争到五四运动》一书中写道：

为什么在战场上每战必败？当时日本的军备，在数量上，其实并不比中国强。以海军说，日本海军所有的舰数与总吨数同李鸿章所掌握的北洋海军大致相当，而且中国除北洋海军外，还有规模较小的南洋海军和福建、广东的海军。可是到了战争临头的时候，李鸿章却极力夸张私人的力量，而把自己经营多年的海陆军说成不堪一击。他说，日本的兵舰新，行驰速度比中国的船快得多，日本陆军的枪炮也比中国的“精而且多”，所以中国必不能敌日本。但是战争进行的实际情形表明，北洋海军的全军覆灭并不是由于跑得慢的原因，陆上战争的失败同样也不能归因于武器。以李鸿章为代表的洋务派官僚一向抱着决定战争胜败的唯一因素是武器的观点，他们的唯武器论的实质就是失败主义和投降主义，这在甲午战争中又一次得到了充分的证明。②

这里，笔者不禁感叹：甲午之役硝烟消逝距今已上百年，综观中外史家之评述，甲午之殇绝非都是参战将士贪生怕死，更多还在于政府政治腐败等内部因素。黄海海战中浴血奋战，为国捐躯的北洋英魂们，铭刻在民族的英雄纪念碑上，永载青史，万世流芳。

3. 战争的影响

甲午中日战争，清朝战败，被迫于1895年在日本下关签订丧权辱国的《马关条约》，中方代表为李鸿章，日方代表为伊藤博文。条约内容包括巨

① 《近代中国社会的新陈代谢》，第164—166页。

② 《从鸦片战争到五四运动》，第192页。

额战争赔款（白银两亿两），割地（辽东半岛、台湾、澎湖列岛），增加重、沙、苏、杭四口通商，日本在通商口岸开设工厂免费内地税等。该条约的签订刺激了列强掀起瓜分中国的狂潮，标志着列强对中国的经济侵略从商品输出为主转变为资本输出为主，中国近代社会的半殖民地程度大大加深。日本取得的巨大权益也引发列强加强对远东地区的争夺，三国干涉还辽充分说明这一点。两亿两白银加上 3000 万两白银“赎辽费”，大大刺激了日本的侵略野心，为与沙俄争夺中国东北权益而扩军备战，加快其走上对外扩张的军国主义道路。（1904 年爆发日俄战争）

此外，也要看这场战争对垂暮的晚清帝国统治秩序的又一次重大冲击。费正清先生在《中国：传统与变迁》一书中评述道：

> 以我们今天的眼光审视，中国第一场现代战争的指挥权落在一个省级官吏的肩膀上。（按：某些人的看法，甲午战争是李鸿章一人敌日本一国。）好像这不过是保卫他一省的边境似的，未免令人惊异。……显然，毛病在于君主帝制本身，在于它的行政虚有其表，它没有建立现代中央政府正常运行的机制。清王朝经受住了中国人民的多次反叛，但是现在它把握不住对外关系了。日本胜利后，中国在 10 年中处于帝国主义在远东竞相争夺之中。为了赔偿战败损失，中国对欧洲国家负债累累；为了抵挡日本，中国把俄国请进了满洲——直到 1905 年日俄战争后俄国才退出满洲北部，日本则雄踞南满和朝鲜。与此同时，俄、德、英、法 1898 年都在中国瓜分势力范围，一般都有一个海军基地，一条通往内地的铁路和沿线可以开发的矿山。总而言之，中国看来已经奄奄一息。……连绵不断的战争已酿成地区性动辄使用暴力和军阀势力的趋势。[①]

（三）危机下民族意识的初步觉醒

1. 甲午之殇的深度剖析

从中日甲午战争一开始，在朝廷中，在官僚集团中，在社会上，都有通责战争不力、反对乞和的呼声。对于这种呼声，应当加以分析。

---

① 《中国：传统与变迁》，第 149 页。

光绪皇帝在中日甲午战争时代已经执政五年了，但用人、行政大事其实还是由慈禧太后决定。李鸿章是慈禧太后所宠信的。光绪帝所最亲信的大臣翁同龢一向对李鸿章揽权大为不满，朝鲜问题和中日战争为他和别的某些大臣提供了攻击李鸿章的机会。这种两派之间的对立并没有超过宫廷和官僚集团内部通常情况下因争权夺利而引起的互相倾轧。

懦弱的光绪帝丝毫不敢违抗太后的意志。军机大臣中的翁同龢、李鸿藻等也没有提出过什么扭转局势的主张，他们只能满足于在军事失败时给李鸿章以这样那样的处分，但剥夺不了他的权力。在日本方面选定李鸿章做谈判的对手时，他们也就乘机把一切责任都推给李鸿章去负担。翁同龢这时只是主张宁可多赔钱，不能割地。等到《马关条约》签订时，这些主战派的大臣们都噤声不响，承认了既成的事实。

朝廷中不少较小的官员，包括本来只是空发议论的御史，纷纷上奏主张，在和约订立后也表示反对。他们的大部分议论有一个特点，就是把战败乞和的责任都归罪于李鸿章一个人，对他进行猛烈的攻击，以为似乎只要去掉李鸿章一个人，一切事就好了，这不过是痴人说梦。他们并不是认真反对投降主义，所反对的只是李鸿章的投降主义。有些所谓主战派官僚提出了极其荒谬的主张，如提出送给英国几千万银子以“联英伐倭”的主张。两江总督张之洞向来慷慨主战，但他又是个极力主张求援于英、俄的人。《马关条约》订立后，他立即表示反对，他提出的办法仍然是速与英、俄、德等国订立密约，许以厚利，恳求他们以实力相助。这种为了反对这一个强盗而向另一些强盗卖身投靠的主意，同李鸿章的投降主义并没有原则上的区别。

任何反动统治势力都不会心甘情愿地走下坡路。对于清朝政府来说，被日本这样一个初兴的岛国打得没有还手之力，只能以赔巨款和割重地来苟且偷生，实在是一口难以咽下的苦水。但是封建统治阶级这是已经腐败到了极点，再也产生不出鸦片战争中林则徐那一类比较认真的主战派了。他们发出的破落户的愤懑，“尊王攘夷”的空谈和对于实行投降政策的责任官员的咒骂，其实不过是失败主义、投降主义的孪生子。张之洞等人的上述主张更是表明封建统治者已经有意识地想走半殖民地的道路来保全自己的地位。

腐朽无能的封建统治阶级给中华民族带来了空前严重的危机。初起的软弱的资产阶级面对这种危机，也发出了自己的呼声，形成了反对投降主义的社会舆论。民族资产阶级还没有形成一个经济上、政治上独立的阶级，他们的发言人多半是地主阶级出身的知识分子，或者是同买办商人有联系的文人。他们发出的呼声在内容上往往同上述官僚分子的主战议论有相通之处，但毕竟有自己的特点。这种同没落地主阶级的愤懑和空谈有所区别的资产阶级倾向的反投降主义舆论的出现，是以往几次中国遭到侵略战争时所没过的现象。

正在北京应考的康有为起草了一个反对议和的万言书，邀请各省应考的举人一千多人，准备联合向朝廷呈递。由于《马关条约》已经签订，这些为求做官而来的人以为“成事不说”，纷纷散去。但康有为的这份万言书流传甚广，影响很大。它的主要内容，“请拒和、迁都、练兵、变法，盖非迁都不能拒和，非变法无以立国也”，核心是“变法”。康有为说，迁都、练兵等还只是“权宜应敌之谋”，而根本的“立国自强之策”则是变法。关于这样实行变法，康有为提到，要准许民办各种机器工业，民办轮船，铁路的运输事业，要鼓励商会，这是指商人办的合股公司。康有为的这番主张，是从和战问题出发，初步地提出了一个按资产阶级要求改变国家面貌的纲领，这同仅仅从维护封建统治政权出发，并把战败乞和的责任归罪于李鸿章一人的主战论是有明显区别的。①

2. 民族精神的亟变

甲午战争的失败给中国带了空前辱国的《马关条约》。它对中国社会所造成的多方面的灾难，已为数十年来的各种近代史书一再记述和论说。但是，深重的灾难同时又是一种精神上的强击，它促成了鸦片战争以来中华民族认识的亟变。

《易》曰：“穷则变。”但人们认识“穷”往往是从头破血流的失败开始的。因为它以痛苦、失落、屈辱和牺牲抉破了因循和麻木织成的厚膜，迫使人们追究自身，从种种熟视无睹、见惯不惊的东西中看出衰象与破洞，

① 《从鸦片战争到五四运动》，第194—196页。

而痛苦的升华与认识的深化常常同步。所以，由失败带来的警悟是理性思维的结果，它可以称为“变”的起点。

甲午战后，中国人对日本的认识正在进入一个新的阶段。日本崛起于岛夷，最后跨海而来，燃起一场巨大的战火。这个变化过程就发生在国人的眼皮底下。比之西洋诸国的历史，无疑要具体得多。因此，战争带来的屈辱越是沉重，对于日本自强成功的领会也就越为深刻。于是，强敌变成了榜样：《马关条约》的墨迹尚未干透，1896 年 3 月，中国第一批赴日留学的 13 名学生已经踏上了负笈东渡的途程。他们的航向，同千余年前的遣唐使们刚好相反。

在中国近代，赴日留学生数以万计，其盛况不仅在中国留学史上是空前的，也是“世界史上最大规模的学生出洋运动”。在时间上，中国人留学日本比留学欧美晚了数十年，但在人数上，近代中国留日人数超过了留学欧美各国人数的总和。

从 19 世纪 60 年代开始，西学的一部分已经开始进入中国。但是，它所引起的争论比它所带来的进步更多。而甲午一战，日本以彻底的西学打败了中国不彻底的西学。这一事实非常雄辩地为西学致强的实效作了证明。在这一特定背景下，日本的榜样被有志于维新改良的人们放大了，洋务运动几十年陆续出现的变法议论终于一步一步转化为一场社会运动。

综上而言，甲午之殇促进了民族精神意识的初步觉醒，为维新变化运动提供了思想上、舆论上的准备条件。如果用短近的眼光来看，甲午战争对中国似乎只是一场备受屈辱的悲剧，但以更长远的眼光来看，却又是一个新的起点。屈辱迫使人们重新思考，屈辱又催促人们猛醒，发愤图强，从而揭开中国近代历史上新的一页。

当然，并不是在任何时候和任何地方，屈辱都能带来这样的积极效果。甲午战后百年间的历史，表明中华民族是一个蕴藏着巨大生命力的民族。当时国外有些人把它比作一头睡狮。在激烈的竞争时代依然昏睡，自然是可悲的。但一旦猛醒，它仍不愧为一头雄狮，可以展示为许多人意料不到的巨大潜力。中华民族是一个热爱和平的民族，但它绝不可能容忍别人对它的肆意侮辱和欺凌，一旦认识到存在的严重危机，便会万众一心地奋起前进。这便是我们这个民族的精神。[①]

二、维新思想传播到戊戌新政图强

（一）维新思想的传播

1. “公车上书”下的思潮涌动

中国面对的问题已不再是过去所说的强或弱，而是更加冷酷的存或亡了。亡国灭种的现实威胁，像一个令人战栗的阴影，笼罩在每个爱国者的心头。人们一旦发觉自己已处在生死存亡的边缘，便不能不对过去的传统信条进行深刻的反思，尽力以新的眼光去审视外部世界，力图从中汲取足以挽救民族危亡的力量，寻求国家的新的出路。在近代中国的具体历史条件下，救亡成为近代启蒙运动的真正动力和起点。

知识分子，在被压迫民族中通常是政治上最敏感、最早觉醒起来的部分。当时中国社会中的知识分子大体上还是旧式的士大夫。他们目睹祖国面临沦亡的严重危险，满腔悲愤地起来奔走呼号，但一时还突不破“忠君”精神枷锁的束缚，把忠君爱国看作一回事。康有为的那些声泪俱下、处处不忘“列祖列宗及我皇上深仁厚泽涵濡熙育数百年之恩”的话，最容易打动他们的心。光绪皇帝支持变法的态度，更使他们欢欣鼓舞，产生巨大的幻想。康有为等发动的维新变法运动，能够在国内掀起一股巨大浪潮，成为当时爱国救亡运动的主流，这是很自然的。

这次维新变法运动的过程，是一步紧扣一步地同民族危机的逐步激化相对应的。作为一次具有相当规模的思想运动和政治运动的兴起，戊戌变法是甲午战败强烈刺激下的产物；而戊戌变法高潮的出现，又是列强公然在华争夺并划分势力范围、民族危机迅速激化的产物。

马关条约签订的消息传到北京，正值各省举人云集北京应试的时候。康有为倡议举人们聚议，共同上书。聚议的结果，推康有为起草，1200多位举人联署。书中慷慨陈词，要求拒和变法。这次上书，由于都察院拒绝代递，并没有送达光绪皇帝。但这1200多名举人联署的“公车上书”，在有

---

① 金冲及：《二十世纪中国史纲（简本）》，社会科学文献出版社，2012，第7页。

清200多年的历史上还是破天荒的第一次。书稿很快被坊间翻刻流传，各省举人返回各地，更使这个事件在全国产生巨大影响。

公车上书失败后，康有为、梁启超留在北京，联络社会各方，特别注重开展文化宣传你活动。他们创办《万国公报》（后改名《中外纪闻》），并推动开设强学会于北京、上海等地。随着德国强占胶州湾，列强纷纷在华攫取势力范围，情况越来越危急。1897年4月，康有为在北京发动成立保国会。在这前后，各地学会、报馆等纷纷成立。据不完全统计，三年内，全国共设立学会87所、学堂131所、报馆91所。这是中国社会中以前没有过的新现象。他们议论局势、鼓吹新学、抨击时弊。以往清朝律例一向禁止私人结社，至此国内风气为之大变。

2. 托古改制中的变与不变

经过两千年衍化沉积之后的孔学，已经是一种丰富性和庞杂性同时具见的意识形态了。其中，既有《易经》所谓“穷则变，变则通，通则久”那样的朴素辩证法，也有董仲舒掺和进去的“道之大原出于天，天不变，道亦不变”那样的凝固独断论。变与不变，古已有之。这种古老而又永远新鲜的矛盾，曾经不止一次地为后来的社会提供过仁者见仁、智者见智、各取所需的便利。中日甲午战争失败后，近代中国人又一次拾起了这些东西；借助于传统的范畴，从现实中产生的争论，被译成了思辨语言的交锋。但近代毕竟有近代的特点。最能表现这一点的，是倡变的人们引来了那么多的西洋思辨，硬生生地楔入其中。于是，饱含时代内容的矛盾被涂上了一层哲学的色彩，形而下的东西获得了一个形而上的外壳。

康有为的《新学伪经考》、《孔子改制考》、七上皇帝书以及《戊戌奏稿》，梁启超的《变法通义》，谭嗣同的《仁学》，严复的《天演论》和其他文章，集中起来，就是那个时候维新派变的哲学。综其要旨，可以归纳为以下六个方面。

第一，变化是天地之间可以用常识和经验来说明的普遍过程——哲学高度。

康有为说：“变者天道也，天不能有昼而无夜，有寒而无暑，天以善变而能久。火山流金，沧海成田，历阳成潮，地以善变而能久。人自童幼而壮老，形体颜色气貌，无一不变，无刻不变。传曰：‘逝者如斯’，故孔子系易，以变易为义。”这段话出自《进呈俄罗斯大彼得变政记序》，是专门给皇帝看的。维新言论家常常喜欢用自然来证社会，作为起讲的前提。

第二，“变亦变，不变亦变”——社会发展。

梁启超说：“要而论之，法者天下之公器也，变者天下之公理也。大地既通，万国蒸蒸，日趋于上，大势相迫，非可阏（堵塞）制，变亦变，不变亦变。变而变者，变之权操诸己，可以保国，可以保种，可以保教。不变而变者，变之权让诸人，束缚之，驰骤之，呜呼，则非吾之所敢言矣。”这段话里使用了多个“变”字，分别标志着两种含义：一是指万国梯航以来的近代中国客观历史进程，二是指时人们对这种过程的主观认识和态度。“变亦变”，就是主观同客观相一致。在这样的情况下，变革会成为一个自觉的主动过程，并且像日本一样带来民族自强的结果。“不变亦变”，则是指主观同客观背离。变革成为一个假他人之手强行发生的被动过程。波兰和印度就是这样走向亡国的。这两种不同的民族前途，中国人可以选择，然而选择时间已经不多了。

第三，“能变则全，不变则亡；全变则强，小变仍亡。”——变法的迫切性和彻底性。

以上的话出自康有为《上清帝第六书》，代表了维新派的共识。最后两句，批评了惨淡经营了30多年的洋务运动；同时，又说明了近代社会演变过程中的质、量、度。洋务运动带来的小变并不是坏东西，但那不过是一种量变。“购船置械，可谓之变器，不可谓之变事；设邮使，开矿务，可谓之变事，而不可谓之变政。”这一类变化，虽有图强的意愿，然而触及的仅仅是局部东西，“于去陈用新，改弦更张之道，未始有合也”。与这种“不变”不同的，是全变。“日本改定国宪，变法之全体也。”以日本为样板，则“全变”乃是凿破封建政治体制同资本主义政治体制之间的度，由此达彼的质变。“全变”和“小变”的区别，划出了维新运动与洋务运动之间的历史界限。

第四，“开创之世”与“列国并立之势”。

第五，“世变”与“运会”（严复先生哲学意味的总结）。

严复受过西方思辨哲学的训练，所以，比之康有为、梁启超，他对“世变”的论述更富有哲理性。“呜呼！观今日之世变，盖自秦以来，未有若斯之亟也。夫世之变也，莫知其所由，然强而名之曰运会。运会既成，虽圣人无所为力。”变法是由时势促成的，但时势的背后是“运会”。这个词所刻画的东西，虽然不是感官直接可以触知的，却在更加深刻的层次上触及了社会发展的枢机。“运会既成，虽圣人无能为力。”这是一种不以人的意志为转移的力量，但感知与认识了“运会”的人能够获得一种历史主动性。“彼圣人者，特知运会之所由趋，而逆睹其流极。唯知其所由趋，故后天而奉天时，唯逆睹其流极，故先天而天不违。”严复的“运会”实际上已经捕捉到一点儿社会发展规律的意思了。但从“莫知其所由”一语又可以看出，他并不能说明这种规律的本身。不过，这是无足深怪的，因为历史人物自身具有时代局限性。

第六，“冲决网罗”。

这个命题出自谭嗣同的《仁学》，代表了维新变法时期最勇敢的言论。他所说“网罗”包括利禄、俗学（考据、辞章）、全球群学、君主、伦常、天、全球群教、佛法九种，其范围又超出了康有为的“全变”。钱穆曾通解《仁学》说：“复生所谓以心力解劫运者，仁即心力也。心之力表见曰通，其所以害夫通者则曰礼，曰名。盖通必基于平等，而礼与名皆所以害其平等之物也。礼与名之尤大者则曰三纲五常，曰君臣、父子、夫妇；而君臣一纲尤握其机枢。心力之不得其通而失于长养遂达，则变而为柔、静、俭，郁而为机心，积而为病体，久而成劫运，其祸皆起于不仁，求返于仁而强其心力，其首务在于冲决网罗，而君统之伪学尤为先，而不幸为之君者犹非吾中国之人，徒以淫杀惨夺而得为之。斯所以变法必待乎革命，必俟乎君统破而后伪学衰，伪学衰而后纲常之教不立，纲常之教不立而后人得平等，以自竭其心力而复仁。然后乃可以争存于天下，而挽乎劫运。”可见，“冲决网罗”的本义，有出乎改良之乎革命的趋势。在戊戌维新的诸君子中，谭嗣同的思想远远走在时代的前面。但是，他最终又是死于变法事业。在他舍生赴死的选择中，既有信念的感召，又有君恩的感召。由此而产生的矛盾，是一种复杂的历史矛盾。

维新派论变，有两个特点。一是“变”与“新”相连。康有为说：“法《易》之变通，观《春秋》之改制，百王之变法，日日为新。治道其在是矣。”“日日维新”取义于《礼记·大学》所说的“日新，日日新”。按照谭嗣同的解释，就是“革去故，鼎取新”。因此，“日新”不仅是布新，同时又是除旧。“凡改革之事，必除旧与布新，两者之用力相等，然后可有效也。苟不务除旧而言布新，其势必将旧政之积弊，悉移而纳于新政之中，而新政反增其害矣。”这正是维新运动的“变”与洋务运动的“变”根本区别之所在。

二是“变”与历史进化论相结合。在中国传统思想里，变是以循环的形式表现出来的。士大夫们相信五德转移、三统相承；老百姓则称之为三十年河东，三十年河西。这种古老而又懵懂的循环论，首先是被维新派的两本著述打破的。一本是严复译述的《天演论》。在那里，中国人第一次完整整地知晓了“物竞天择，适者生存”的进化“公理”：

> 故知不变一言，决非天运。而悠久成物之理，转在变动不居之中。是当前之所见，经廿年卅年而革焉可也，更二万年三万年而革亦可也。特据前事推将来，为变方长，未知所极而已。虽然，天运变矣，而有不变者行乎其中。不变惟何？是名天演。以天演为体，而其用有二：曰物竞，曰天择。此万物莫不然，而于有生只类为尤著。物竞者，物争自存也。以一物以与物物争，或存或亡，而其效则归于天择。天择者，物争焉而独存。则其存也，必有其所以存，必其所得于天之分，自致一己之能，与其所遭值之时与地，及凡周身以外之物力，有其相谋相剂者焉。夫而后独免于亡，而足以自立也。而自其效观之，若是物特为天之所厚而择焉以存也者，而实天下之至争也。斯宾塞尔曰：“天择者，存其最宜者也。”夫物既争存矣，而天又从其争之后而择之，一争一择，而变化之事出矣。

这种学理是十三经里没有的，但为近代中国人所面临的变局提供了一种易为局中人接受的解释。于是，西方的自然观在东来之后成了中国人独特的社会观。

另一本，是康有为撰作的《孔子改制考》。它第一次把进化论引入社会历史，借用今文学家乐谈的“据乱世”“升平世”“太平世”之义，别开生面地说明了中国的过去、现在和将来。“尧、舜为民主，为太平世，为人道之至，儒者举以为极者也。……孔子拨乱升平，托文王以行君主之仁政，尤注意太平，托尧舜以行民主之太平。”这里说的是孔子托古改制，但康有为在孔子身上寄托的是议院、选举、民权、平等一系列资产阶级的政治思想，例如：“世卿之制，自古为然，盖由封建者也。孔子患列侯之争，封建可削，……而选举制为孔子所创，昭昭然矣。选举者，孔子之制也。”这一附会带有明显的主观性和强辩性，但为现实的变法事业造出了一种历史根据。借助于这种根据，何邵公以来的三世说，在维新派言论家手里分别成了对应君主专制、君主立宪与民主共和的东西。外来的进化论使传统的儒术有了全新的意义，而传统的儒术又使外来的进化论取得了中国的形式。这两个“第一次”指明，维新派的“变”同西方的进化论是一开始就联成一体的。这种从未有过的变的观念，呼唤着一种从未有过的社会制度。①

（二）百日维新的展开

在光绪帝老师翁同龢的引荐下，康有为终于得见天颜，觐见面君。康有为七次上书，为光绪帝进呈俄罗斯《俄彼得变政记》《日本变政考》等书，终于说服光绪帝决意开展维新变法。

梁启超在《戊戌政变记》中曾有如此描述：

> 人人封章，得直达于上。举国鼓舞欢蹈，争求上书，民间疾苦，悉达天听。每日每署，封章皆数十，上鸡鸣而起，日晡乃罢。

光绪帝为康有为慷慨激扬的言语所激励，这是不假的。但是否有如梁公所言，举国鼓舞，皆言变法，还需要史料加以佐证。我们倒是可以从梁公日后的个人回述中洞悉一二：

> 吾二十年前所著《戊戌政变记》，后之作清史者记戊戌事，谁不认为可贵之史料？然谓所记悉为信史，吾已不敢自承。何则？感情作用所支配，不免将真迹放大也。

无论如何，光绪帝于1898年6月11日发布《定国是诏》，以皇帝诏书

① 《近代中国社会的新陈代谢》，第179—187页。

形式正式开启了百日维新的大幕。从1898年6月11日到9月21日，光绪帝和康有为、梁启超等其他幕后策划者制定了40多道改制诏令，几乎涉及了各个方面：修建现代学校，改革考试制度，修订法律作为撤销领事裁判权之基础，促进农业、医学、开矿、商贸、发明、留学等事业的发展，促使陆军、海军、警备和邮政制度走向现代化。但除了湖南省，这些诏令几乎均未得到执行。即便是支持变法维新的湖南巡抚陈宝箴，也是战战兢兢，主动上书朝廷，驳斥康有为等“民权”之说为“妖言惑众”，力主将康有为的《孔子改制考》毁版以表明心迹。官员们都在观望1889年归政的皇太后对这一激进的改革制度会做何反应。保守派官员当然都纷纷反对，叫嚣不已。所有的改革者除皇帝外都是汉人，皇帝废除了领皇家俸禄的闲差，这就威胁到了满族官员的利益，有些人还害怕他会罢免全部满人。提议改革寺院为学校的方案又吓坏了寺僧，这些人与宫里的太监往往有着密切的关系。军队改革则威胁到了朝廷的旗兵和绿营。攻击作为任职资格考试的旧式科举制度更是威胁到了所有获得功名的人，这些人本希望借此得到一官半职。打击腐败则几乎影响到了全体官员。总之，皇帝的计划一展开，他就发现整个统治基础都与他为敌，特别是他的“额娘”慈禧太后。后者虽已63岁，但仍操纵着朝政大权。

慈禧太后发现，康有为对儒家经典和朝廷上下的腐败进行攻击威胁到了自己的整个统治。看到反对风潮日涨，她静待时机，最终在满人军事首领荣禄的帮助下，于1898年9月21日发动政变，挟持了光绪皇帝，开始第三次垂帘听政。康有为和梁启超逃到了日本，六君子被杀害。

百日维新的惨烈结局使得局势在很大程度上恢复到了以前的状况，不过，某些比较温和的改革措施还是保留了下来，如废除几项闲职和建立现代新式学堂。1898年事变的主要意义在于，这是激进派自上而下进行变革的一场试验，它仿照了日本明治维新的模式，但以失败而告终。慈禧太后在政变之后的十年中尽管也进行了颇有节制的改革，但这恰恰表明任何真正的革命性变革都必然自下而上地进行，甚至还需借助暴力手段。[①]

---

① 《中国：传统与变迁》，第432—434页。

（三）戊戌图强的深度思考

1. 专制君主的变法实质

百日维新失败后康梁竭力把光绪皇帝歌颂为他们理想的圣主，于是人们往往把光绪皇帝看成是代表软弱民族资产阶级利益的维新派的皇帝。

这种看法是不符合于历史事实的。从光绪皇帝在百日维新期间的许多实行新政的诏书的内容来看，从光绪皇帝对于维新派向他提出的具体主张的态度来看，光绪皇帝并不能够真正实行维新派的政治路线。他所采纳的其实是洋务派的政治路线。洋务派基本上是同买办资产阶级相结合的封建大地主的政治路线，维新派是软弱的动摇的民族资产阶级的政治路线。（按：现实而言，光绪皇帝不是民资资产阶级出身，不可能真正代表这个阶级人群。）

在《应诏统筹全局折》中，康有为又提出了定宪法的要求，并在奏书中多次提出“君民合治”的主张。这些都是维新派不同于洋务派的最主要的政治纲领。康有为所说的国会虽然只是一个民选的咨询机构，谈不到为资产阶级争取立法权力，可是，在百日维新的上谕中没有只字的反映。光绪皇帝仅仅在一道上谕中说：“士民有上书言事者……不准稽压，倘有阻格，即以违旨惩处。”这同立宪、开国会距离还远得很。另外一个重要的政治建议是：“开制度局于宫中，选公卿诸侯大夫及草茅才士二十人，充总裁，议定参与之任，商榷新政，草定宪法。”（类似于制宪会议）康想使制度局成为一个具有立法职能的新政领导机构。这个建议被总理衙门和军事大臣们否决了。

对于康有为的重要奏议，光绪皇帝经常“发交大臣们议复”。议来议去，或则不了了之，或则议出“变通办法”，弄得面目全非，成了废话。康有为也感觉到了这一点，他屡次在奏议中呼吁“臣请皇上断自圣心”，甚至明白地提出“请勿下部议，特发明诏”。可是，他始终没有觉悟到光绪皇帝对有些事情下明诏，另一些事情下部议，这种选择，一方面，反映了光绪皇帝的处境困难；另一方面，也是光绪皇帝的政治态度的表现。

在经济方面，康有为提出的最重要的建议是设通商局和废除厘金制度。这两条都是发展资本主义的措施。当时所谓商务，是包括工业在内的，康有为要求由普通商人试办商务局设商会、股份公司，主张“广纺织以敌洋布，造用物以敌洋货”，这些显然是代表了要求独立发展的民族资产阶级的利益。百日维新中，光绪皇帝曾多次发出“振兴商务”的上谕，但其内容和康有为所主张的不同。皇帝的有关上谕是根据总理衙门的建议，要刘坤一、张之洞等各省督抚“拣派通达商务明白公正之员绅，试办商务局事宜”。“员”就是在职官员，“绅”就是卸任官僚或有功名的地主阶级头面人物。商务局必须在地方长官督率下，由员绅试办而不让普通商人参加，这纯粹都是洋务派的政策，而且是早期的洋务派政策。

康有为又曾上奏折，申诉商人得不到政府保护，反而受到地方各级官吏重重欺压的痛苦。他主张，如果朝廷不设立商部，那么各省可先成立商务局，商务局都直属于总理衙门，由商人们公举可靠能干的人来办理。他的用意是借北京总理衙门的大官的权威使商人摆脱地方官员的欺压，并且让各省商务局完全由商人来办理。但是光绪皇帝的上谕则重申，要求各省督抚“设立商务局，选派员绅开办”，与康有为所上奏书的调子显然不同。

光绪二十四年（1898）七月初五，光绪皇帝又发出“训农通商”的上谕。这道上谕虽然说要在北京设立农工商业总局，但并不是康有为的由中央直接管理各省商务的主张。当时，商务应由中央机关统管还是由各省分办，是维新派和洋务派争论的问题之一。维新派主张由中央机关统管，反映了民族资本要求冲突分割状态下的封建制度给发展工商业所造成的各种障碍。洋务派地方官仍主张分办，目的则在于发展和巩固自己的经济势力。光绪皇帝的上谕明显是无不适合洋务派的需要的。

康有为关于废除厘金的建议，也遭到光绪皇帝的拒绝。对于厘金制度，当时已是怨声载道。这种苛暴的税收勒索，严重阻碍商品流通，窒息工商业的发展。康有为在七月间上奏说，厘金最是有害于商，必须坚决加以裁撤。但是七月二十九日，光绪皇帝专门发了一道关于厘金问题的上谕，其中认为厘金的章程本来是很好的，只是执行中有些流弊，现在只是要求“兴利除弊”，不能废除。这道上谕同康有为的看法南辕北辙。在这个问题上，光绪皇帝显然不能代表要求自由发展的资产阶级的利益。

在文教方面，康有为最重要的建议是改革科举制度。百日维新开始后，他所上的第一道奏折就是要求废除八股，改试策论。在康有为看来，八股改成策论，不只是个形式问题，而且要在内容上进行根本改革。他要求通过策论的考试，“从此内讲中国文学，以研经义、国闻、掌故、名物，则为有用之才；外求各国科学，以研工艺、物理、政教、法律，则为通方之学”。这就是要把西学引进策论之中。光绪皇帝于光绪二十四年五月初五下令废除八股。但是，所采取的办法却是废形式而不废内容。

但光绪皇帝并不是完全不采纳维新派的建议。例如广开言路是维新派所竭力主张的，这个建议被光绪皇帝采纳了。禁止缠足是维新派大力提倡的，光绪皇帝也发了上谕支持。但这些只是次要的问题。在重大问题上，维新派的建议是没有被采纳的。

有一些上谕的内容，虽然在康有为的奏折中提到过，但并不是维新派独有的主张。例如裁军、练兵、推行保甲制度（古而有之的基层管理制度）、开筑铁路、举办邮政、废除漕运、开办学堂等，都是洋务派一贯主张的，在张之洞等人的奏折中也有详细的论述，而且大都是先于康有为提出的。

最核心关键的一点是，在光绪皇帝经慈禧太后的同意后下的《定国是诏》中的“国是”，其实并不是维新派所说的“国是”。

康有为在要求定国是的奏折中所说的是“采万国之良策，行宪法制公议”。话虽少，却讲出了“定国是”的要害问题。但是光绪皇帝的《定国是诏》说：“以圣贤义理之学，植其根本，又须博采西学之切于时务者，实力讲求，以救空疏迂谬之弊。”康有为说的“国是”，是效法西方，实行宪政；光绪皇帝诏书中所说“国是”，仍然是“中学为体，西学为用”，虽也说要“博采西学之切于时务者”，但其目的只是“救空疏迂谬之弊”。

百日维新中光绪皇帝所发上谕虽然有100多条，但其重点和脉络很清楚，反复强调的主要是练兵和筹饷。筹饷为了练兵，所以其实是一件事。把练兵作为“第一大政”，是洋务派的老方针，这是早已过时的，而且是早已遭到失败的一条方针。这条方针，同维新派所提出的变法大本，在“变官制”，效法西方国体的主张是有原则区别的。

光绪皇帝当然不可能区别维新派和洋务派，他把维新派当作洋务派的后起之秀来使用。维新派在强学会和保国会中的互动，使他看到这批人有动员社会力量的本领，他企图通过维新派利用这种社会力量，同慈禧太后对抗。应该说，这才是光绪的本质目的。

慈禧太后并不反对洋务派的路线和政策。她历来重用曾国藩、李鸿章、张之洞等洋务大臣。因此，对于光绪皇帝的四月二十三日的那个内容带有洋务派浓厚色彩的《定国是诏》，她并不觉得有在原则上反对的必要。

既然如此，为什么慈禧太后又处心积虑地反对光绪皇帝的维新呢？

慈禧太后和百日维新中的光绪皇帝有这样的区别：慈禧既依靠洋务派官僚，也依靠极端守旧派的清室贵族和地主官僚，这两派之间，虽然有政治主张和实际权益上的对立，但在维持封建统治旧秩序立场上是一致的。慈禧太后按照时势的需要有时偏重洋务派，有时偏重守旧派，但总的说来，她是“公平”地对待自己营垒中的这两个派别，而使自己的统治权力建立在这两派势力的互相牵制与平衡之上。百日维新中的光绪皇帝所企图实行的政策不但打破了这两派势力的平衡，偏到了洋务派一边，而且他想利用维新派和他们所动员的社会力量。他抓起维新的旗帜，企图从慈禧太后手里夺取国家的最高统治权力，这更是慈禧太后和跟着她的守旧派所不能容忍的。

政变后第五天，慈禧下诏恢复詹事府等衙门，停止“不应奏事人员”上书言事，取消《时务报》，不久又下令恢复考试八股。但对向来实行的洋务，“如通商、惠工、重农、育才以及修武备、浚利源，实系有关国计民生者，即当切实次第举行”。她并没有全部取消光绪皇帝所举办的“新政”，只是压制了他想当真皇帝的愿望，扑灭了维新派。[①]（随后不久的清末新政措施中有沿袭维新政策并更深入展开。）

2. 戊戌新政的历史涟漪

《天演论》把“物竞天择”看成支配世界发展的法则。它认为生物在进化过程中，凡是同它周围的环境相适应的，就能生存，能发展；反过来，凡是不能适应的，就会被淘汰，会灭亡。（按：进化论推演而来的社会达尔

---

① 《从鸦片战争到五四运动》，第250—254页。

文主义，即斯宾塞主义，是要甄别批判的，后来纳粹法西斯的种族优劣论源自此。）他所说的适应不是消极的，而是积极的，是激励人们去奋斗的。当时，中国的先进分子不甘心祖国长期处在听任列强宰割的地位，迫切要求救亡图存，奋发图强。严译《天演论》所宣传的进化论，在当时思想界产生了极为巨大的影响，令人耳目一新，没有任何其他书籍能同它相比。鲁迅回忆早年在南京江南水师学堂学习的情景时说："一有闲空，就照例吃侉饼、花生米、辣椒，看《天演论》。"这在那时候是相当普遍的现象，而且在很长时间内支配了中国的进步思想界。

然而，戊戌维新运动推动的变法活动是注定要失败的。其原因在于：在当时中国社会内部，还没有足以支持变法取得成功的社会力量。在朝廷内部也好，地方上也好，旧社会势力仍然占着绝对优势。维新派希望依靠一个并无多少实权的皇帝自上而下地推行某些重要改革，在不触犯地主阶级根本权利的基础上求得发展资本主义的条件，这对那些无拳无勇的书生来说是可以理解的，但缺乏可以依靠的社会基础就终究只能成为不切实际的幻想。运动还有不少严重的弱点：他们鼓吹的民权被限制在君主立宪（也就是康有为所说的"君民合治"）的范围之内，只是要求将原来的绝对君权稍稍开放一点，"参用民权"而已，还声明"欲兴民权，宜先兴绅权"；他们宣传的"变"，只讲渐变，不讲突变。在清朝政府和它代表的旧社会制度已经腐朽到如此地步的时候，已不可能指望它把中国从迫在眉睫的深重危局中解脱出来，更谈不上靠它来实现什么现代化了。美国著名历史学家费正清正确地指出："没有别的事件能比这更有效地证明：通过自上而下逐步改良的办法来使中国现代化，是绝无希望的。1895 年的战败和雄心勃勃的计划在 1898 年的彻底破产，第一次大大地促进了革命变革。"

尽管如此，决不能因而抹杀戊戌维新运动在中国近代历史发展，特别是思想启蒙方面起过的巨大进步作用。历史学家范文澜说得很对："戊戌变法运动的进步意义，主要表现在知识分子得到了一次思想上的解放。中国的封建制度相沿几千年，流毒无限……知识分子从此在封建思想里添加一些资本主义思想，比起完全封建思想来，应该说，前进了一步。"人们的思想认识在戊戌维新运动的启蒙下跨出了一步，又从这个运动的失败中再向前跨出一步。在黑暗的旧中国摸索的爱国者们，正是这样一步一步走过来的。[①]

思考点：通过本节的阅读，谈谈如何正确理解甲午战争对中国近代历史进程的巨大影响；联系洋务运动和戊戌变法，分析比较两次晚清“新政”的异同。

第二节 民族经济发展与实业救国浪潮

近代中国一连串新的打击中最沉重的是前面提到的甲午战争。《马关条约》除割地赔款之外，添加的新的不平等条款是给予日本人在中国通商口岸开办工厂企业和输入机器的权利，其制造品免征内地税等，行销中国。根据片面最惠国条款，拥有优厚经济实力的英美资本立即抢先涌入通商口岸，在中国开办纱厂和其他工厂，利用中国的廉价劳力和资源以免除税厘的特权，给中国自办的企业以直接打击。这一变化使“1895年”继“1840年”之后成为帝国主义侵华的又一里程碑。在此之前，西方列强对中国的侵略主要是经济渗透，其渗透方式主要是通过对外贸易及与之有关的业务如海关、航运等进行的。这基本上是一种间接性的掠夺，不改变原有的生产方式；中国对外来因素主要是对世界市场的依附是有限的，也很少举借外债；中国的门户对外还是半开放的。在此以后，外国渗透的方式从外贸领域扩大到投资、生产、销售、金融各个领域，这样就直接改变了原来的小农—手工业生产方式，使中国在经济和财政上都日益陷入对资本主义世界经济体的依附地位。

甲午战前，外国在中国的投资总额不过两三亿美元。甲午战后投资数额开始不断增长，1902年达到15亿美元，1914年进一步增

① 金冲及：《二十世纪中国史纲（简本）》，社会科学文献出版社，2012，第10—13页。

至22亿美元，即比战前提高九倍之多。1841—1894年间，外资在华投资设工厂共计142家，而在1895—1914年仅20年间，外资在华投资设厂就有322家，投资规模剧增。棉纺手工业本来是中国著名的主要产业部门之一。到1905年，外国进口的机器棉纱占有中国市场的40%左右，进口的机制棉布则占有中国市场的五分之一；在中国设厂之后，就地利用中国原料和廉价劳动，大量生产棉纱棉布，打击中国棉纺业。中国在财政上也日益陷入外债罗网之中。甲午之后清政府仅为对日赔款就多次举借巨额外债。此后的历届政府都要靠多国银行组成的财团贷款才得以支撑局面，其他的军事政治性贷款也日益增多。这样，就使外国渗透从经济领域扩大到政治领域。

除此之外，外国还进而夺取中国的海湾良港，强索铁路修筑权和开采矿山特权，强行取得租借地和划分势力范围，甚至在北京及附近地区驻扎外国军队，在甲午战争后的一个时期，中国的半边缘化达到这样的险恶境地，以至到了要靠外国帝国主义来共同维持免遭瓜分的地步。①

帝国主义国家加紧对中国的经济政治侵略，一方面使中华民族的危机空前深重，触发了经济领域“实业救国”思潮的萌发和初步实践；另一方面又进一步促进传统自然经济的解体，客观上给民族资本主义的初步发展提供了某些有利条件。

一、晚清时代民族资本主义的初步发展

（一）民族资本主义初步发展的主要原因

1. 清王朝经济政策的调整

过去经常把中国近代民族资本主义发展的发端时间定为19世纪六七十年代，并以上海、广州等近代第一批通商口岸中的私人机器工业为主要代

① 罗荣渠：《现代化新论——世界与中国的现代化进程》（增订本），商务印书馆，2004，第306—307页。

表。诚然这批私人机器工业迥异于传统的手工行业，是西方先进生产力的舶来引进和初步尝试，但毕竟为数不多，还构不成一股新的经济潮流。

甲午战争失败后，《马关条约》允许日本在通商口岸开设工厂，列强“利益均沾”，纷纷强占租借地，划分势力范围，并对中国资本输出，控制工矿资源，强修铁路。在民族危机空前深重同时，民间也掀起了“设厂自救”“商战”的思潮（按：早期维新派正是此论）。

清政府在采取措施维持、改造和扩张国家资本的同时，也放宽了对私人资本的限制，鼓励和允许他们在一些领域中的发展，个别的还给予一定的资助与扶持。这多多少少是对当时社会上“设厂自救”和“商办”呼声的顺应，也是迫于《马关条约》给予外商设厂制造权和财政困难的沉重压力而采取的一个“变计”。

清政府中有些大臣，对民间的呼声确有“顺应”的表示，对商民投资设厂确曾显示出倡导的态度，如张之洞、胡燏棻、刘坤一、褚成博等。清政府也终于允诺“以恤商惠工为本源”，并把招商承办作为“从速变计”的首要举措。这些，自然会在社会上造成一些宽松的气氛。当时，“官为商倡”是官方文件中常见的用语。

官方的“倡导”，也有一些具体措施。1895年7月，清廷令张之洞招商，多设织布织绸等局，广为制造。同年底，又就芦汉铁路兴建一事颁谕，允许能集资千万两以上的富商设立公司筑路，赢绌自负。1896年，总理衙门又根据王鹏运“准民招商集股开矿、官吏认真保护不得阻挠”的奏折，咨令有关省份厘定章程，地方官不得勒索。1897年初，褚成博奏请筹划抵制洋商改造土货，主张官府对华商“力为护持”，“痛除向来官商隔膜锢习”，总署议复，表示应官商合力、官助商办，推广制造。1895年7月，清廷还电令张之洞：“筹款购备小轮船十余只，专在内河运货以收利权。”

值得一提的是，清政府还在维新运动的推动下，尝试“变祖宗成法”，以期扶持工商的活动能逐步制度化。张之洞、王鹏运先后奏请在各省设立商务局。从总理衙门的奏复来看，商务局除了由官方设立，它的职权性质并不是一个行政机构，而是向督抚提供信息的咨询机构，主要工作就是调查研究，宣传提倡。但各省的商务局又可从事经营活动。1896年初，张之洞奏准动用息借商款60万两，另加息借官款，作为设立苏州商务局的股本。山西商务局也有招商集股的职责。这样的商务局，又像是一个官督商办的公司。1898年，在康有为的呈请下，清廷谕令刘坤一、张之洞试办商务局事宜。两个月后，张之洞奏准设汉口商务局，并拟定了八条“应办之事”。同年8月，清廷在北京设农工商总局，任命端方等人为督理，“随时考查”、具奏农工商事务。虽然农工商总局不具备统一管理全国农工商事务的权力，它却是清政府第一次设立的新型经济部门。此外，清廷还谕令沿海各省设立保商局，保护回国侨商。1898年，清政府还颁布《振兴工艺给奖章程》。这是封建政府首次制定专门奖励发明和经济活动的法规。

这些措施，对民间的投资活动是有倡导、激励作用的。虽然官为商倡一般多属表态性质，但也有得到扶持、资助的。像业勤、大生、通久源、通益公等纱厂，在创办之初，有的就得到过官款的扶持。这些机制纱厂一般享有关税上的优惠待遇，按照上海机器织布局从前的成案，在海关报完正税一道，其余厘税概行宽免。但到后来洋纱进口冲击等原因导致一些纱厂陷入危机时，清政府并未采取切实措施予以扶持，而是听其出售给洋商或招洋股。结果，民族纺纱业的发展陷入低潮。当然，这也与清政府没有关税自主权，无法运用税率的调整来控制洋纱进口量大有关系。或许一些大的绅商如张謇等得到的扶持要多于普通商人，在竞争中占有优势，甚至带有垄断的成分，但平心而论，当时华商间的竞争所产生的不良后果，远远比不上洋商挟特权而来所造成的冲击。换言之，洋商与华商间的不公平竞争，严重制约了华商的正常发展。中国商人希望有公正的中外经济秩序，以便与洋商平等竞争，而清政府却无能为力。

不过，清政府的一番倡导，在一定程度上顺应了广大商民的利益要求，再加上《马关条约》订立不久，外资尚未大规模进入中国，种种因素，使甲午战争后民族工业的兴办，出现了一个短暂的高潮。但在视作“要政”的路矿部门，在执行中摇摆不定。

清末新政中，清政府在政策上进一步鼓励民族资本主义工商业发展。

清政府首先在经济领域实行政策转轨的动员与参与，为此实行奖励实业、扶植工商的政策。1905年成立商部，以保护、开通商业实业为宗旨，学习西方，制定和颁布一系列经济法规如《商律》《公司律》《商会简明章程》《商标注册试办章程》等，并在北京设立商会，以联合工商。1907 年设立交通银行，1908 年颁《大清银行则例》，扶植工商。饬令各级官府保护商办企业，改善官与商之间关系。先后对著名工商界人士以名位荣誉，提高商人的社会地位。这些政策措施受到新兴资产阶级的欢迎。江浙一带商人称赞清政府"实行保护商人，振兴实业政策，……诚富强之至计"。重商观念的变化起了推动社会生活转型的作用，清政府动员广大工商业者参与振兴商务并为参与提供了有利的条件，这的确产生了一定的效果。[①]

2. 民族危机的不断加深与新式工业的利润刺激

从 19 世纪 70 年代起，在中国东南沿海的通商口岸，一些原来的买办、商人、官僚、地主开始向新式工业投资。这时，外国资本在中国兴办的工矿企业还很少，本来对中华民族资本的发展是一个很好的机会，但那时社会条件还不是很成熟，兴办新式工业又处在封建政府和封建官僚的控制和垄断下，它的发展依然很慢。直到甲午战争失败后，中华民族工业的发展才接连掀起三次高潮，使局面发生很大变化。

为什么这时会出现这样的变化？原因有两个。第一是受到民族危机激化的刺激。《马关条约》允许外国在华设厂制造，引起很大震动。许多人感到发展民族工业已刻不容缓，如果等到外国的企业在中国到处发展后再做，那就晚了。第二，更重要的直接原因是看到这样做可以获得优厚的利润。经过几十年的发展，随着外国资本主义廉价商品的倾销，随着中国自然经济的逐步解体和农民的破产，为近代工业的发展提供了市场和劳动力方面的重要条件。如杨宗濂等 1896 年在江苏无锡开办勤纱厂，虽然日夜开工，仍无法完全满足常州、苏州两府市场的需要，年股息在 25％以上，这自然产生了巨大的吸引力。如果无利可图，任何力量也无法使他们把资金转移到近代工业中来。

中华民族工业发展的第一次高潮，是在甲午战争结束后不久。从 1895 年到 1900 年这五年间设立的商办厂矿的数字和资本总额，比以往 20 多年的

---

① 《世界文明史》下，第 926—927 页。

总和要大得多。规模大的，如山东烟台张裕酿酒公司创办资金为100万元，江苏南通由状元张謇等开设的大生纱厂创办资金也达到70万元。更值得注意的是，甲午战前中国近代工业的资本总额中，官办和官督商办企业一直居于主要地位，而战后五年间商办厂矿的资本额已超过前者而取得主要地位。这是一个重要变化。

第二次高潮是在20世纪初，特别是1903年以后。它的发展速度和规模超过了第一次高潮。商办共产投资的范围，从原有的缫丝、棉纺织、面粉等几个主要行业，进一步扩大到烟草、肥皂、电灯、玻璃、锅炉、铅笔、化妆品等行业，几乎涉及民众日常消费品的方方面面；还出现了一批投资几个行业或拥有较雄厚资金的企业集团，如张謇的大生集团，荣宗敬、荣德生兄弟经营面粉业、纺织业的茂新集团（以后演变成申新集团）等。

第三次高潮在1905—1911年。七年的投资总额同以往30多年的总和相等，其中的高峰是1905—1908年。投资的对象，面向国内市场的棉纱、造纸、面粉等行业遥遥领先。发展最迅速、力量最集中的地区是上海、武汉和广州，城市面貌发生很大变化，并且逐步成为国内革命活动和请愿立宪活动的中心。由于当时帝国主义列强在华争夺的重点是铁路修筑权，又由于铁路投资能获得优厚的利润，于是，在国内掀起一股筹设商办铁路公司、集股自修铁路的热潮。到1911年，西川川汉铁路公司、广东粤路公司、浙江铁路公司三家的实收股额已达4083万元，超过纺织工业40年的投资总额。这可以帮助我们理解：为什么辛亥革命前夜保路运动会发展到如此巨大的规模？为什么四川保路运动能成为辛亥革命的导火线？[①]

3. 西方资本主义经济侵略下传统自然经济的进一步解体

中日甲午战争后，资本输出逐渐成为帝国主义列强掠夺中国人民的主要形式，而帝国主义列强的资本输出又为它们的商品输出开辟道路。同战前相比，洋货的输入数量有了急剧的增长。光绪二十一年到二十四年（1895—1898）四年间输入超过输出1.3倍，平均每年入超四千七百多万两，总计入超近一亿九千万两。

---

① 《二十世纪中国史纲（简本）》，第33—35页。

“今天，随便走进哪一家农户，人们都可以看到，曾经是不可缺少的纺车，都蒙上了尘土，被人遗忘了。一捆捆机器压的孟买棉纱似乎使人注意到手纺车已经不合时宜了。”这表明在甲午战争前已经逐渐解体的自然经济，在许多地区进一步面临崩溃瓦解的境地了。

但是，帝国主义强盗未曾想到它们的“胜利”会走向它们愿望的反面：既激起了中国人民的反帝浪潮，也为中国民族资本主义的发展创设了条件。农民家庭手工业的倒闭，使农村日用必需品进一步依赖城市，为资本主义的发展扩大了商品市场。农民和手工业者的倾家荡产，逼得他们或辗转死于沟壑，或背井离乡，流向城市，寻找出卖劳动力的场所。破产农民和手工业者充斥于城市之中，为资本主义的发展提供了劳动力。农产品自给性质的衰退，商品性质的加强，则为资本主义的发展扩大了原料来源。这一切给广大劳动农民带来了无穷的灾难，而中国民族资本主义，则随着自然经济的解体初步发展起来了。①

（二）民族资本主义初步发展的主要表现

1. 工矿企业办厂数量和投资额的增加

在甲午战争后几年间，民族资本的发展在数量上虽然还是很微弱，但毕竟它是中国社会中从未有过的一种新的生产方式。同封建经济的汪洋大海相比较，民族资本还只是地壳变动时涌出水面的一些小岛，但它的存在和发展的意义要比它在数量上所占的比重大得多。

据不完全的统计，在光绪二十一年到二十六年（1895—1900）间，全国各地新办的私人资本工矿企业，其创办时资金在一万元以上的，共有104个，资本总额为2300多万元。如果不把采矿企业计算在内，私人资本的工厂共为79个，其资本总额为1700多万。这个数目是很小的。但是清廷每年偿还外债本息，如前所说有2000万两到2500万两，即2700多万元到3400多万元。这六年间的私人投资工矿企业的总额还抵不上一年偿还外债的数目。但是同甲午战争前相比，战后的发展是很明显的。战前的20多年间，私人资本家的工厂（不包括采矿企业）不到80家，其资本总额约为730万

① 《从鸦片战争到五四运动》，第221页。

元。这就是说，甲午战争后六年间创办的私人资本工厂，以厂数计，和战前 20 多年间差不多，以投资总额计，则为 2.3 倍。

在这 79 家工厂中，棉纺工厂有 10 家，分散在上海和浙江、江苏等地。其创办资本总额约为 500 万元，平均每家 40 万元。其中最大的是江苏南通的大生纱厂（张謇所创），创业时资本有 70 万元。缫丝厂共有 46 家，大部分集中在上海和广东的顺德。在顺德，厂数虽多，但规模都很小，一般每个厂的资金不过几万元。在上海先后建立了 8 家缫丝厂，其中较小的创办资本也在 15 万元左右，较大的有 60 万元左右。此外，属于食品工业方面的有 12 家。在山东烟台由华侨资本家设立的张裕酿酒公司，创办资金有 100 万元。在上海则有几家规模稍大的面粉厂、榨油厂、碾米厂。安徽芜湖、江苏南通、湖北汉口也各有规模稍大的面粉厂。其他的日用工业，包括织呢、织麻、轧花、硝皮、火柴等工厂，有 10 家。

这六年间设立的机器厂，可以查知的有 22 家，它们从事机械的制造和修理、船只的制造和修理，但它们的规模都非常小，资本在一万元以上的只有一家，其余一般的都是几千元的资本，最小的只有一千元。这些小型机器厂几乎全部在上海。

在这几年间各地创办的采煤和金属采矿企业共有 25 家，其中包括一些官办招商个官督商办的矿场。这 25 家采矿企业的创办资金合计 580 多万元，平均每家只有 23 万多元。

可以看出，在甲午战争后的几年间，私人资本的企业的确是有了初步的发展，不过它们的发展又是很艰难的。（按：分布区域主要在沿海、沿江通商口岸，创业资本较薄弱，产业结构以民用轻工业为主。）有的工矿不久即告倒闭，有的创办后，几经停工停产的波折，才勉强维持下去。

下面我们从这一时期民族资本主义具体行业发展情况来做深入探讨。

首先看下江南地区的民族缫丝工业。

江南地区的民族缫丝工业首先出现于上海，其后逐步发展到江苏省的镇江、苏州、无锡、丹徒和浙江省的萧山、杭州、湖州以及绍兴等地。

江南地区的民族缫丝业的发端是浙江丝商黄宗宪于 1882 年在上海创建的公和永缫丝厂，到 1894 年又陆续设立 4 家丝厂，进展相当缓慢。甲午战后，1895—1899 年，全国又新设机器缫丝厂 66 家，共计资本 725.1 万元，平均每家约有资本 11 万元；其中设在江南地区的有 40 家，以设在上海为多，计有 18 家，其余 22 家分布在浙江的富阳、绍兴、海盐、萧山、嘉兴、嘉善、平湖、杭州、硖石；江苏吴县、苏州、镇江、塘栖等地，共有资本 526.3 万元，每家平均 13.16 万元。上述统计表明，江南地区新设丝厂数占全国新设丝厂总数的 60.6%，但资本额则占丝厂新投资的 72.5%。因此，从总体上看，设立在江南地区的新丝厂具有比较雄厚的资力。至于具体到各家丝厂，仍是多寡不一；多数丝厂的资本额大抵在 15 万—30 万之间，拥有资本 30 万以上的只有 4 家，所置丝车各在 300—500 部之间。20 世纪的第一个十年，江南地区又陆续增设丝厂 36 家，新投资在 447.6 万元；其中仍以设在上海居多，计有 21 家，但资本额仍属中小型规模，大多数在 20 万元以内。这十年中，丝厂虽然日见其增，但丝厂的生产能力和规模未见明显的发展。

其次看下民族资本的面粉工业。

甲午战争以前，中国只有少数几家使用机器的磨坊，还不曾建立起现代意义上的民族资本面粉工业。1898 年开始筹备、1900 年投产的上海阜丰机器面粉厂是我国最早成立的华商现代机器面粉工厂。这家面粉厂是由安徽寿州官僚家族孙多森及其胞兄孙多鑫集资规银 30 万两创办的。1896 年前后，孙多森昆仲在了解上海英商增裕面粉厂试产情况后，决定仿照，在上海创办机器面粉厂。他们以优惠价格购置了美国爱立司厂生产的面粉机器一套，聘请该厂一名技师负责安装，于 1900 年投产，每日夜出粉能力 2500 包。早年通商条约中曾规定：进口面粉输往通商口岸可免征正税。孙多森借庇封建官府，也获得免税特权。

阜丰投产后，经营颇见起色。在与外商竞销中逐步打开销路。到 1900 年，日产面粉达 5000 包，运销营口、青岛、烟台、天津、福建、浙江和广东等地，连年都获丰厚利润。

荣德生、荣宗敬兄弟共同策划，集资 3.9 万元，在无锡创办保兴面粉厂。1901 年面粉厂破土动工，次年 3 月投产。当时（1902 年底）全国已开工的面粉厂，据统计，共有 12 家，其中民族资本面粉厂有 8 家。保兴建厂初期，购置法炼石石磨 4 套。所需原料一般在本地收购，一部分来自苏北高邮一带。石磨一日能容纳一百三四十石小麦，出粉 300 包左右。成品主要供应本地市场，也有少量运销上海。与保兴面粉厂同年开业的有张謇创办的南通大兴面粉厂，资本 2 万元。

我国近代面粉工业在清末十年间虽然在一些重要口岸或城市已经兴起，但各地发展很不平衡。据有关的综合统计，在辛亥革命前的 11 年中，全国有 21 个城市创办了新式面粉工厂 38 家，主要集中在江苏和东北两个地区，其中江苏省有 18 家，东北宁古塔和哈尔滨共有 5 家。辛亥革命促进了近代工业的发展，民族资本面粉工业在 1912—1913 年内建立了新面粉厂 20 家，仅 1913 年就成立了 15 家，其中大多数仍设立在上海、无锡和哈尔滨等原来比较集中的地方。就总体上看，我国起步时期的民族面粉业的特点是以中小资本和置备为数不多的新式设备的面粉厂，而在生产配置上比较集中在少数地区，这种偏颇现象为它进一步的发展隐伏下很大困难。①

2. 民族资产阶级力量的发展和内部阶级的构成

在资本主义初步发展中，投资创办工业的主要有三种人。

第一类是地主、官僚、封建大商人。在封建社会，社会财富大部分掌握在这些人手里。当他们投资于近代工业时，他们就从封建剥削者转化为资本主义剥削者。但是许多大地主和中小地主，由于仍旧可以靠封建的土地剥削增殖他们的财富，对投资近代工业没有什么兴趣，只有极少数人尝试对新办的近代企业搭一点儿股。封建大商人，主要是由封建国家政权给予特权，垄断鸦片、盐、茶等大宗商品贸易，也有经营高利贷的票号、银号、钱庄和典当的。这些封建大商人中，虽有个别的人投资于创办新式工业，但是总的说来，他们还是宁愿操持他们的旧业。一些封建官僚已经卸了实缺官职，但因为与官场有密切关系，在社会上有特权身份，所以具有办企业的有利条件。早期的资本主义企业的创办情况表明，大地主兼官僚乃是这些企业的主要投资人。

---

① 汪敬虞主编：《中国近代经济史（1895—1927）》，人民出版社，2012，第 1675—1705 页。

第二类是买办、买办商人。狭义的买办，专指外国人办的洋行和银行所雇佣的经纪人。有一种商人，形式上独立，但专门为洋行收购土货或推销洋货，他们是与封建商人不同的买办商人。随着民族工业的兴起，当然也就有与民族工业相联系的商人，他们是民族资产阶级的一部分；但是由于民族工业还很薄弱，这种商业资本家也就还很不发达。这里还应指出，封建商人、买办商人、民族资产阶级的商人这三种商人，实际上往往互相结合，而不能严格区别开来。不少买办和买办商人成为暴发户，他们也是近代工业的主要投资人。

第三类是手工业作坊主、中小商人。在商品经济比较发达的城镇中的手工业作坊，是鸦片战争前中国社会内部成长着的资本主义萌芽的主要代表。鸦片战争后几十年间，手工业作坊大量破产。但是，正像封建势力的压迫不能完全扼杀资本主义的萌芽一样，外国资本主义的入侵也不能完全摧毁手工业作坊。仍在挣扎求存的手工业作坊中，有一些利用时机，逐渐转入机器生产，向着近代工业转化。中小商人是以小商品生产为基础，活动在城镇乡村的坐商、贩运商、包买商。有一部分中小商人的资金也有逐渐转向工业资本的趋势。

民资资本主义初步发展的情况表明，它的内部结构，有上层和中下层的区别。上层资本多，力量大；中下层资本少，力量弱。一般说来，从大地主、官僚、大商人、买办转化而来的资本家，构成民族资本的上层；从手工业作坊主、中小商人等转化而来的资本家，构成民族资本的中下层。这些人的社会地位、政治地位低，他们的经济力量也很薄弱。在西欧各国，曾经有两个世纪以上的工场手工业时期，不少工业资本家是由手工业作坊主经过几代的资金积累和生产扩大而变成的。但在中国的历史条件下，手工业作坊主很少有这样的机会。中下资本不但无力抵抗外国资本和本国封建势力的压迫，而且投资于近代工业的官僚、大地主、大商人、买办凭着他们的政治和经济上的优势地位，也排斥中小资本。这都使得由工场手工业转化为近代工业的路途上充满着险阻。

由大地主、官僚、大商人、买办转化而成的资本家就居于民族资本主义经济中的主要地位。他们是 19 世纪末叶活跃在民族经济舞台上的主要角色。[①]

综上整体而言，民族资本一方面受帝国主义、封建主义的压迫，但是另一方面又同它们保持各种各样的联系，对它们这样那样地依赖。这种既对抗又依赖的矛盾状态，就是民族资本的发展轨道。

（三）近代经济大潮冲击下的嬗变

1. 商业贸易方面

（1）对外贸易条件的改善

中日甲午战争后，在西方国家强迫中国开放更多商埠的同时，中国政府从实践中认识到开放的重要性，主动开放了一些港口为商埠。1895—1927 年，总计增开口岸 70 处，相当于 1842—1894 年所开口岸 34 处的 2.1 倍。新开口岸中，大部分为内陆口岸。1894 年前所开口岸中，18 处在内地，占总数的 53%。1895 年所开口岸中，53 处在内地，占总数的 77%。从地区看，有 43 处新开口岸分布在华北和东北两地，占新开口岸总数的 61.4%。另有 11 处位于长江流域地区。至 20 世纪 20 年代，中国沿海、沿边、沿江、沿商路的重要城市与港口都已成为商埠，中国已是一个被动地全方位开放的国家。

随着全方位对外开放，经营外贸资本的增加和外贸条件的改善，进出口额迅速增长。1895 年对外贸易总值为 4.91 亿元，1927 年为 30.10 亿元，33 年间增长 5.1 倍。1895 年，中国出口净值为 2.23 亿元，1927 年为 14.32 亿，增加了 5.4 倍。1895 年进口净值为 2.68 亿，1927 年为 15.79 亿元，增加 4.9 倍。由于进口多，出口少，中国处于入超地位。1895 年入超 4424.72 万元，1913 年入超约 2.60 亿元，约为 1895 年的 5.88 倍。1926 年入超约 4.05 亿元，为 1913 年的 1.6 倍。

（2）新的商业法规与商业形式

1895 年以后，随着工矿交通业的发展和对外贸易的迅速增长，国内商业大为发展。1894 年，国内市场商品量为 12.67 亿两（规元），1936 年为

① 《从鸦片战争到五四运动》，第 223—224 页。

127.71亿两，增长了9.1倍。其间，各个阶段增长的速度不同。就平均增长率而言，1894—1908年为4.02%，1908—1920年3.6%，比1840—1869年的1.69%，1869—1894年的1.25%快得多。

商业的发展对商业法规提出新的要求。1904年1月清政府颁布《商律》，它是中国历史第一部现代新的商业法，由《商人通例》和《公司律》两部分组成。《商人通例》对商人的身份和经商权利做了具体的规定。《公司律》规定公司分类及申办呈报办法、股份、股东权利各事宜、董事、查账人、董事会议、众股东会议、更改公司章程、停闭、罚例等。1906年，清政府颁布《破产律》。《破产律》和《商律》合称《大清商律》。至此，中国有了独立体系的商业法。1908年，清政府起草《大清商律草案》，分为总则、商人行为、公司法、海船法、票据法五部分。未及颁行，清王朝就被推翻了。中华民国成立后，将《大清商律草案》略加修改，即予施行。

商业的发展要求度量衡的统一和与国际接轨。20世纪初，为了统一度量衡，清政府请国际权量局制造铂银合金原器、镍钢合金原器及精密校验仪器，作为国家的最高计量标准器，并由农工商部的度量衡局办理推行工作。

商业的发展促进经商企业从旧式向新式转变。19世纪后期，在通商口岸出现用玻璃样柜装饰店面，采用广告宣传，以现代方法经营现代工业产品的洋广杂货店。19世纪末20世纪初，百货形成一个单独的商业行业。20世纪初，在广州、上海等城市陆续出现以经营“环球百货”著称的综合性大型公司。在广州，1907年光商公司开业，首创分柜售货。1910年真光公司开业，规模更大。这些新式商业企业，绝大部分是股份公司，采用现代的经营管理方法，最高管理机构是股东大会，执行机构是董事会（局），下设经理管理商店。对员工采用固定营业时间，严格上下班和休假制度，按月发薪，按售货额多少发奖金等现代管理方法。

行会组织产生于鸦片战争前，鸦片战争之后出现一个新的发展高潮。1840—1903年，上海、苏州、汉口和北京四个城市共设立行会166个。这种现象的出现，主要是因为市场化的进展使经济结构发生急剧变化，新的行业大量出现，比如从事进口贸易的洋布行业、五金行业、煤铁行业，从事出口贸易的皮毛行业、山货行业，通商口岸的建筑材料业、营造业，这导致行会组织的不断增加。

1895年以后，郑观应、康有为、张謇等先进的知识分子呼吁成立商会，在戊戌维新时，光绪帝传旨筹建商务局和商会，但没有成功。20世纪初，随着清政府新政的实施和中外商务交涉的加剧，中国的商会应运而生。1902年，仿照日本商业会议公所的模式，中国第一个商会组织——上海商业会议公所成立。1904年，商部开始劝办商会。至1912年，除蒙古地区、西藏外，全国各省已有商会998家。商会是具有现代性特征的法人社团。商会成立后，参与制订经济法规，维护经济秩序，提倡实业教育，培养实业人才，参与争取民主和争取民族独立的政治活动，为中国的现代化进程作出重要贡献。

（3）近代银行业的兴起

中日甲午战争后，中国的经济生活中的新事之一，是中国人自己开办了银行，与此同时，传统的金融机构进一步转化和分解。

19世纪末，由于本国私人资本企业的发展，需要银行提供存放款和汇兑的业务；外国对华贸易的扩大和城乡商品经济进一步发展，要求新式金融机构为之服务；外商在华银行的高额利润（如英国汇丰、美国花旗、渣打等外资银行），刺激国民兴办银行的愿望；清政府财政困难，想办银行调剂和筹集资金。在这些条件下，中国银行业开始兴起。1897年5月27日，中国第一家银行——中国通商银行成立。该行创办资本658万元，成立时先收半数，招商集股，商借户部库银131.6万元。总行设在上海，同年在北京、天津、汉口、广州、汕头、烟台、镇江等地设分行。该行号称商办，实际管理操纵在官僚盛宣怀手中。中国通商银行的设立标志着本国银行业的出现，它是商品经济发展的必然结构和经济现代化的标志之一。

1904年，户部奏定《试办银行章程》。次年，成立户部银行。该行额定股本526.4万元，分为4万股，户部认股半数，其余招私人入股。总行设在北京，分行设在天津、上海、汉口等地。其业务除承颁银铜铸币、发行纸币、代理部库等特权外，还办理一般银行业务，兼有中央银行和商业银行性质。1908年，清政府对户部银行增资到1316万元，改称大清银行。1913

年，民国政府将它改组为中国银行。

1907年，邮传部奏准设立交通银行，官商合办，最大的股东是邮传部。该行除经理一般银行业务外，享有经理邮传部管理的轮船、铁路、邮政、电报四个系统存款的特权，它具有专业银行的特征。（按：以上三大银行为官资为主的银行。）

1906—1908年，由私人投资创办的信成银行、浙江兴业银行、四明（商业储蓄）银行相续开业。这三家银行没有官股，主要创办人和当权人是资本家，他们的设立标志着中国现代信用制度发展中的一个新阶段。从1897年到1911年中国开设过的银行（包括官商合办的和私人资本设立的）共20家，它们都采用股份有限公司的形式。另外，1896—1908年，有21个省区政府创办具有地方银行性质的官银钱局。

2. 工业交通建设

（1）发展速度

1895年到1913年一战前，本国资本新开设的、资本在万元以上的厂矿549家，新投资本1.2亿元；外国资本新投资本10万元以上的厂矿136家，新投资本1亿元；全国平均每年新投资本约1158万元。现代工业资本总额，1894年为7745万元，1911—1914年为66622万元，增长7.6倍，年均增长14.44%。其中，制造业资本增长5.7倍，矿冶业资本增长9.3倍。1911年新式工矿业总产值3.48亿元，约占工农业总产值的1.8%。

（2）产业结构

1895年以前，中国的现代工业以重工业，特别是军事工业为主。1895年以后，纺织、面粉、缫丝、火柴、卷烟、榨油、肥皂、造纸、印刷、制革等轻工业有较大发展。1913年以后，出现了橡胶、玻璃、制碱等新行业。进入20世纪以后，工业的新增长点是私营经济。这种经济要在强大的外国资本和本国国家资本前立足发展，必须寻找合适的生存条件。轻工业生产投资少，见效快，易于积累；重工业则耗资巨，难收效，风险大。势单力薄的私人工业自然多投资于轻工业，而对重工业少有问津。

1895年以后，在东南地区工业进一步发展的基础上，现代工业开始向北部沿海和少数内地扩展。在东南地区，在上海工业继续发展的同时，以纺织、食品为主体的轻工业向上海周围的无锡、苏州、南通等中小城市扩散，并同上海连成一个以纺织工业为中心的工业城市集团。从全国范围看，工业仍集中在沿海、汉江的少数城市。现代工业发展极不平衡。

（3）铁路交通建设

自第一条铁路修通后，清政府深感铁路运输便捷，张之洞、刘铭传等一批地方督抚大臣力主扩大铁路修建。西方国家认为要把他们的商品销入中国广阔的内地，非修筑铁路不可，故加大对中国铁路的投资。1881—1894 年，中国修铁路 447 公里，年均约 32 公里。1895 至 1911 年出现中国第一个修建铁路高潮，修建铁路 8944 公里，年均 559 公里，为前一时期的 17.5 倍。随着铁路的延长，铁路运输能力逐年增加。1912 年客运量为 16 亿人公里，货运量为 24 亿吨公里。

民国成立后，在振兴实业的热潮声中，初步建立了现代经济法制体系，有利于中国现代工业的成长，而第一次世界大战的爆发，使中国的经济发展形成了较为有利的外部环境，从而使中国的现代工业自民国成立后进入一波长达十年之久的快速发展时期，中国的现代经济水准有了一定提升，经济面貌有了一定改观，并由此带动了政治、文化、社会等各方面的变化。但是，中国现代工业的发展仍然面临着许多困难，例如列强的对华经济扩张、国内政治环境的混乱、资金缺乏、市场不足、技术有限、管理低下等等，均约束着中国现代经济的成长。农村经济的发展更为艰难，现代农业几近阙如，传统耕作方式及生产关系仍然占据着主导地位，广大农村不能成为现代工业的市场并为其提供必要的资源，非常不利于中国的工业化建设。中外经济关系在第一次世界大战前后出现了若干变化，但中国经济的弱势地位及其对外国资本的依附性仍未根本改变。总之，中国在传统经济向现代经济的转型过程中仍是步履艰难。①

① 汪朝光编：《中国近代通史·第六卷·民国的初建（1912—1923）》，江苏人民出版社，2009，第 523 页。

二、民国初期民族资本主义的“短暂春天”

（一）民族资本主义“短暂春天”的主要原因

为什么在这样动乱的军阀割据岁月中，中国产业资本依然可以取得一定成绩？为什么在外资的压迫和军阀混战中中国产业资本没有停止、萎缩或者破产？这里既有内因也有外因。中国民族资本主义有一定的发展而又不能得到充分发展，其原因主要看它在发展过程中所受到的内部与外部的机制与环境的制约。

1. 内部因素

辛亥革命后民国初年南京国民政府、北洋政府政策上的鼓励，人民群众反帝爱国运动中“抵制洋货、提倡国货”的推动，民族资产阶级“实业救国”思潮的影响等，共同形成了民国初期民族资本主义获得较好发展的内部原因。这里我们重点论述民国初年政府政策上的因素。

民国南京临时政府成立后，大力提倡发展实业，开始着手经济法制建设。如在《中华民国临时约法》中，就规定：奖励和保护工商业，鼓励人民兴办实业，鼓励华侨在国内投资，设立实业，各省成立实业公司，废除清朝的苛捐杂税。

北洋政府成立后，经济法制体系基本上建立于袁世凯统治时期。1912年4月16日，袁世凯发布《劝农保商令》，宣示：“现在国体确定，组织新邦，百务所先，莫急于培元气，兴实业。”同月29日，袁世凯在临时参议院发表演说称：

> “民国成立，宜以实业为先务，故分设农林、工商两部，以尽协助提倡之义。凡学校生徒，尤宜趋重实业，以培国本。吾国实业尚在幼稚时代，质言之，中国农业国也。垦荒森林，牧畜渔业，茶桑富藏于地，类多未辟之菁华。愿我国民毋从空中讨生活，须从脚底下着想。即以矿产言之，急须更改矿章，务从便民，力主宽大，以利通行。且商律与度量衡，亦应迅速妥订实行。”

1912—1916年，北洋政府颁布的条例也规定：解除对民间兴办工商业的限制；对新办企业予以优惠政策，对民族工业品及其原料减免捐款；设立各种示范场所，推广技术，劝导人民创办实业，筹办国货展览会和组织参加外国展览会。

如果说袁世凯为建立个人专制统治在政治上言不由衷的虚饰之言甚多，而在经济方面他的言辞倒未尽为虚，因为发展经济、振兴实业于其统治并无害处，至少可以多征税而缓解财政困难。袁世凯虽为军人出身的带兵长官，但于洋务、实业并不陌生，在清末担任直隶总督兼北洋大臣期间，还担任过督办商务、电政、铁路大臣，于清末新政多有贡献，何况北洋军人集团在聚敛了财富之后也在工商实业领域有不少投资，他们在经济方面已经趋向于资本主义化，对发展实业不致成为阻碍。再有，袁世凯当政时期，在施政方面得到民族资本工商实业家的支持，同时也在维护他们的利益方面政策上有所偏重，双方有大体正常的互动关系，因此我们就不难理解袁世凯在 1913 年 7 月 13 日武力镇压革命派的赣宁之役刚刚发动之际，发布《临时大总统令》，要求各省民政长官对工商实业“务望督饬所属，切实振兴，以裕国计。举凡路、矿、林、垦、蚕桑、畜牧，以及工艺场、厂、一切商办公司，其现办者，务须加以保护，即已停办及有应办而未办者，亦应设法维持，善为倡导。一面由农林、工商两部，迅将各种应行修订法律分别拟议草案，提交国会公决施行”。同时我们也不难理解，著名实业家张謇在担任北洋政府农商总长兼全国水利局总裁期间（1913 年至 1915 年），强调其实业政策为“乞灵于法律”，于经济法制体系建设贡献良多。加以此时的国内政治大体统一，政府相对有权威制定并推行各种经济政策。凡此种种，使袁世凯当政时期的北洋政府在制定经济政策与法规、推动工商实业发展方面较其后之北洋政府有明显的长处。

当然，对民国初年经济法制体系建设的功用也不能估计过高。由于北洋政府维持中央统一权威的时间非常短暂，也没有较为明确的经济法制体系建设规划，有关经济法规条例的制定缺项甚多；已经制定者，或因财力不够（如铸造国币的条例不能大规模推广），或因部门利益（如证券交通系对铁路系统的把持），或因监管不力（如证券交易所在 20 世纪 20 年代初期的泡沫泛滥而演成“信交风潮”），或因官商争利（如有军政官员投资的某些特权企业的存在)，等等，在其执行过程中打折扣者或流于纸面文字者亦复不少。举例言之，根据《民业铁路法》的内容，明确了人民可以集合资本建筑铁路，从而有利于民间资本对交通事业的投资，也结束了清末以来所谓铁路"官办"抑或"商办"的争议。但在该法公布之前，袁世凯当政时期已实行"统一路政"政策，已将各省民办铁路公司悉数收归国有，至于政府为此应付之股款本息 6800 万元，即使不计其折算及偿还过程中的贬值等损失，最终仍有 3600 万元没有偿还。其时批准修造的民办铁路只有云南和广东的两条短距轻便铁路，而北洋政府时期国有铁路的修筑总长度不过 3186 公里，远不及前清时期的 5107 公里。因此，即便是民初经济法制体系的热心提倡者与建设者张謇也不禁自叹曰："所成者条例焉耳，而犹未尽，能无自疚。夫政策之行不行，或亦有天命存焉。"[①]

此外，"二十一条"的消息传播开后，北京、上海、汉口、广州、奉天、吉林、哈尔滨等地方先后掀起抵制日货运动，以及"实业救国"思潮，这些都对这一时期民族资本主义发展有积极推动。

2. 外部因素

欧洲国家忙于一战，减少对中国的经济侵略（日本和美国仍加大对中国的经济侵略)，一战确是中国民族资本主义发展的一个有利外部条件。欧战期间，直到战后几年，中国出现一个设厂的小高峰，原有的企业也有蒸蒸日上之势。《海关十年报告》评论说："大战爆发后不久，中国的进口来源就被切断。有些工厂的产品供不应求，这些厂处于十分有利的地位，但不久欧美国家物价开始上涨，这就把汇率上涨的不利因素抵销有余。在战后短短的一段时间里，参战国军队不再需要军需供应，中国运往欧美的货物仍遭限制。欧美市场于 1919 年中开放。结果出现一片繁荣景象，对各种货物的需求都十分紧迫。中国向外大量出口，获利甚厚。"这次难得的机会，让华资企业认识到中国按西方路子办工业的可能性。市场形势变幻莫测，投机之风盛行，正常的工商业受阻。在有利的形势下，中国投资者盲目乐观，设厂过多，繁荣中有虚假一面，超过市场所容纳的限度。

---

① 《中国近代通史·第六卷·民国的初建（1912—1923）》，第 524—525 页，第 528 页。

但是我们也不能忽略日美两国在中国大大扩张他们的势力，孕育着新的困难，未来竞争对手增加等难题。美国的渗透主要表现在金融投资上，日本政府自1915年就试图扩大在华的势力范围，同年提出的“二十一条”中，就着眼于继承德国在山东享有的一切权利，此后数年关于“西原借款”的谈判，就是日本人的另外一个外交攻势。日本在东北自办以及中日合办企业共108家，资本超过4000万日元，日商趁欧战之机，接力在中国市场倾销商品，日本人还在中国直接投资，取代英国对华棉纺织品中的贸易地位，对中国本土华商同行业者也构成重大威胁。此外，中国受到国际竞争而带来的波动不可避免，如：参与国际贸易的定额受到限制，运输船只匮乏和运费的昂贵，筹措对外贸易资金的困难，以及设备的短缺。对于一个依赖性的经济体系而言，战争带来的困难无疑是重大的，想要摆脱市场不稳定因素干扰，必须从内在建立独立完整的工业生产体系。

外在环境影响的这种不确定性和投机性下，中国民族产业依旧有发展，我们不可忽略国内环境，甚至国内环境才是最主要的因素。一战产业资本除企业自身的资本积累扩大再生产，一部分是商业资本转化，买办把收入大量投资工业，如西药行业、轮运业等，还有一部分是军阀、官僚由投资土地等传统经济项目转而投资企业。[①] 这一时期国内传统的自然经济加速瓦解，市场扩大也促进民族产业资本的发展。中国市场有两种竞争，其一是中国国内资本内部之间的竞争，取决于产品的成本、价格和质量等因素，取决于技术、设备、经营管理和劳动生产率等诸因素。荣氏企业的发展同他们的注重技术分不开，他们除与央行订购先进设备外，还派宗族子弟前往欧美各国学习。棉纺织业发展，需要更多原棉，本土棉花供不应求，因此穆藕初等人组织中华植棉改良社，华商纱厂联合会还成立植棉委员会。上海纱厂老板拥有灵活的管理才能，善于兼及各种经济活动，并使企业迅速采取先进技术，此外他们还重视培养人才，新一代资产阶级乐于控制企业经营大权，提高工人素质，如聂云台在上海承办一所职工技术学校，里

① 魏明：《论北洋军阀官僚的私人资本主义经济活动》，《近代史研究》1985年第2期。

面还配备有纺织、铸造以及机器制造等实习车间。[1] 中国民族化学工业的崛起离不开范旭东等企业家的倡导与支持，又如吴蕴初创办天厨味精厂离不开他自己的苦心钻研，实验成功后，质量上乘，价格公道，推销得当，最终把日本的“味之素”味精挤出中国市场。总体来说，近代民族资本主义在多重力量压迫下生存，中国企业家善于适应形势和经济条件的变化，及时变革经营管理理念，不断改进管理方法，提高生产率，扩大生产社会化，为近代中国经济发展作出贡献。

从晚清到民国，商会作为资产阶级的团体，在1912—1927年间组织扩展，日益成为重要的社会力量，对公共事务有着不可忽略的影响力。民国初年创办《中华实业丛报》《劝业日报》《实业公报》《中华实业界》，上海、南京、苏州等地纷纷出现创办这类实业报刊，翻译许多关于工业、农业、金融、商业理论的文章。民国初年大生集团掌门人张謇先后在南京临时政府和北京政府出任实业总长、农商总长，主持制定了一系列有利于工商业发展的法律法规，包括《公司条例》《商人条例》《矿业条例》《公司注册规则》等。布衣出身的荣氏兄弟在商言商，民国初年也积极提出商业发展见解，有利于民营企业成长。1920年以上海上层资本家为核心成立了全国工商协会，虞洽卿任会长，该会是为维护全国工商界利益而同军阀政府合法斗争而设立的。改良税则、颁布一系列工商法规，提倡交通行业的发展、加强职业技术教育等。以制度建设方式表现的鼓励、倡导和规范作用，有益于近代中国各大行业的规范经营，在一定程度上，扫除了资产阶级发展经济的障碍，刺激民族工商业投资者投资现代企业的积极性与信心。

总之，相对宽松的政治气候和社会舆论推进中国民族产业发展，辛亥革命结束后，扫除经济发展的一些障碍，实业救国论兴盛。国货运动和抵货运动的发展，为中国民族产业资本发展创造良好气候，短期效果十分显著，增强人们的自强心理。

（二）民族资本主义“短暂春天”的主要表现

国内一些主要行业中，1912年至1919年资本万元以上的新设厂家及投

---

① ［法］白吉尔：《中国资产阶级的黄金时代（1911～1937）》，张富强、许世芬译，上海社会科学出版社，1994，第193页。

资数额，分别超过以前数十年的总和。当世界第一次大战进行，外货竞争稍减时，中国民营纺织业能够趁机迅速扩张，这离不开政府大力提倡棉纺织业，诱导民营工业大力向棉纺织业发展。中国传统工业最先被洋商破坏的就是棉纺织业，故而政府不遗余力提倡发展。大型纱厂的发展沉重打击和摧毁着效率很低的传统家庭手工业，为农村为主要销售市场的棉织工场手工业提供了廉价而充足的原料，促使它在工业发展的大潮中，在同行竞争中向机器工业过渡。如大生纱厂自 1912 年至 l921 年，据虞和平在《中国现代化历程》中统计，利润率平均水平高达 44.44%，10 年盈利累计 11619000 两，相当于 l899—1911 年 13 年纯利润总和的 3.61 倍。大量小型机器织布工厂的出现，是传统经济在分化瓦解中逐步走向资本主义经济过渡的一个例证，中国的传统手工业、商业也逐渐适应对外开放趋势，向现代化生产过渡。再以面粉业为例，它是在进口洋商面粉工业压力下产生发展的，欧战期间洋粉进口量减少，中国的面粉工业获得较为宽松的发展条件，本国机制面粉主要供应国内市场，也有部分出口。原先国产面粉主要出口俄国，这期间增加了向欧洲的出口。中国同洋粉工业争夺国内市场，开辟新的国内市场，机器面粉对土磨坊产品市场的争夺，商品经济面粉逐渐替代自然经济面粉。此外，火柴业的发展也是显著的，在 1912—1927 年设厂 115 家，创办资本 9650 千元，如：1920 年刘鸿生在苏州设立的鸿生火柴厂，在江苏南汇设立的中华火柴厂和在九江设立的裕生火柴厂等。在有利的形势下，华商工厂占有一定的优势。1927 年，民族火柴工业联合起来，形成同业公会同外国资本竞争，这一时期的发展为以后的联营奠定基础。

中国生产产品增加的同时，努力向世界展示本国经济水平。1915 年，巴拿马世界博览会在美国旧金山举行。当时，中华民国政府成立不久，百废待兴，对于巴拿马世博会给予了高度重视。在这次世博会上，中国展品所获奖项计 1211 枚，本次展览会后，中国出口大幅度增加。在外国资本的压迫下，中国的一些工业产品在国内市场立足，并打入国际市场，这是重大进步。同时中国进口额减少，以上海进口金属原料为例，1915—1918 年间进口额虽有明显波动，与 1913—1914 年比对明显减少，这与金属采掘和冶矿业缓慢发展有关。但是华资矿业整体生产能力比不上外资和中外合资，如实际上由英国人控制的中英合办开滦煤矿、日本人侵占的抚顺煤矿年生产量都是华资煤矿难以企及的，外加本国军阀混战，艰难前行，并且国际金属原料市场价格连续猛增，大多企业无法维持开支平衡，矿产出口格局一时很难建立。

机器工业比如早期的轮船和机器带有半殖民地特征，随着民族产业逐渐发展，在兴旺的业务中，机器工业扩大营业范围，提高生产能力。从修理到仿制，是中国机器工业的一般趋势，中华民族机器工业从完全依附外国资本到有所剥离，摆脱洋商控制，并尝试进口替代。民族机器工业的发展并不是一路坦途，尤其是洋商垄断技术和控制资本。此外，如橡胶工业、制革工业、化学工业、电力工业、自来水厂、运输业、矿业等在这段时间也不同程度获得发展。化学工业产品一般供日常消费，这一时期出现的西药厂、制碱厂一般规模虽不大，却意义非凡，如华商西药厂从最早经营进口西药，进而模仿西药制作，乃至以西洋设备和工艺制作可以独立生产一部分西药，像黄楚九经营的九福公司、中法药厂和中西大药房、项松茂经营的五洲药房等。总之，欧战期间中国原有的产业部门基本上都有一定的发展，同时出现许多新兴工业。但是民族产业资本在1912—1927年间整体发展不易，屡屡陷入困境，棉纺业和面粉业量等传统产业面临产业调整。

除产业资本发展之余，中国企业群体也出现新气象，尤其是企业家精神对近代工商业发展的良性驱动作用。近代实业家群体有五种类型：其一绅商型，以张謇为代表，这一类型拥有科举功名，属于地方绅士，企业属于商办，有别于官督商办和官商合办；其二商人型，以荣氏兄弟为代表，纯粹的商人身份；其三买办型，以朱葆三、虞洽卿、刘鸿生为代表，他们买办出身，完成资本积累后，投资企业；其四归国华侨，包括烟台张裕酿酒公司的张振勋、南洋兄弟烟草公司的简氏兄弟、永安公司的郭氏兄弟、先施公司的马应彪等；其五知识型，这一期间用现代经营方式发展经济的具有企业家精神的行业经营者，他们能将资本、土地、劳动力与技术等生产要素加以设计与组合，以从事生产活动，牟取利润，并承担亏损的风险，他们有专业知识并关心市场，有组织协调能力并发挥最高生产力，有远见和冒险精神，有社会关怀。如江苏穆藕初留美归国后创办纱厂，翻译泰罗的《科学管理原理》，实行工厂科学管理，提高产品质量；买办出身的宋炜臣重视市场调查，在火柴业、水电事业、开矿等领域均有显著成绩。此外如化学工业范旭东、药业大王胡文虎、面粉大王王禹卿等，他们的奋斗历程展示中国商人的活力与希望，与近代商人、近代绅商、近代买办相比，他们更关心中国实业的未来。公司一开始就不同于传统的家族企业，采用股份制，他们最具创造性和现代精神。

（三）民族资本主义“短暂春天”的主要特点

民国初年的民族资本主义工业发展，是由深孚众望的民族主义者自发组成的，集中一些企业家和知识分子以及官僚的力量发展更加庞大的工业体系。相对洋务运动（由清朝地主官僚自上而下组织的自救运动）着重于军工事业发展，本次民族工业发展中的新型企业家带着创新精神，带着满足市场化需求的目标，拓展工业生产领域，故而形成以发展中小型轻工业企业和消费资料为主，在地域分布、行业分布、资金结构、经济结构都充满半殖民地色彩。

1. 地域分布

近代中国工业发生的自然因素，其一发生于原料产地，如东北的面粉业和榨油业、江苏与浙江的缫丝业与丝织业、汉口的钢铁业、广东的制糖业等，就地取材。其二发生于技术工人所到之处，地毯业兴起于北京，因为一些西藏的制造地毯技工者首先到北京传授技术，后来又传到天津。其三，发生于交通便利地方，譬如哈尔滨（铁路）、天津（海运）、汉口（河运）、无锡（大运河），交通枢纽成为货物集散中心，以先驱性发展的棉纺织业为例，总览这一时期该行业主要分布在东部沿海地区，其中上海居多，其次靠近产棉区或者运输便利的地带。其四，发生于城市地区：工业初发生时，多在城市地区，因为有市场、有劳动力、有公共设施，工业的进步只限于最主要的条约口岸。上海、天津、广州由于便利的投资环境很容易参与到国际贸易体系，上海是纺织和食品工业中心，广州是烟草、造纸、制糖业和火柴业的聚集地，天津是冶铁业、化工业、公用业发展较好的北方工业重镇。

2. 行业分布

这一时期的发展主要是轻工业，重工业基础薄弱，没有形成完整工业体系。以发展较为快速的棉纺织业为例，在1912—1927年，中国纱厂共设立86家，资本总额约为136703千元，出现大规模纱厂，织染、丝织、织麻、轧花、毛织等其他纺织业吸引大量投资，创办资本在1万以下的小型织布步工厂各地涌现。其中大生纱厂和荣氏企业投资的申新纱厂，每一家都超过百万投资总额。但是这一黄金时代的热情很少扩展到重工业，南方各省有色金属（特别是锑和锡）采炼的短暂繁荣，完全是由国际投机引起的，但也随着国际投机的消失而消逝。现代煤矿和铁矿仍然是75%至100%都掌握在外资手中。纵使此时在上海一地，机械制造业增多，但多是小型企业，基本上从事生产下端，主要着眼于维修和保养。轻工业和基础工业之间的失衡发展，带有半殖民地属性的工业体系缺失完整性，显示出半殖民工业发展迟缓的特征。

3. 资金结构、经济结构

一些部门中，外国资本仍然超过民族资本。造船业、钢铁业、化工业、电气业等行业主要为外商垄断，尤其日本人控制的工厂为多，日商借助东亚兴业会社、中日实业会社、东洋拓殖会社等大公司成为日本资金注入中国各大行业的跳板。与封建经济相比，自然经济仍占主导地位。从晚清到民国，中国主要还是一个农业国，工业在整个工农业总值中的比重还未超过1/5，中国尚未从农业社会全方面进入工商业社会。通过私人投资自主奋斗的民族企业，在起步迟缓并受外资控制的经济体，造成民族企业抵抗危机的能力不足。保证财政的来源安全，完善管理经验，优化生产总费用，提高生产效率，保证固定资产安全，以及增加加工商品的出口，减少原料出口，争取出口商品和原料的多样化，增强对世界市场波动性的抵抗力，减少半殖民经济的依赖性，成为政府下一阶段的努力目标。

（四）民族资本主义“短暂春天”的结果与反思

1914—1924年间，中国经济在国内工业总值、对外贸易总额中均有发展，其中与经济发展息息相关的金融系统也取得一定成就。以上海为例，1914—1924年，上海民办银行取得一定成就，如浙江实业银行、上海商业储蓄银行、四明银行（“小四行”之一）等江浙商人投资的近代商业银行渐入佳境。这些银行家摒弃旧观念，倡导新思想，他们与知识分子一起承担社会革命使命。但是整体而言，现代金融体系还不完整，上海地下钱庄大量存在，这种带有民间私人性质的地方性金融机构，无法与世界经济形势同步更新并且充满投机性，上海金融市场多次受到通货紧缩风潮的剧烈冲击，影响金融市场的稳定性，阻碍商业的正常投资环境。中央银行缺失，中央政权虚弱且不稳定，全国性统一的金融市场也有待建立发展。此外，中国还需要应对国际白银价格变动，中国工商业者需要学习观察世界各国行情变化。

民族资本主义的发展需要安定的社会环境和良好的市场条件，需要交通运输条件的日益改善，需要政府在各方面给予支持。北洋政府当然不可能在各方面扶持民族资本主义。军阀割据、内战，中国处于动荡不安中，市场和交通运输等都遭到很严重的破坏。地方军阀任意封扣民船，以供兵差，交通运输线的受阻使市场萎缩，工厂因原料短缺而停工减产。军阀战争不仅影响埠际贸易的正常开展，军队还抢劫商民和工厂，破坏生产，使百姓横遭涂炭。江门造纸厂是江门地方较有影响的一家民族资本企业，1923 年被军阀夺占尽弃，改制军火，企业凋残不堪，再也无法正常生产了。1924 年齐卢战争时，无锡的 18 家丝厂中有 11 家遭军阀部队抢劫。军阀还任意设置各种苛捐杂税，对民族资本主义工商业造成危害。1923 年时，广州有大小火柴工厂 16 家，因为地方军阀加征印花税，致使 4 家火柴厂于 1924 年停歇。1924 年的军阀战争使上海吴淞一代深受其害，“华丰及大中华两纱厂，几全停闭……此外中华炼铁厂所出之货，未见增加。新建之炼糖厂，1923 年已将厂基建筑，本年仍未完工”。1924 年下半年海门大生三厂经营刚有起色，恰逢江浙战起，不得已停工三月，最后三个月开工虽然盈利 10 万元，但全年平摊，仍有亏耗。军阀战争影响了新厂的设立和已设工厂的维持和扩展。1926 年上海“机器进口总数较之去年稍有起色，然仍不及 1924 年并以前数年之佳，国内战争频仍，非止足以阻挠创办大规模之实业，即已经成立之各种实业，亦不能改良而扩展之，因之机件需要较少，其间虽有定货，亦不过补充旧数而已”。[①]

一战后帝国主义（英美日）卷土重来，加紧对中国的经济侵略。英美日三国对华掠夺性贸易的增长主要表现在中国对外贸易连年巨额入超。这是掠夺性贸易增长的最显著的表现，帝国主义在华扩张贸易势力，目的是对中同进行经济掠夺，列强通过控制中国进出口贸易的经营权，操纵进出口商品价格以及倾销过剩商品，对中国进行了疯狂的掠夺性贸易，使中国的入口贸易激增。假定 1913 年的入口贸易总指数为 100，则 1919 年为 114，到 1927 年更增至 177.7。而同时期内，中国的出口贸易虽有增长，但比较平稳，且远赶不上入口贸易的增长。

进出口贸易的差异，必然使中国对外贸易出现入超现象。大战期间，入超情况一度缓和，大战之后从 1920 年起，除个别地区如东北，个别港口如广州之外，中国对外贸易总体上讲是连年入超的，入超额一直在两亿两千万至两亿五千万海关两之间上下移动。这同 1919 年的一千六百万海关两相比，入超增加的幅度是很大的，并且这段时期的入超数量大大超过了战前水平，中国对外贸易连年巨额入超，这种不景气的现象，是帝国主义列强对华掠夺性贸易增长的反映。这种不平等的贸易结果，必然使中国社会的各个方面受到更深刻的影响。首先促使中国农村经济日益半殖民地化，其次阻碍中国民族工业的进一步发展，最后加剧了国穷民困。从整个国家来看，掠夺性贸易则使中国的国家财政更加拮据。当时，青岛工商学会发出“以此推算，商务愈发展，口岸愈繁荣，而输出输入比较，所亏愈大，金钱之流入外养着愈多，国焉得不穷，民安能不困”。这是对国穷民困缘由的基本揭示，即帝国主义掠夺性贸易导致中国对外贸易连年入超，是加剧中国贫困化的一个重要原因。[②]

（五）民族资本主义“短暂春天”的影响

经济较快发展，一定程度上抵制了外国经济侵略，促进了中国近代化的发展过程。辛亥革命后十年，在 20 年代初，民族资本主义就开足了马力，

---

① 杜恂诚：《民族资本主义与旧中国政府（1840—1937）》，世纪出版集团、上海人民出版社，2014，第 104—105 页。

② 徐卫冈、高慧芹：《一战后英美日对华贸易及其影响》，《民国档案》1989 年第 4 期。

新一代的企业家就已经出现，他们直接与工业生产和对工资劳动大军的剥削相联系。工业发展反推农业资本主义发展，促进城市化快速前进，城市人口年增长率超过全国人口年增长率，这意味着城市吸引力增强，城市范围扩大了，社会集团也变得更加复杂，当代知识分子和资产阶级开始在城市经营阶层脱颖而出。国家主张开放和自治，让新一代企业家相对晚清时期的商人更有企业家精神，与官僚政权关系也相对简单。现代资产阶级和知识分子集团一起承担现实世界的历史责任，五四运动过程中南方商人支持革命人士，他们当中部分接受现代教育，有新思想和社会活动能力，在思想文化上，他们成为社会前进的主力，推进中国思想解放。

但是这一城市经济和社会的巨大进步，更多地产生于第一次世界大战所造成的经济奇迹，而较少地受惠于一场早已被军人接管了的革命。在半殖民地的中国，资产阶级革命的逻辑受制于外部的国际关系的演变。① 从长远来看，这段时间中国无产阶级队伍日益壮大起来，为中国由旧民主主义革命转向新民主主义革命，为中国共产党的成立提供阶级基础，推进近代民主革命转型。

总之，国家独立是民族经济振兴的基本前提。

三、实业救国思潮的兴起与实践

（一）实业救国思潮概述

论及民族资本主义发展，离不开实业救国思潮的影响。

实业救国思潮产生于洋务运动时期，盛行于辛亥革命和五四运动前后，代表人物有张謇等。在洋务运动时期，郑观应兴办实业，提倡“商战”，他认为发展商业能够富国，富国就能御侮，从而达到救国的目的。张之洞认为发展实业可以强国强民。他积极地创办铁厂、兵工厂，并筹办铁路。中日甲午战争后，民族资本家和爱国人士纷纷设厂救国。张謇创办有纱厂、面粉厂等多种企业，兴办学校，企图实现以实业所得来资助教育，用教育

① ［美］费正清编：《剑桥中华民国史》，杨品泉等译，中国社会科学院出版社，1994，第734—737页。

来改进实业，凭实业发展而救国的目标。他认为，实业和教育是国家“富强之大本”。辛亥革命时期，报刊竞相宣传“实业救国”，并提出国家振兴实业“要道”五条，即改良各种行政机关、调整和统一度量货币、疏通货物流通渠道、收集才智之民归实业界、制定特别保护奖励法规；提出要扩大出口贸易、实行关税保护政策等具体办法，从而形成了比较完整的“实业救国”论。在五四运动前后，“实业救国”论盛行不衰。民族资本家大力提倡国货，抵制外国的经济掠夺，维护民族利益。他们的共同口号是：“振兴实业，挽回权利。”

（二）实业救国思潮实践

1. 状元实业家

张謇是中国近代“实业救国”思想的代表人物，被称为“状元实业家”。

张謇（1853—1926），江苏南通人。5岁入私塾读书，接受“读书—出仕—报效国家”思想。同治七年（1868）进入科场考试，第二年中秀才，受开封知府孙云锦和淮军将领吴长庆赏识，先后被招致入幕。后又得光绪帝老师翁同龢的青睐，中1894年甲午恩科殿试状元。早年的幕客生涯，使他目睹了官场的黑暗，1895年他毅然投身实业，创办南通大生纱厂，开始“实业救国”。

张謇创办南通大生纱厂，就不完全是出于当时洋务派“分洋人之利”的目的，还有一个传统的但是积极的“天地之大德曰生”的思想，它是立足于本土的。大生纱厂一开始就是建立在通海的手织业的基础上。这里的植棉业，乾隆年间就已由“沙花”发展为“通花”。这里的织布业，嘉庆道光间已由稀布（包装用）进而为关庄布（销东北）再进而为通州大布（销各地）。大生利用这种优势，以产12支纱为主，全厂70%的产品供应通海手织户，在管理上也“停年歇夏”，以适应农时。张謇在创办大生前就有个黄海垦殖计划，这种思想更是立足于本土的，既得大生的资助，乃创办盐垦区，得到各方响应，一个2000万亩、30万人口的通海垦区终于形成。垦区由晒盐而植棉，土地利用效益大增。所产棉花，供应大生原料。而其意义在于由工业与手工业的协调发展进而与农业协调发展：用张謇的话说，“不兼农业，本末不备”。棉纺是具有联进效应的工业，以大生为中心，陆续办起炼铁，机器、油脂等多种工业，以至轮船、商务、银行、汇兑，成为“南通实业”体系。张謇说：“实业者，西人赅农工商之名。”这是个完整的工业化定义，包括第一、第二、第三产业，也是工业化的完整的内容。

可见，在近代中国，也确实有人在探索一条土洋结合，再进一步向现代化和通过工场工业过渡的道路。张謇的以大工业为中心发展实业和地区经济的道路，可称为一种中国式的工业化道路。但是，当时占优势的，乃是以外国洋行为中心的，脱离了农村以至对立于农村的大口岸经济的道路。张謇的立足于本土的实业建设，也败于这种大口岸经济之手：大生纱厂于1925年被上海的银行团接管，他的其他事业也一一失败。不过，失败也是一种历史经验。历史经验告诉我们，没有一个立足于本国大地，适应本国国情的发展战略，是不可能实现工业化的。①

在张謇的思想体系中，将棉和铁并重，大力提倡发展民族棉铁业，称这种思想为“棉铁主义”。棉铁业，就概念而言，棉主要是指棉花、棉田、棉种，也指棉纺业；铁业主要是指轮轨机械枪炮之制造。他曾说过：“现时吾人所用之棉铁，皆来自外洋……棉铁为国家基本工商业，十年前，以国人留心者鲜，謇与前农商次长刘垣讨论有关曾著《棉铁世界》一书，冀唤起国民之注意。”

政治方面，张謇也是晚清民初的风云人物。

张謇早年曾为吴长庆幕僚，并结识袁世凯，亦受翁同龢赏识。1895年列名强学会，参与过“公车上书”，义和团运动期间参与策划“东南互保”，曾主张君主立宪，辛亥前任江苏咨议局议长。1912年民国初立，张謇任南京临时政府实业总长，又先后任熊希龄内阁的农林、工商总长兼全国水利局总裁。袁世凯复辟时辞职，后又复出，1922年任江苏运河督办、交通银行总理等职。他主张“救国为目前之急，比之树然，教育犹花，海陆军犹果也，而其根本则在实业”，他借鉴日本的经验，企业同地方建设紧密结合，特别是兴办教育事业，把通州建设成为他心中的“新新世界雏形”和“地方自治”示范。胡适这样评价张謇：

---

① 吴承明：《近代中国工业化的道路》，《文史哲》1991年第6期。

“张謇先生在近代中国史上是一个很伟大的失败的英雄。这是谁都不能否认的。他独立开辟了无数新路，做了三十年的开路先锋。养活了几百万人，造福于一方，而影响及于全国。”

2. 南张北周的民族资本集团化

以启新洋灰公司为基础的北方周学熙资本集团，以大生纱厂为基础的南方张謇资本集团，是旧中国20世纪以后，在整个民族资本发展过程中，成长起来的两个较大的民族资本集团。

周学熙，字缉之，号止庵，安徽建德人（今属池州市东至县）。光绪年间中举，曾于20世纪初，先后筹办山东高等学堂（1901）、直隶洋银局（1902）、北洋工艺局（1903），深得袁世凯的赏识。曾于日本考察实业，也曾在清政府任职，历任天津道（署理）、长芦盐运使、直隶按察使、工商部参丞等职。1906年集资组织启新洋灰公司（启新的前身是唐山细棉土厂，原由开平煤矿经营，一度和开平煤矿一起被英商骗夺，经周学熙交涉收回加以改组扩充。启新是旧中国水泥工业的首创和骨干，1914年兼并湖北水泥厂（1907）创办后，到1922年国内水泥市场为启新所垄断，并开办滦州煤矿，1908年创办京师自来水公司。1912年担任袁世凯政府的财政总长，后因奉袁命与五国银行团签订了《善后借款合同》而面对巨大舆论压力，故而辞职。1915年再次担任财政总长，并创办中国实业银行、大宛农工银行等，涉足金融业。袁世凯称帝后辞职，并被软禁，袁暴亡后乃复出，任全国棉业督办，涉足纺织业，先后创办华新纺织公司并在多地设纱厂。其比较有代表性的企业还有秦皇岛的耀华玻璃公司和唐山的启新机器厂，形成一个包括水泥、煤炭、房子、机器制造者、自来水、玻璃、金融保险、农垦等多部门和综合性的资本企业集团，推动华北经济的近代化。

彼时，张謇立足南通地区，以棉纺织业为中心，向近代农工商企业全面发展，从而形成一个规模庞大、门类齐全的近代资本集团。二人都是民初实业界的代表，他们都是典型的学、官、商结合；都是在清民之际利用自己的政治身份，率先掌握资源和信息发展起来的实业家，是民族资本家上层的典型代表。[①]

然而我们也要看到，这种实业的发展是很难持续稳定的。

以周学熙的资本集团为例，1924年，由于他个人政治上的失势和资力上的不足，已经对集团失去控制能力，中国实业银行指挥不动，最终为四大家族兼并。张謇的资本集团在1922年由于帝国主义势力卷土重来，出现棉贵纱贱的局面，大生纱厂借债应付，随后这个集团成为金融资本的附庸。南张北周二人凭借政治声誉和政治地位，拼接实干手腕在民国时期成为规模较大的两个民族资本集团，对倡导和促进中国近代化都有良好作用，“南通模式”成为近代实业发展的良好典范，可是最终两个资本集团都无法超越时代局限性。一者面对北洋系的地主阶级和买办阶级势力，北洋系对内维护封建统治，对外屈从于帝国主义，妨害民族资本的独立发展。张謇参观日本北海道开垦区后，感慨说：“国家以全力图治，何施不可。宁若我垦牧公司之初建也，有排抑之人，有玩弄之人，有疑谤之人，有抵拒扰乱者之人，消弭捍圉，艰苦尤甚。”二者与外商短兵相接中，周学熙的启新洋回公司与进口廉价的水泥倾销，失去本土优势；张謇的大生纱厂经营惨淡，借债度日。资产阶级盼望着民主共和国的大环境，可是旧中国存在诸多实力的盘根错节，无法实现。民国初年，中国工业仍处于起步阶段，即使在沿海沿江各省，以棉纺织业为主导的轻工业也不是每个城市都有；商人依靠实业经营的原始积累不充分，有没有大型金融机构支持，在资金流动中最终仰赖于国家权威的介入，最终失去独立发展的可能性。[②]

3. 侯德榜与中国制碱业

20世纪初，中国的民族化工业初具规模，玻璃、肥皂、纸张、花布以及许多的食品和药品的制造，都需要纯碱作原料。而当时世界上主要的纯碱生产方法皆被英德等国家垄断，国内大量的纯碱皆要从国外进口。第一次世界大战期间，欧亚交通受阻，纯碱市场紧俏，而国内的英国外商卜内门公司为了趁机攫取暴利，压住存货不断提价，没有原料来源的民族化工

---

① 林庆元、罗肇前：《比较“南张北周”的实业道路》，《史学月刊》1994年第2期。姜铎：《略论北周南张资本集团》，《历史教学》1991年第11期。

② 姜铎：《略论北周南张资本集团》，《历史教学》1991年第11期。

企业纷纷破产，市场一片萧条。碱是现代工业所必需的一种化学原料，我国过去不能生产纯碱，全靠从国外进口。当时国际上有一种苏尔维制碱法，被几个大公司垄断，产品分区销售。垄断中国纯碱的是英国卜内门公司，我国化学工业的发展常常受到该公司的制约。英国为了继续垄断中国的纯碱市场，不断阻挠永利碱厂的建设以及阻挠永利在自己的国土上拿到海盐免税待遇，甚至还造谣"海水不能制碱"。范旭东（1908年考入日本京都帝国大学理学院攻读应用化学，留学期间立志创办中国化学工业，以求实业救国）丝毫不为所动，他在中国政界四处奔走，游说疾呼，在当时的财政总长梁启超等人的大力支持下，终于争得了海盐免税的权利。1919年留美归来的侯德榜参加天津塘沽永利碱厂纯碱的设计工作，在范旭东总经理的支持下掌握了氨碱法制碱技术，经过与长期垄断中国纯碱市场的英国洋碱公司的斗争，最终占领全国市场。这对于民族化工业而言是一大鼓励，进口替代成为一种可行的大胆选择。在1926年美国费城博览会上，中国永利制碱公司的"红三角"牌纯碱，获得"中国工业进步的象征"的评语，荣膺大会金质奖章，他们带领被压迫的国家走向化工工业化的宽敞道路。永利工厂和外商企业的竞争的案例可以拓展关于研究帝国追剥削和经济民族主义的新视角——在增长与近代化过程中中国企业与外商企业的博弈过程。华人企业与外商在华投资之间的长期共存与竞争局面在纺织业、烟草业、火柴业、化工业、机器制造业等领域情况不一，在农工商部和近代商业法律体系不断发展过程中，中国需要一个更强大、更完整的工业体系。在政治环境、资金获取、尖端技术、企业人才、管理效率及外交特权等方面中外企业能够多大程度上规避风险，这有待更多实例考证。

（三）实业救国思潮的反响

近代民族资本主义工业在一战期间前后获得较好的发展环境，以棉纺织业、丝织业、卷烟业、面粉业四大工业部门发展情况为例，华资企业确实是迎来发展的大好时光，辛亥革命结束后，民资资产阶级逐渐成为政治中心力量，也成为早期社会近代化建设的主要力量。作为一种新的社会力量，工商业者在创办实业、抵制洋货、收回利权、立宪运动、民主革命中日益显现出自身的价值。此时外资在华企业面临国家层面的积极工业政策推荐，社会层面的抵货运动，个人层面华商企业家的精心经营，华商企业赢得一个相对宽松的发展环境。此后，资产阶级和无产阶级力量逐渐壮大，国民党和共产党展开第一次合作，1925年的五卅运动、1926年的省港大罢工、1927年国民大革命等运动都让这个国家政治力量有了全新的发展态势。1927—1937年，国家力量成为这个社会近代化的主要推进力量，资产阶级仍旧扮演重要角色。民族工业在半殖民地半封建社会中艰难生存，却依旧努力改造国运，革命性与妥协性成为它的底色。追求近代化是每一代国人的美好愿景，国力强盛，不再被国外同行挤压，成为每一位华资企业者的共同诉求，唯独国家独立，民族凝聚，开辟一个法治、公平的市场经济环境，民族企业者可以获得新生。民国初期这一段经济奇迹依旧为后继工业提供资金运转、技术管理、处理工业与农业、处理市场与国家等方面宝贵经验。

“实业救国”是清季以来社会工商人士的愿景，工业强国也是每一代实业家的期盼，在全球化浪潮中，中国社会如何创造一个充满活力、宽松、公平、法治的社会，成为经济发展的助推器。市场自由发展，政府公正管理，处理好市场和政府在经济发展中的良性互动关系，这就成为强国道路中新兴企业家的最好发展起点。

思考点：通过本节的阅读，你觉得民族资本主义发展与“实业救国”思潮对中国近代民族振兴起到了哪些重要的推动作用？

第三节 拳团狂飙起落与庚子风云变幻

庚子（1900）是19世纪的最后一年，辛丑（1901）是20世纪的最初一年。19世纪和20世纪之交，义和团运动轰然起于民族矛盾的激化之中。它表现了被侵略者对于侵略者郁积已久的愤怒，同时又包含着一种文化对另一种文化的抵抗，即旧式小农和手工业者因自然经济分解而蒙受的痛苦，并与百日维新失败后的政局变动牵连相结。在近代中国社会变迁的时序中，这种爱国反帝的狂飙起落成为介于变法和革命之间的一段历史。时人之称之为“自有国家以来未有之奇变”。①

一、义和团运动的狂飙起落

（一）整体性概述

义和团，又称义和拳。义和团运动又称“庚子事变”，是19世纪末在中国发生的一场以“扶清灭洋”为口号，主要针对西方侵略者及其在华附庸，具有强烈的朴素的爱国主义思想的完全由民间自发的暴力运动。该运动在中华民族和帝国主义国家矛盾尖锐，民族危机空前深重的背景下，先在山东地区传播，后发展到京津地区。由于该组织参与人员复杂，导致其组织极其松散，不利于集中打击敌人。以慈禧太后为代表的清王朝政府对该运动采取怀柔利用的政策，在八国联军侵华战争爆发后转为镇压。由于时代和阶级的局限，该运动虽然最终在中外反动势力的联合绞杀下失败了，但是它粉碎了帝国主义国家用军事手段瓜分中国的图谋，体现了农民阶级朴素的爱国思想。

（二）背景与动因

强烈的排外情绪不仅充斥着太后统治下的宫廷，也渗入士人、官员、士绅和广大的民众中。半个世纪的外来羞辱，无论是战争还是媾和，都深深地伤害了他们的民族自豪感和自尊心。在中国土地上趾高气扬的外国公使、咄咄逼人的领事、气势汹汹的传教士和自私自利的商人经常使他们想起中国的不幸。折磨人的不公正的感觉产生出一种强烈的报复欲，直至在一场广泛的排外运动中爆发出来。当然，大量的社会、经济、政治和宗教因素也导致了这场运动的爆发。

① 《近代中国社会的新陈代谢》，第197页。

1. 宗教因素——对基督教的憎恶

受儒家、道教和佛教教义的影响，中国人憎恶在炮舰保护下入侵的基督教。1858 年的《天津条约》允许基督教在内地自由传播，1860 年的《北京条约》保证了传教士租赁和购买土地建造教堂的权利。在国旗和条约的保护下，传教士在中国自由地活动。由于他们很难争取到皈依者，所以便转而为皈依者提供补助金和为他们提供免受官方或非官方干扰与侮辱的保护。中国人轻蔑地称这些本国的基督教徒为“吃教”，也就是他们靠来自教堂的收入为主。确实，那些接受金钱上的补偿来换取信仰的人，谈不上有什么崇高的目的；大多数人来自社会的底层，时常利用与传教士的联系来欺凌乡邻、躲避法律。这些皈依者卷入麻烦和诉讼时，传教士经常来帮助他们，替他们向地方官求情。传教士对教民的庇护能力、对官府的影响能力，以及提供金钱财富的诱惑力，在公众面前显现出来，吸引了弱者和投机者入教，但强者和有民族自尊感的人厌恶这些传教士。

乡绅把基督教当成是社会上一个分裂的、虚妄的和异端的教派。皈依者不向圣象磕头，不崇敬孔子和祖先，不参加本地祭祀鬼神的节日活动，这大大地激怒了乡绅。作为儒家礼仪的卫道者，他们憎恨任何外来宗教和思想的明目张胆的侵犯，他们往往是宗教事件的秘密煽动者。作为在中国的一种“异端”信仰，基督教成为排他主义的一个基本原因和焦点。

2. 政治因素——民众对帝国主义的怒火

由于 1897 年至 1898 年外国入侵步伐的加快，一种濒于灭亡的感觉与日俱增。1898 年 4 月 17 日保国会在北京成立前，康有为发出警告说，中国有成为缅甸、越南、印度和波兰的危险，进步人士建议通过激进的改革来进行民族自救。

3. 经济与社会因素——外国经济自支配下艰难生计

鸦片战争以后，外国进口商品的涌入，对民族经济产生了一种阻抑的效果，而固定不变的 5%的从价关税摧毁了中国的保护性关税。外国棉布售价仅为中国土布的 1/3，这导致国内的纺织者和纺织品制造者破产，家庭手工业在外国竞争面前每况愈下，很多工人失业。太平天国时期，生活的困苦加剧了；由于饥馑流行，穷人成了土匪、游民和滋事者。虽然，许多极度贫困的人首先把自己的不幸归罪于太平军，但他们最终把仇恨转向外国人，以为是外国人以外来的基督教意识形态引发了起义。

太平天国后期，外国贸易的进一步扩大导致外国对中国市场支配的不断加重，而且，自强运动时期引入了大量的洋式企业和工业，还有相当数量的外国资本。1899 年，中国的贸易赤字为 6900 万两，政府预算赤字约为 1200 万两（1.01 亿两的支出对 8900 万两的税收）。为平衡赤字，朝廷增加税率，并恳求各省捐款，这一负担最终落到了百姓头上。当生活对所有深受压榨的人来说变得不可忍受时，他们便在秘密会社中寻求宽慰。

另外，外国铁路设施大大破坏了传统的运输体系。两条老的南北干线——大运河和从汉口到北京的陆路在与铁路的竞争中失败，成千上万的船夫、车夫、客栈店主和商业失业。随着南来的贡米运输在 1900 年变成现金支付，大运河差不多就成为明日黄花了，这引起了沿岸城市和百姓生活的衰败。

到 19 世纪末，乡村工业破产，国内商业日下，失业日增，民生日艰，这些都在困扰着中华大地。很多人把这个令人遗憾的现状归咎于外国对中国经济的负面影响和控制。因此，对外国人和外来事务的敌意也就不足为奇了。

4. 其他因素——自然灾害

经济凋敝之外，一系列的自然灾害进一步加重了生活的艰难。1852 年，黄河从河南改道至山东，1882 年后经常泛滥。1898 年，黄河再次决堤，淹没了山东境内的几百座村庄，殃及 100 多万人。相似的水灾也发生在四川、江西、江苏和安徽。好像洪涝还不够似的，1900 年华北大部（包括北京）一场大旱接踵而至。自然灾害的受害者和迷信的士大夫把不幸归咎于外国人。他们坚决认为，外国人宣传异端邪教和禁止崇拜孔子、圣像与祖先触犯了神灵。外国人被指控在修铁路时毁坏了地里的“龙脉”，在开矿时放走了山中的“宝气”。士绅认为外国人应对破坏土地的平静和扰乱“风水”的自然功用负责，因为这打破了人与自然的和谐。他们争辩说，如果中国要安宁、美好地生活的话，就必须消除这样恶劣的影响。问题是如何能驱逐拥有船坚炮利的外国人？中国是一个贫穷、衰弱的国家，不可能通过军事手段来赶走他们。但一些人天真地相信，中国可以利用超自然的力量来使枪炮不起作用。

正是在经济萧条、极度贫困、对外国帝国主义的公愤和憎恨传教士的氛围中，一场大规模的排外运动在1900年爆发了。[①]

(三) 内涵与特点

在义和团之前，曾多次出现过“平英团”那样的反侵略场面。这是在枪炮逼迫下直接触发的反应。它们用武装的反侵略对抗武装的侵略，以阻止异族进入中国社会。在这里，民族的对抗同时又表现为内在之物与外来之物的对立。但义和团是在西方和东方的资本主义势力深入中国城乡各个方面之后爆发的。它所抵抗的，是一种渗入自身，而有盘根错节枝叶相连的异己之物。在这里，外来的东西一部分已经内在化，一部分正在内在化。比之枪炮的逼迫，后者无疑要复杂得多。洋教是一个突破口，由此宣泄出来的仇恨包含着多重历史内容。

其一，暴烈的排外主义行动中蕴结着经济意识。1840年以来，西方的大炮运来了西方的商品和机器。在商品和机器的背后，则是一种新的生产方式。它们楔入中国社会，使自然经济被撕裂，又以外来资本主义催发了民族资本主义。近代经济改组的过程，表现为来自西方的机制品夺走了小生产者的饭碗；来自西方的轮船火车夺走了船夫、纤夫、脚夫、驿站夫、水手、店员的饭碗。据袁昶估计，庚子前后，仅顺（天府）属州县的穷民之中，“失车船店脚之利，而受铁路之害者”即在四万余人以上。对于资本主义在中国的发展来说，这个过程具有原始积累的性质。成批成批的小生产者在这个过程里破产失业，这不仅反映了旧生产方式解体时的历史阵痛，而且反映了一个民族在外来压力下的窒息。破产者不认识帝国主义，却认识洋人洋物，于是排外反帝，波及轮船、铁路、电线、机器、洋学堂、洋装书、洋话、洋服。这种斗争方式，既表现了那个时代多数人的民族感情，又寄托了旧式小农和手工业者的本来愿望。

其二，“仇教”中蕴结着传统的民族文化心理。在近代中国，洋教比商

---

① 《中国近代史：1600—2000，中国的奋斗》，第284—287页。

品和大炮更多地输来过西学，并以此影响中国的一代知识分子。从这个意义上来说，它曾是中西文化交汇的中介之一。但作为一种外来之物，它本身又是同中国的传统文化全然相悖的。上帝至尊的教义及其对多神观念和祖先崇拜的排斥，不仅触犯道教和释教，而且直接践踏了儒学真义；形成于西方民俗和历史中的布道、洗礼、忏悔仪式，在具有另一种民俗和历史的中国人眼里却是全无神圣意义的伤风败俗之举。两者之间，横隔着几千年岁月积淀成的不同文化心理。政教分离对于政教合一的否定，曾是欧洲资产阶级革命的历史性胜利之一。然而，欧洲资产阶级在中国为教会争得了世俗权力。另一方面，是传统文化下的中国民众对洋教日益增长的痛恶。痛恶的过程，又是以得自传统的观念去揣想被痛恶的过程。庚子年间，拳民搜索教堂，“见蜡人不能辨，以为人蜡。遇粤之荔支干，又以为人眼，相与痛詈（骂）西人，暴其惨酷”。当西什库教堂久攻而不能克之后，民间又盛传，“教士以女血涂其屋瓦，并取女血盛以盎，埋之地，作镇物，故咒不能灵”。这一类记述，不仅反映了一个民族对另一个民族的敌意，而且反映了一种文化对另一种文化的猜度。洋教在半殖民地中国的政治化，使反洋教斗争具有无可怀疑的反侵略性质。但这种反侵略性质又正是通过传统文化的自卫和排他而表现出来的。

其三，民族危机刺激下的“灭洋”意识。《马关条约》后数年，康有为曾以一个爱国知识分子的血诚一呼再呼：“俄北瞰，英西睒，法南瞬，日东眈。处四强邻之中者，岌岌哉!”“海水沸腾，耳中梦中，炮声隆隆，凡百君子，岂能无沦胥非类之悲乎!”刺激了康有为的东西，也同样刺激了下层社会中人。比之两次鸦片战争之后的“变局”，这个时候的中国正面临着一种前所未遇的危局。列强竞相划分势力范围已成迫来强暴。“自台湾之割，日人淫虐残贼，民不堪命；德之在胶州；英之在九龙；俄之在金州、旅顺行径略同，皆使人无男女之别，身家不保，而税又奇重。胶州之洋兵，挖剔先贤仲氏眼目，碎毁圣像，百姓饮恨吞声，痛入骨髓。”民族矛盾的激化促成了民族对抗意识的强化。于是，“灭洋”作为一个口号同时出现于中国南北，表现出民众的认识从个别到一般的深化。在统一的资本主义国内市场形成之前，民众的自发认识并不能产生近代意义的民族主义。但是，这个口号已经超越了个人命运、家族命运、乡土命运则是一种明显的事实。瓜分狂潮起于胶州湾事件。山东首收巨击，也因之成为风暴的起点。“自德人占据胶澳，教焰益张，宵小恃为护符，借端扰害乡里，民间不堪其苦，以致衅端屡起。地方官不论曲直，一味庇教而抑民，遂令控诉无门，保全无术，不得已自为团练，借以捍卫身家”。“下流社会尤为急烈，以恨德人者推展而及所有之欧洲人”，“而以仇视欧人，乃并与欧人接近者亦仇视之”。因之而有“义和拳会名目数旗起事，以扶清灭洋为名”，百姓“云集响应，所在蜂起”。这些都能体现民族危机刺激下的“灭洋”意识。

多重的历史内容，决定了义和团运动的民族正义性，又决定了这种起义斗争的历史局限性。瞿秋白曾指出：构成义和团主要成分的“游民阶级、失业的劳动阶级，因为自己经济地位及生活条件的缘故，不能有明确的政治意识和阶级觉悟”。由于没有明确的政治意识，所以，传统观念就成为一种自然的意识。日本人佐原笃介辑《拳事杂记》一书，收录有义和团运动期间衡州“拳匪”代拟的“和约”一件，保留了那个时代的思想资料。

> 一、各国前所索赔款，一概作废。二、各国应偿中国兵费四百兆两。三、各国兵船已在中国口者，不准驶出。四、各国租价照今加倍。五、将总署交还中国。六、康有为回国治罪。七、所有各国教堂一律充公。八、日本将台湾交还中国。九、德国将胶州交还中国。十、俄罗斯将大连交还中国。十一、所有教士各归其国，不准再来。十二、中国仍有管理高丽安南之权。十三、中国海关仍归华人办理。十四、外国使臣来中国者，照乾隆时所定之例，不许进京。十五、另赔义和拳兵费四百兆。十六、日本亦须照乾隆时例入贡。十七、华人交通西人，及不遵官场约束者，归朝廷治罪。十八、所有东西洋人与中国官场相见，须行叩头之礼。十九、外人不准在中国游历。二十、俄罗斯西伯利亚及各处铁路，均须拆毁。二十一、英国须将新安九龙交还中国。二十二、各国运来中国货物合应加倍收税。二十三、洋商船到口者，须先禀明该处守口中国官兵，方准入口。二十四、大米不准出口。二十五、凡货物运往外国者，亦须加倍收税。

作为朝廷的“和约”，这是一件伪造品。但作为历史材料，它真实地反映了制造者的思想。在这里，深沉的爱国主义情感是同植根于自然经济的保守意识连在一起的，抵御外侮的强烈愿望是同陈旧的天朝观念和华夷之见连在一起的。这种矛盾，显示了一场正义的反帝群众运动中落后的封建主义内容。当旧式小生产者自发地充当民族斗争主体的时候，他们不能不在代表民族的同时又代表传统。旧的生产力只能找到中世纪的社会理想，也只能找到中世纪的精神武器和物质武器。于是，义和团运动的民族英雄主义便具有一种非理性的外观：以神道为武器，显示了群体的愚昧，但却是当时的纪实。

义和团运动无疑比洋务派、改良派表现了更多的反侵略勇气，但破产小农和手工业者归复自然经济的强烈愿望又使他们的眼界无法越出中世纪。从爱国主义出发回到中世纪，表现了旧式小生产者在民族自强和近代变革的重合交织面前所产生的迷惘。这种迷惘决定了他们会同地主阶级中的最顽固者发生感应。（按：被地主阶级顽固派利用，体现了扶清和灭洋的结合。顽固派利用迷信思想对抗外来资本主义，这种非理性化，既反映了传统社会在民族矛盾面前的倔强和不屈，又反映了传统社会无可救治的没落。）①

综合上文，我们不难归纳出如下结论：瓜分危机的刺激、封建统治的腐朽、自然灾害的频发，流离失所中孤独无依的游民们只能从本阶级自身的意识形态出发，拿起看起来愚蒙的神道武器，将宗教文化作为发泄的切入口。

（四）过程与结局

清朝官府最初对义和团采取镇压的态度，义和团早期的一些领头人都是被官府杀害的。山东的义和团运动逐渐走向低潮，风暴的中心却向清朝的统治中心——直隶转移。听说山东闹义和团了，声势很大，就也打其义和团的旗号。像天津义和团主要首领张德成、曹福田、林黑儿等都是当地人。他们宣传义和团能请神，能靠神附体，能刀枪不入，可以用来对付洋

---

① 《近代中国社会的新陈代谢》，第201—209页。

人，对付那些洋枪洋炮。

当义和团运动开始在直隶境内发展的时候，直隶总督裕禄同样采取严厉镇压的态度，结果反而激怒义和团众，进而拆毁铁路，焚烧车站，砍断电杆，并直接同清军作战。处在这种状况下，清朝高层内部出现分化。由于外国势力的不断入侵，同清朝统治者的利益也有不少冲突，一些人产生利用团众排斥外人的思想。慈禧太后在戊戌变法后原想废除光绪帝，没有得到外国的支持，也心怀不满。但更重要的是，清政府对局势实际上已失去控制，手头又没有足够的力量，即便要镇压团民也不敢轻易下手，生怕把烈火转烧到自己头上，因而踌躇徘徊，举棋不定。这就是他们所说的“剿抚两难”。

裕禄首先对义和团民妥协，并允许天津一带义和团首领进入天津。于是，天津城内遍贴匿名揭帖，帖上写道：“神助拳，义和团，只因鬼子闹中原。”这反映了京津地区大多数义和团众的心态。

1900 年 6 月初，义和团众开始大批涌入北京，城内顿时设坛 800 多所。驻防北京的神机营董福祥所部甘肃回军的士兵大都也参加了义和团，下层市民也有不少参加义和团的。他们集结的拳场改为坛口，迷信的色彩更加浓重。团众三五成群，执持刀械，游行街市，张贴揭帖，焚烧教堂。依当时一名小官员仲芳氏的日记记载：“看其连日由各处所来团民不下数万，多似乡愚务农之人，既无为首之人调遣，又无锋利器械；且是自备资斧，所食不过小米饭玉米面而已。既不图名，又不为利，奋不顾身，置性命于战场，不约而同，万众一心；况只仇杀洋人与奉教之人，并不伤害良民以此而论，似是仗义。”

义和团在直隶和京津地区如此迅猛地发展，严重威胁西方列强的在华利益，各国便把直接出兵进行武装干涉提到日程上来。参加对中国出兵的英、俄、法、美、意、日、德、奥匈帝国等国，称为“八国联军”。八个帝国主义国家联合以来，共同向一个落后的国家发动战争，在历史上还是第一次。

面对八国联军的进攻，应该怎么办？直隶总督裕禄在奏折中说：“现在中国兵力、饷力，即一国尚不可与敌，况且中国而敌八国之兵，其势万难与争衡，断无失和之理。”这个主张，同清政府历来的基本态度是一致的。

1900 年 6 月 16 日起，慈禧太后连续四天举行御前会议。这次会议，出乎人们意料地决定对列强宣战。为什么慈禧太后这时会作出这样一个似乎很不可理解的决定？除了她对局势已失去控制、“剿抚两难”以外，各国不支持废除光绪皇帝引起她的很大不满也是一个重要原因，尤其传闻各国照会要求慈禧将政权交还给光绪，这在她看来可是生死攸关的问题，触到了慈禧的最痛处，于是她匆匆忙忙地宣布对外开战。在历史上，某些偶然事件在一定条件下也会起重要作用，这便是一个例子。但它终究只能起有限作用。慈禧太后在事后对其亲信吴永说得很明白：“依我想起来，还算是有主意的，我本来是执定不同洋人破脸的，中间一段时期，因洋人欺负得太狠了，也不免有些动气。但虽是没拦阻他们，始终总没有叫他们十分尽意地胡闹。火气一过，我也就回转头来，处处都留着余地。我若是真正由他们尽意地闹，难道一个使馆有打不下来的道理？”

宣战诏书也令人感到离奇。里面没有说明向哪一个或几个国家宣战，没有提任何国家的名字，也没有以任何形式送给任何外国政府。随后，八国不断增兵，攻陷津京，慈禧带光绪等人西遁避祸。

八国联军占领北京后，特许军队公开抢劫三天。事实上，他们不只是抢劫，而且到处屠杀、焚烧、强奸妇女和破坏。一位俄国随军记者在战地日记中描述当时北京的悲惨情景：

“帝王的伟大京都一半已被破坏和焚烧，已被蹂躏糟蹋得不像样子了，简直像一切都死绝了一样。使馆街两旁残存着一垛垛废墟，一堆堆石头，灰烬、垃圾和赃物遍地皆是。中国人的尸体，一个挨一个地杂陈在马路上。到处乱丢着各种各样的东西。

“法国兵焚烧了北堂周围的房屋和商店。烧焦的尸体暴露在废墟、瓦砾和灰烬堆里。被枪杀和刺死的中国人，一堆一堆地陈尸在大街上。”

他们占领中国的首都整整一年之久，实行分区管制。如内城划为四段：北边归日本人管辖，西边归英、美管辖，东边归沙俄管辖。这就是历史将要跨入 20 世纪时呈现在中国首都的情景。八国联军统帅瓦德西写道：“所有中国此次所受毁损及抢劫之损失，其详数将永远不能查出，但为数必极重大无疑。”这是多么大的耻辱，不能不深深刺痛中国人的心。

义和团本来是一个没有统一领导和严密组织的民众自发性行动。在八国联军和随后清朝军队的联合镇压下，被打散而失败了。[①]

（五）教训与反思

作为一个爱国的民众群体，义和团曾以血肉搏枪炮的气概显示了顽强的民族精神。俄国记者扬契维茨基在《八国联军目击记》一书中记叙了1900年6月2日夜间发生在天津火车站的场面。

> 每一次齐射之后，我们都听到了刺耳的号叫声，只见红灯掉落了，溃散了，熄灭了。但是团民们仍然挥舞着大刀长矛，高喊“义和拳！红灯照！”向车站前进。
>
> 他们中间有一位师傅，是个脸色阴沉的高个子老头。他带领一群团民径直向我们连冲过来。走在前头的小孩子举着大旗，上面写着“义和团”三个大字。
>
> 月光照耀着这些丧失理智的莽汉，照耀着他们的大刀和旗帜。
>
> 一排子弹射过去，大旗倒下了，又举了起来，接着又倒了下去。

他们在从容赴死时走过的血路是岁月所不能磨灭的。但是，作为下层民众自发的松散团体，义和团所造成的浩大声势又不能不在激烈的军事对抗和失败之中渐趋解体。溃散和退却，既是缺乏统一领导和统一组织的结果，又是枪炮打破神道的结果。两者的共存，反映了旧式小生产者作为一种社会力量的优点和缺点。

在中国北方陷入民族战争之中的时候，中国南方却在“中外互保”下一派旧景。“互保”表现了东南地区当权的洋务人物与西方各国合作以抵制义和团的意向。它保全了西方人在长江流域和华南的利益，并因此而站到反帝爱国斗争的对立面。“东南互保”的这种两重性，使它对当时的中国社会产生过两重影响：一方面，它压抑了南方地区的反帝运动，另一方面，它又阻止了八国联军的南下蹂躏；一方面，它免除了列强在扑杀北方义和团时的南顾之忧，另一方面，它又使战胜之后的列强在处置中国时不能不正视驻守东南的几十万军队。最后，随着守旧的王公、亲贵、官僚在外来

---

① 《二十世纪中国史纲（简本）》，第15—19页。

压力下的崩碎，洋务人物又一次进入了王朝的中枢。

义和团运动的失败说明：当道义的愤怒仍然同旧时代连在一起的时候，正义者是不可能战胜非正义者的。但是，在“庚子事变”的枪炮沉寂以后，自胶州湾事件以来的瓜分狂潮也失去了其滔滔势头。这种转向是多种原因的结果，而列强之见及“中国所有好战精神，尚未完全丧失，可于此次‘拳民运动’中见之”，正是主要原因之一。它反映了战胜者对于战败者的忌惮。如八国联军司令感慨而言：

“世人动辄相语，谓取此州略彼地，视外人统治其亿万众庶之事，若咄嗟可立办者，然实则无论欧美日本各国，皆无此脑力与兵力，可以统治此天下生灵之四分之一也。……兹瓜分一事实为下策。”

义和团运动表明，在半殖民地半封建的中国，广大农民不但是同封建势力斗争的强大力量，而且是同帝国主义斗争的强大力量。义和团运动虽然没有处理好这两方面斗争的关系，但是当它的力量以汹涌澎湃之势从地下冒出来时，竟迫使清朝朝廷做出它本来想都不敢想的事情——对外宣战。帝国主义列强已经把中国这个巨人看作是可以任意操刀宰割的对象，义和团运动使他们惊恐地看到中国社会的底层蕴藏着如此巨大的反抗力量。义和团运动虽然失败了，但它在当时起了阻止帝国主义列强直接瓜分中国的作用，且成为在此以后中国人民的一浪高过一浪，直到完全胜利的反帝国主义、反封建主义斗争的先驱。

义和团运动是一个没有先进阶级领导的以贫苦农民为主的自发的群众运动。就这点说，它是中国长期的封建社会中反复发生的农民运动、农民战争的继续。它是这种农民运动、农民战争的最后一次。中国已不再是孤立于世界之外的封建主义的中国。世界已经进入了帝国主义时代，中国已经成为半殖民地半封建的中国。义和团运动突出了反帝国主义的斗争任务，但是没有能把这个任务同反对封建主义、争取民族进步的任务结合起来，而且严重地沾染上了封建主义落后性和排外主义的毒素。义和团的失败证明，这种单纯的自发的农民运动、农民战争不再能适应时代的需要。从此以后，占据历史中心地位的已再不可能是像太平天国运动、义和团运动这样的旧式的农民运动了。

二、风云变幻下的辛丑国耻

《南京条约》之后，中国社会一步步地沦为半殖民地，这是一个量变的过程。但量变中有局部的质变，过程因此而显出了阶段性。庚子和辛丑之交是一个阶段的结束和另一个阶段的开始。半殖民地的深化在这里表现为半殖民制度的确立。它意味着旧式的民族反抗和斗争已经难以改变中国的命运了。这种变式，集中体现于《辛丑条约》的12款和19个附件之中。概而论之，大约有以下两个方面。

（一）武力震慑下的变化

辛丑以前，列强已经割去了中国的一部分土地。但外国合法地驻兵于中国国土则自辛丑条约始："各国应分自主，当驻兵队护卫使馆，并各将使馆所在境界自行防守。"这是列强对上一年甘军与义和团围攻使馆的直接回报。其结果是产生了一个武装化的使馆区。它具有租界和附属地所具有的一切行政、警察、土地、司法权力，并以"中国人民概不准在界内居住"的规定显示了比租界和附属地更露骨的侵略性。在同一个理由（保护使馆）下，中国被迫撤除了大沽炮台以及从北京到海口之间的军事据点，取而代之的是各国"酌定数处留兵驻守"。这无疑是使馆区的一种遥遥延伸。对于列强来说，驻兵中国的意义并不在于数量，而是在于权利。在这种权利下，东交民巷的大炮注视和监督着紫禁城，象征着条约制度的权威和中国的国将不国。一个西方历史学家说：到了这个时候，它（中国）已经达到了一个国家地位非常低落的阶段，低到只是保持了独立主权国家的极少的属性的地步了。[①]

（二）经济负担和政治、社会矛盾的进一步激化

《辛丑条约》所规定的赔款多达白银4.5亿两，加上39年期限中应付的年息，总数在9.8亿以上。（在时势变迁之后，因种种不同原因，中国对各国的赔款或减免，或停付。因此，庚赔的实际总额小于此数。）若再加地方赔款，则逾10亿。由于支付必用外国货币，又逢银价连年大跌，中国在折

---

① 《近代中国社会的新陈代谢》，第217—218页。

算中不得不承受数额之外更多的损失。这种以掠夺为内容的经济制裁，留给赔款者的是深重的民族苦痛。其一，从1895年到1913年的19年里，中国民族资本开设的厂矿共有549家，其中资本在100万元以上500万以下者，不过17家而已。但截至庚子赔款最后减免或停止支付，中国历年所付白银已有6.5237亿余两，折合银圆近10亿元。以此量彼，可以见巨量资金流失之下民族经济生机被压抑的程度。其二，据当时各国调查，中国全年财政收入为白银1亿两，而支出则需1.1亿两。户部奏议说："就中国目前财力而论是，实属万不能堪。然而和议既成，赔款已定，无论如何窘急，必须竭力支持。"这是一种真实的两难之境。"竭力支持"不过是外部的压力转化为内部的压力，每年赔款均分摊入省，各省又分摊入州县，州县复分摊于各色人等。最后的结果一是丁粮加派和旧税愈重、新税愈多，二是抗捐抗税成为民变的主要内容之一。在晚清最后的十年里，他们促成社会矛盾的进一步激化，为后来武昌起义的猛烈一击备好了某种现实的条件。这两种结果，都显示了经济之转化为政治，影响了社会，影响了历史。[①]

总结甲午战争后的形势，相当多的中国人痛感中华民族被逼到生死存亡的关头，"救亡"开始成为时代的主题。长期形成的旧格局再也无法继承保持下去。为了把祖国从危难中拯救出来，上层士大夫曾发动希望依靠光绪帝的支持来推行变法的戊戌维新运动，下层民众掀起了自发的义和团运动式的反抗行动，最后都失败了。紧跟而来的却是八国联军的入侵，占领中国首都北京，这对中国人来说是何等的奇耻大辱。民众的悲惨遭遇，使更多人不寒而栗。中国难道真的难逃灭亡的命运吗？面对如此严峻的局势，有志气的中国人并没有丧失自尊和自信，没有因此消沉下来，而是继续苦心焦虑地寻求救国救民的答案，并以献身的精神，努力从仿佛一片黑暗的处境中为中国打开一条新的出路。这是当时中国先进知识分子最关心的中心问题。比起它来，其他问题只能处于次要地位。

① 《近代中国社会的新陈代谢》，第219—220页。

思考点：通过本节的阅读，正确认识义和团运动在近代抗争救亡历程中的地位。分析为什么说庚子国耻后知识分子没有沉沦，反而更以献身精神投入救亡图存斗争中。

第四节　最后新政自救与辛亥革命肇始

法国学者阿历克西·德·托克维尔针对法国大革命的爆发曾经有过这样的评述："革命的发生并非总因为人们的处境越来越坏。最经常的情况是，一向毫无怨言仿佛若无其事地忍受着最难以忍受的法律的人民，一旦法律的压力减轻，他们就将它猛力抛弃。被革命摧毁的政权几乎总是比它前面的那个政权更好，而且经验告诉我们，对于一个坏政府来说，最危险的时刻通常就是它开始改革的时刻。"即大革命是在人民对苛政"感受最轻的地方爆发的"："大革命的特殊目的是要到处消灭中世纪残余的制度，但是革命并不是在那些中世纪制度保留得最多、人民受其苛政折磨最深的地方爆发，恰恰相反，革命是在那些人民对此感受最轻的地方爆发的。"史学界也关注到此种悖论在清王朝灭亡轨迹上的相似性：新学堂的学生和留学生以及由编练新军而产生的新型军官，是清末新政在教育体制和军队体制改革中产生的具有相当数量的新型人才，加上经济改革中得到加强的民族资产阶级力量，形成三股新的社会力量，清政府原来设想新政权改革能够同化他们，使之成为巩固王朝统治的中坚力量。但是，同化目的没有达到，这三股力量却成了清政府的对立面。这场持续11年的改革，从历史事实上审查，是中国睁眼看世界六十年以来，推行西方文明制度数量最多、密度最大的一次。新政内容涉及的领域极为广泛，引起了中国的政治生活、社会风俗乃至经济、阶级构成和社会利益集团各方面的重大变化。尽管这场颇具声势的改革最终还是被辛亥革命画上了句号。[①]

有心栽花与无心插柳的历史悖论之间，交织出了晚清最后十年的奏鸣曲。中国近代沉沦的悲情乐章中，即将迎来向上复兴的重要变奏。

一、清末新政的自救挣扎

晚清洋务运动、戊戌变法和清末新政三次由封建统治阶级发起的自救新政，客观上撼动了两千余年的专制旧俗，引入了舶来新气。这些新鲜气息，慢慢侵蚀掉中世纪陈腐的肌体，注入崭新的血肉，那把专制的骨架子，渐渐支撑不起，在强烈的排异中，散了一地，但还有些许没烂的腐肉，粘连附着。新的骨架子一时半会儿长不全，因而新旧并存，五味杂陈。

（一）新政的逻辑因缘

1. 清王朝最高统治者的“幡然”自醒

从义和团到八国联军，几个月之间中国社会经历了一场巨大的震动，朝野上下，几乎无不感受到了这一非常之变所带来的强有力的震撼。津京陷落之后，西方列强虽然没有把西太后列为“首祸”，却以另一种方式“惩办”了她，把她拉出了深宫，使她在仓皇“西狩”途中亲尝了颠沛流离之苦和被震撼的滋味，几乎丧尽了皇太后昔日的威严。“两宫微服出走，间关道途，饥寒羸瘁……有平民所不堪者，况万乘之尊乎?”西太后不无辛酸地自述这段经历：“连日奔走，又不得饮食，既冷又饿。途中口渴，命太监取水，有井矣无汲器，或井内浮有人头……昨夜我与皇帝仅得一板凳，相与贴背共坐，仰望达旦。”[②] 痛定之余，不能不有所“振作”，不能不引出一点反思：“深念近数十年积习相仍，因循粉饰，以致成此大衅，现在议和，一切政事尤须切实整顿，以期渐图富强。”“我中国之弱，在于习气太深，文法太密，庸俗之吏多，豪杰之士少。……误国家者，在一‘私’字；困天

① 《世界文明史》下，第931—932页。

② 吴永：《庚子西狩丛谈》。

下者，在一‘例’字。”这段话用光绪皇帝的口气表达了西太后的心理，有责人之意而无罪己之心，但多少还是触及了中国根深蒂固的弊病。这是一个冥顽不灵的人物在严酷的时势逼迫下产生的一点儿反思，是一种迟来而又易逝的反思，但它毕竟促成了“新政”的开场，揭开了晚清最后十年“变法自强”活动的序幕。

1901 年 1 月 29 日，西太后以光绪皇帝的名义在西安颁布了“预约变法”的上谕，承认了在“万古不易之常经”外，没有“一成不变之治法”。西太后明令，“著军机大臣、大学士、六部、九卿、出使各国大臣、各省督抚，各就现在情形，参酌中西政要，举凡朝章、国故、吏治、民生、学校、科举、军政、财政。当因当革，当省当并，或取诸人，或求诸己，如何而国势始兴？如何而人才始出？如何而度支始裕？如何而武备始修？各举所知，各抒己见，通限两个月，详悉条议以闻。”（按：兴势、人才、度支、武备对应政治、教育、财经、军备。）人们久已习惯于引此谕中的这样一段话，“盖不易者三纲五常，昭然如日星之照世；而可变者令甲令乙，不妨如琴瑟之改弦，”以说明其用心之可恶。的确，这是对新政的一种限制。三纲五常是维系中国传统社会秩序的最重要的精神力量，是传统社会伦理的核心，久已被视为传统文化中万世不易的“体”，是规范人们行为的至上准则。对其不可变易性的强调，说明它并没有逸出洋务自强运动的轨迹，因此，人们往往把它同洋务自强运动相比照，认为前者是后者的翻版。然而，问题并不那么简单，在同一道上谕中还有另一段话：“舍其本源而不学，学其皮毛而又不精，天下安得富强耶?”这里的“本源”究为何物，难一言以断。但它至少已经超过了西艺的范围则是无疑的。以“皮毛”称洋务自强运动，其所求者，当更深于“皮毛”。这层意思反映了极守旧者在严峻时局下的某种变化。[①]

2. 督抚大臣的积极推动

1901 年 4 月，设立督办政务处，议商变法条陈。8 月 20 日，即西太后与光绪皇帝离开西安“回銮”前四天，以慈禧太后的名义再发文告，表示

① 《近代中国社会的新陈代谢》，第 249—250 页。

清政府立意“变法”的决心：尔中外臣工，须知国势至此，断非苟且补苴（草）所能挽回厄运，唯有变法自强，为国家安危之命脉，亦即中国民生之转机。予与皇帝为宗庙计，为臣民计，舍此更无他策。

一种求生本能或王朝自救意识终于把一个油干灯枯的颟顸（马虎）王朝推上了改革之路。督办政务处的设置，“舍此更无他策”的自觉意识，以一种从未有过的姿态实现了曾经扑灭或仇视过变法的人物所表现出来的变法决心。但以旧人而包办维新，以中古的人来推进近代的事业，是不会有希望的。

在“妥速议奏，实行奉行”的上谕召唤下，许多不甘王朝倾覆的臣僚递上了奏折，其中最著名又产生过实际影响的是同年 7 月由两江总督刘坤一、湖广总督张之洞联衔发出的三折，这就是出了名的“江楚会奏三疏”。第一疏论育才兴学，所言以教育制度改革为主，其大要分四端。一，设文武学堂。州县设小学及高等小学。童子八岁以上入蒙读书，十二岁以上可入小学，十五岁以上入高等小学。府设中学，年满十八岁而于高等小学毕业者，始得肄业。三年毕业后，再入省城高等学校，其课程为七门（经学、史学、格致学、政治学、兵学、农学、工学），毕业后入京师大学。二，酌改文科以变通科举。头场考试以中国政治、史事为限，名曰博学；二场考各国政治、地理、农工、武备、算学，名曰通才；三场考四书五经，名曰纯正。三，停罢武科。四，奖励游学，尤提倡赴日本留学。第二疏论政治、致富、致强之道。所言以整顿变通中国之成法为主，凡十二端。一，崇节俭，禁奢华。二，破常格，变通繁文缛节，官吏可直言正谏；用人宜少壮，不以常格限之。三，停捐纳。四，课官重禄。京城设仕学院，各省设教吏馆，以养成有用官吏，减少官场无益支出而增厚俸禄，使官吏办公有资。五，去书吏，改用委员。六，去差役，推行警察。七，恤刑狱。八，改选法，凡正途、保举、捐纳之官，皆到省补用试用。九，筹八旗生计。十，裁屯卫。十一，裁绿营。十二，简文法，简省虚文无用之册籍而宽其例。第三疏论采用西法，其大要而切实易行者分十一端。一，广派游历。二，练外国操。三，广军实。四，修农政。五，劝工艺。六，定矿律、路律、商律、交涉刑律。七，用银圆。八，行印花税。九，推行邮政。十，官收洋药。十一，多译东西各国书籍。大要皆变而不失其正者为主。

刘、张二人在晚清政治格局中，占有举足轻重而又十分特殊的地位。相对顽固守旧势力而言，他们（尤其是张之洞）在那时的中国可以算是开拓性人物。他们的“会奏”系统详备且具体、切实可行，因而成了晚清最后十年“新政”的范本。这个“会奏”是他们以自己的见识对中国但是严酷之时势的洞察而提出来的。张之洞当时曾经说过：“欲救中国残局，唯有变法一策。”“残局”一词集中地体现了20世纪初年清王朝所面临的困境和危机，反映了八国联军之役后中国社会矛盾的空前激化，它比此前业已出现的“奇局”“危局”包含了更严峻的内容。因此，一个不久前犹力持“中学为体，西学为用”的人物，在这个时候也不得不承认“唯有变法一策”了。时势移人，一至于斯。虽然，由刘、张二人发起的“江楚会奏三疏”并没有提出前所未有的新见识，但它几乎包容了自冯桂芬的《校邠庐抗议》以来洋务派的改革主张，也包含了改良派除民权、立宪之外的大部分主张。两者的交融就是客观事实。在它的背后，是张謇、汤寿潜等参与炮制“会奏”的客观事实。这表明此前的洋务派到这时不仅接受了改良派的主张，而且在某种程度上也接受了改良派的指教。这不是愿不愿意的问题，而是不以人们意志为转移的抉择。

奏议反映了中国时局和社会意识的变迁，反映了八国联军之役后官僚士绅的变革要求和社会心态。这种普遍的社会心态直接导向了随之而来的改革。历史在经过一个巨大的迂回之后又似乎回到了原来的起点。清政府为扭转“残局”而摆出了改革的姿态，虽不能说毫无历史主动性，但对于一个重创之后的腐朽王朝来说，已无力挽回其万劫不复的历史命运。[①]

（二）新政的全景视域

清末新政是清朝末年的一场经济和政治体制改革运动，也是中国现代化的重大事件之一。《辛丑条约》的签订对中国打击很大，清廷中的保守势力主动寻求变法。光绪二十七年（1901），在慈禧太后的默许下，清政府进行改革，改革内容多与光绪二十四年（1898）的戊戌变法近似，但比戊戌

① 《近代中国社会的新陈代谢》，第251—253页。

变法更广更深。其内容包括军事、官制、法律、商业、教育和社会方面进行一系列系统性改革。改革初期宗室五大臣出洋考察欧美宪政，为改革提供了理论和实践来源，而后有“仿行立宪”和“皇族内阁”的产生。改革中废除科举制度和编练新军都给近代后期的历史进程产生重要影响。由于改革政策的支离、拖沓，以及一些官员的“敷衍”，改革并没有取得太大进展，但新政一定程度上推动了中国社会的现代化，也为辛亥革命的兴起提供了准备条件。本质上来说，清末新政是洋务运动和戊戌变法运动的延续，并称清末三大新政，客观上都推动了中国近代化的历史进程。

1. 兵制改，新军出，练西法

新政的军制改革成果也颇引人注目。军制改革的重点在于编练新军。中国在甲午战败后，朝野上下看到日军在作战中，“专以西法制胜”，而中国军队则屡败于西法训练出的军队，故要求进一步改革军队的编练，改善军队装备，建立一支新军。清廷议定后，各地纷纷编练新军。最早完全按“德军营制操法”编练新军的有张之洞在江南编练的自强军 13 营，聂士成在直隶编练的武毅军 32 营，袁世凯在小站编练的定武军 10 营。这些新军装备先进武器，有新式后膛枪、克虏伯大炮、后装连发的毛瑟枪、曼利枪、马克沁机枪等。由于清廷购买或设立军工厂自造近代枪炮火器，使陆军编制装备不断改善、更新，建制和兵种已接近现代军队。军队按军、镇（师）、协（旅）、标（团）、营、队（连）、排、棚（班）建制。军队指挥官多由军事学堂出身或赴国外学习军事归来的毕业生担任，士兵文化水准也显著提高。1901 年下谕停止武科科举考试，筹建武备学堂。1903 年设练兵处，计划在全国按统一编制编练 36 镇（师），各省设督练公所，以之成为中央和地方编练新军的领导机构。1904 年袁世凯练成北洋常备军 3 镇，1905 年改称“北洋陆军”，增练至 6 镇。1906 年改兵部为陆军部，将练兵处并入，统帅全国新军。朝廷中央将北洋 6 镇中的 4 镇指挥权归满人贵族掌握的陆军部。到 1911 年全国新军有 14 镇和 18 个混成协，加上禁卫军 1 镇共 16 万人。

这一时期军事领域的各个方面都发生了变化，不仅军队编制、体制，包括军事训练和教育、连边海防建设、作战方式等均基本上完成了由旧体制到新体制的过渡。军事改革顺应了世界文明史发展的潮流，本来它应会在中国近现代历史上起更大的作用，成为捍卫领土、主权完整的利剑（实际上，部分新军后来也的确充当了辛亥革命的重要力量），但由于清政府极端腐败，特别是专制政治制度的制约、家族王朝的狭隘自私的利益，军事改革受到限制。新军最终既未能捍卫国家主权，也未能挽救清王朝的灭亡。[①]

2. 废科举，新教育，倡留洋

新政废科举、办新学堂、派遣大批留学生出国学习的改革措施成效显著。曾在教育制度和官吏选拔制度方面深刻影响中国1300多年的科举制度，到明清已走入末路。科举以八股取士，严重禁锢考生思想，也抑制了科学文化的发展，具有极大的局限性，流弊越来越大，自晚明以来就受到了尖锐批评，关注中国命运的人士不断呼吁改革科举制度。清政府虽曾有变革科举的意向，但一直拖延下来，理由是没有找到"代替制度"："人知其弊而守之不变，非不欲变，诚以变之，而未有良法美意以善其后。"清朝末年，受西方现代文明和进步的教育制度的冲击，八股程式与文明知识格格不入，废科举的舆论压力越来越大。1901年，清廷曾下诏改革科举，但只是增加了考试内容（如增加了中国政治史事论、各国政治艺学策等），不准用八股程式；1905年根据刘坤一、张之洞建议，下诏"自丙午科为始，所有乡、会试一律停止"，各省岁科也随即停止。曾在早期闪烁过先进文明之光的中华科举制度，经由历史风雨的筛选早已过时，已成为中国吸收现代工业文明的严重阻碍。

在罢科举之前，清政府认识到需要设立一种西式公立学校以培养人才，1898年成立京师大学堂便是一种试验。此前，除传教士建立的西式学堂外，张之洞、盛宣怀等在武昌、天津、上海等地亦建立过西式学堂，然而期望通过科举晋升官宦之途的学生几乎都不进这类学堂。1901年，清政府命令将各省书院中属省城者改为大学堂，属各府者改为中学堂，但教学内容几乎未变，仍然强调"教法当以四书五经、纲常大义为主"。1902年由京师大学堂大臣张百熙主持制定《钦定学堂章程》，规定各级学堂章程和管理体

---

① 《世界文明史》下，第930—931页。

制。1904 年学堂总数为 4222 所，学生总数为 92169 名。1905 年专门成立学部作为全国最高的教育行政机构，不再由京师大学堂兼管。1909 年学堂总数增至 52348 所，学生总数增至 156 万名，初步建立起了一个较为完备的近代教育体系。其中有大学、中学、小学和幼稚园各级学校，有文、法、理、工、医、军事以及巡警等多种学科。

与此同时，清政府还逐渐认识到，学习现代文明制度很关键的一条是要引进外国智力，而引进外国智力最为有效的方式之一是派遣留学生出洋学习。1901 年清政府命令各省选派留学生出国并准许自费留学。对学成归国经过考核合格的留学生分别赐给进士、举人、贡生等项出身，予以任用，并颁布有关留学及奖励章程，于是留洋海外形成高潮，其中以到日本留学者为最多。1905 年底留学日本学生骤增有 8000—10000 名，1906 年估计人数已近两万人，形成世界文明史上最大规模的海外留学热潮。值得注意的是，当时负笈日本的留学生有不少是感到国势危蹙，为了拯救中国而出国留学，因而学习科目多为政治、法律、军事等。他们在留学期间目睹日本实行了明治维新改革而迅速强大起来，变成了侵略中国的主要列强之一，因而产生了极强烈的民族主义思想，并深切地感受到，救国已不可能再靠清政府，也不能再靠康梁的立宪主义。在欧美留学的中国学生也产生了同样的想法。许多留学生从立宪派转向革命派立场，越来越多的留日学生参加了孙中山领导的同盟会。

清末新政推行西方文明的教育制度之决心是前所未有的，教育改革的幅度也较大，实际上奠定了中国现代化教育的基础，但这一姗姗来迟的改革并没有起到明治维新时日本教育对日本所起的那种作用，即没有为清政府的统治提供新的社会基础（起到反作用）。[1]

这里值得一提的是该时期留日学生对中国近代思想解放的巨大推动。

其一，国内废科举后兴办学堂，也是一件大事。1909 年，全国中学堂已有 460 所，中学生 40468 人。这些学堂的教育内容，其实并不全是新式的，读经等课程仍占着很大比重，教师大多还是旧式的士大夫，许多人把

① 《世界文明史》下，第 929—930 页。

入学看得同过去的科举考试差不多。但它和过去终究有了许多不同，学堂里开设了中外历史、地理、格致（物理）、算术、外国语等课程，高等文法学堂更开设了介绍西方社会学说的课程。留日学生中，数量最多的是师范速成班，回国后就在这些学堂中任教，带来不少新思想和习尚。学堂中的风气同过去的书院很不相同，从这里也培养出一大批新式知识分子。

其二，介绍欧洲近代社会政治学说和文化思想的著作、教科书、小说等陆续翻译出版。在1900年以前，西方哲学、社会政治学说及外国历史著作译成中文的只有60多种，读的人很少。到1904年，增加到250多种。它们大多是由留日学生从日译本转译的，但也有直接从欧洲翻译过来的，其中最重要的，是严复在1901—1905年陆续翻译出版的亚当·斯密的《原富》（即《国富论》）、斯宾塞（社会达尔文主义之父）的《群学肄言》、约翰·穆勒的《名学》上半部。这些外国著作、教科书的翻译、出版和流传，产生的影响在某种意义上不逊于学校教育。

3. 奖实业，扶工商，促转型

一般来说，在落后的东方国家引进西方现代文明的改革（特别是早期阶段），政府的政治权威是一个必不可少的要素。日本明治维新就拥有这样的政治权威。清王朝腐败、误国，耽搁了宝贵时间，到了20世纪初西太后被迫改革，推行新政，但清政府已因多年的民族危机，屈从列强，丧权辱国，尤其是镇压维新运动而丧尽民心，使自身的权威地位大大降低。知识分子和新兴的工商业资产阶级因清政府的对外屈从和对内镇压政策而对它失去了信心，他们要求更多的是参与政治以便监督政府。戊戌政变之后，主张立宪、召开国会成了朝野上下越来越迫切的要求，政治民主化的情绪普遍高涨。

本来，改革者要想使改革获得成功，需要这种参与，清政府在实行新政的初期确也在经济改革方面主动采取了动员参与的形式，并收到了一定的成效。

如1905年成立商部，制定和颁布一系列经济法规，如《商律》《公司律》《商会简明章程》《商标注册试办章程》等。1907年设立交通银行，1908年颁《大清银行则例》。重商观念的变化起了推动社会生活转型的作用。1904—1908年出现了办厂高潮。1895—1913年这19年间，由民族资本开设的、资金1万元以上、使用机器动力的工矿企业增至549家，资本总额共计1.2亿元，平均每年增设厂矿28.9家，新增投资633.1万元，主要行业增长速度是15%—20%，为前30年（1865—1895）所未见。资本构成变化甚大：民族资本的商办企业从占22.4%上升到76.3%，为甲午战前的20倍。民族资产阶级作为一种新兴社会经济力量，扩大了自己的队伍，开始积极参与经济和政治活动。①

4. 裁旧署，立新部，更法制

直到1901年清政府设督办政务处后，行政制度的实质性改革才拉开了帷幕。

作为这一时期新政的重要内容之一，前期的政治体制改革包括整饬吏制，裁汰、合并中央和西方的若干旧有机构。在中央，首先裁汰了各衙门的胥吏差役，停止捐纳实官，归并詹事府于翰林院，裁撤通政使司。在地方，裁撤了河东河道总督和云南、湖北、广东三省巡抚，以及“徒拥虚名”的漕运总督。与此同时，又创设了若干新的机构，例如督办政务处、商部、学部和巡警部。同一过程还包括旧机构改组为新机构，如总理各国事务衙门为外交部，班列六部之首。

1906年，清政府宣布“预备立宪”后，政治体制的改革被纳入宪政的轨道，明确宣示预备立宪“先行厘定官制”。随即成立了编制馆，作为编纂官制的专门机构。不久编制馆进呈的奏折中，要求按照立宪国制，以立法、行政、司法三权并峙的原则，改革以军机处为政务中枢的部院制，在中央设立资政院，司立法之责；裁汰军机处与旧内阁，设十一部，掌行政之事；而“司法之权则专属之法部”，以大理院任审判，以法部督之。这一草案的提出，使冥顽不化的守旧势力如丧考妣，纷纷上奏拼死反对，宣称裁军机处，设内阁之制，将导致君主大权的旁落，鼎祚潜移。西太后基于对君上大权和皇亲贵胄特权的考虑，依循军机处事不议、内务府事不议、旗事不议、翰林院事不议、太监事不议等“五不议”改官制原则，于11月6日颁

① 《世界文明史》下，第925—926页。

布上谕，明令“内阁军机处一切规制，著照旧行”。同时，又改组了中央各部：改户部为度支部，财政处并入；将太常、光禄、鸿胪三寺并入礼部；改兵部为陆军部，著以练兵处、太仆寺并入；改刑部为法部；工部并入商部，成立农工商部；设邮传部，专司轮船、铁路、电线、邮政；改理藩院为理藩部；改巡警部为民政部；外务部、吏部、学部仍旧；凡十一部。各部设尚书一员，侍郎二员，“不分满汉”。上谕中还明确指出应增设“资政院”以“博采群言”，设“审计院”以“复查经费”，其余一概“毋庸更改”。

厘定中央官制体系后，1907 年 7 月，清政府谕准编制馆上奏的《修订各直省官制情形折》。该折以司法独立和地方自治为厘定地方官制的原则，规定一省或数省设总督，专恃辖内的外交与军政；每省设一巡抚，总理地方行政，下设三司（布政、提学、提法）、二道（劝业、巡警）。但因清政府企图通过改革地方行政制度“裁抑督抚之权限”，以巩固君上大权，将“财政及兵马之事权，悉收回与中央政府”，因而遭到了大部分督抚的反对。所谓地方官制改革，实质上收效殊微。

1907 年清政府改考察政治馆为宪政编查馆，以奕劻、载沣、世续、张之洞、鹿传霖等为大臣。同年 9 月 20 日，清政府下谕先设资政院，11 月 11 日，又令各省筹设咨议局，模仿西方立宪制国家国会的咨议局开始在各省筹设。1907 年 10 月，清廷正式下令筹设咨议机关。1909 年 2 月，两广总督张人骏着手成立广东咨议局筹备处。他聘请邓华熙、张振勋、丘逢甲等 22 人为议绅，又向留日学生金蒲崇、金蒲芬等人筹得资金，选址大东门外，兴建广东咨议局大楼。随后，各省咨议局成立，为咨询机关，议论本省应兴应革事件，预算、决算、税法、公债，以及应负义务等。按照朝廷的解释，这个机构的性质和作用，是在正式议会尚未成立之前，作为人民练习议政的场所，也就是说，各省咨议局相当于各省的临时议会。各省咨议局议员数目多少不等，由选举产生，但选举权与被选举权有爵位、官职、出身、学历、财产等限制。有权者仅占全人口的一小部分。府州县筹设议事会。1909 年 10 月，各省（除新疆外）先后完成议员选举程序，成立了咨议局。1910 年 9 月 23 日，在北京成立资政院。1911 年 5 月，也就是清王朝行将崩溃之际，清政府颁布了一道上谕，宣布“采取各国君主立宪之制”，组织内阁。旧设内阁、军机处等机构一并裁汰，并将原设的十一部调整为十部：即外交部、民政部、度支部、学部、陆军部、海军部、司法部、农工商部、邮传部、理藩部。内阁由皇帝“特旨简任”的国务大臣组成，下设一厅四局：承宣厅、制诰局、叙官局、统计局、印铸局。此外特设弼德院，作为皇帝亲临顾问国务之所，以防权位下移。

在政治体制改革的推进中，清政府逐渐调整和改造了相沿已久的祖制，并不自觉地朝着近代化的建制迈进。它虽然没有超出戊戌维新的社会政治蓝图，但它由“师夷”走向“变法”，由“变器”走向“变道”，又说明它比洋务自强运动走得更远。它并没有完成向以“三权分立”为核心的近代政治体制的转变，改新制而不易旧也大大地冲淡了它的革新色彩。但改革中出现的一些新的设置，如资政院、咨议局，却是封建政体的异军，是中国近代政治体制新陈代谢的一个重要环节。这种政治体制的改革尽管是表面的，有形式而无实际效能，但它已触动了传统中最保守的东西，相对于那种“权限不分”“职任不明”的旧政治体制来说，无疑是一种进步。①

一时代有一时代的精神，一时代有时代的法制。周秦以来，中国形成了自创一格的“中华法系”，成为公认的世界五大法系之一。在历史的推移和王朝的更迭中，法制虽代有损益，但“诸法合体”“政刑不分”的旧法律结构形式始终未变。直到八国联军之役后，朝野上下，争言变法，于是而有新律之萌芽。新政开场后，刘坤一、张之洞在“会奏三疏”中率先提出修订刑律。1902 年 5 月，清政府派刑部右侍郎沈家本，出使美国大臣伍廷芳兼取中西，修订法律。1903 年，设修订法律馆，命沈、伍为修订法律大臣，着手修订旧法和制订新法。在这一过程中，他们以“务期中外通行”为修律原则，参考古今，博稽中外，“以中国法律与各国参互考证”，修订中国新法。

概而言之，新政期间的法制改革大体有三个方面。

其一，删改《大清律例》，制订新刑律。以 1910 年《大清现行刑律》颁行，作为新刑律颁布前的过渡性刑律。这部刑律取消原来按六部名称而分

① 《近代中国社会的新陈代谢》，第 257—259 页。

的六律总目，将旧律中的继承、分产、婚姻、田宅、钱债等纯属民事的条款划出，不再科刑，以示民刑有别；更定刑名，将沿用已久的笞、杖、徒、流、死五刑，改为死刑、徒刑、流刑、拘留、罚金，以示中外无异，改革死刑执行办法，规定“死刑仅用绞刑一种”，删除凌迟、枭首、戮尸等酷刑。在日本顾问冈田博士的帮助下，《大清新刑律》完成制订并于 1910 年 12 月 25 日颁布，预订 1913 年始实行。新刑律是中国第一部近代刑律，它以“折衷各国之良规，兼采近世最新之学说”，而又“不戾乎我国历世相沿之礼教民情”为基本宗旨。分总则与分则：总则规定犯罪构成要件，刑罚的一般原则；分则规定具体的犯罪和处罚办法。刑罚又分主刑和从刑，主刑有死刑、无期徒刑、有期徒刑、拘留、罚金；从刑有褫夺公权和没收。此外，还采用资本主义国家法律中的罪刑法定主义、犹豫制定（缓刑）和假释制度等，取消因“官秩”“良贼”“服制”而刑的适应上所形成的差别。新刑律体现了近代法律精神，它所提出的许多刑名至今仍被沿用。

其二，改革“诸法合体”的传统法律结构。自古以来，中国的法典基本上是刑法典，但又包含有民法、诉讼法及行政法等法律内容，形成了“民刑不分，诸法合体”、民商不分，实体法与程序法无别的法律结构。所谓“往昔律书体裁虽专属刑事，而军事、民事、商事以及诉讼等项错综其间”，指的就是这种情形。沈家本主张，应“随乎时运之递迁”而改革这种法律结构，民商及诉讼等律均应“钦遵明谕特别编纂”。为此，修订法律馆制订了《大清民律草案》《刑事诉讼律草案》等部门法与单行法规。1910 年，农工商部据各商会所编的商律调查案，编订了《大清商律草案》。但这些部门法及单行法规大多因清王朝灭亡而未及颁行。

其三，政刑分离，司法独立。在中世纪的中国，政刑之权“丛于一人之身”，上自皇帝，下至州县长官莫不如是。沈家本根据资本主义行政、立法、司法三权分立的原则，力主“司法独立”。他认为：“东西各国宪政之萌芽，俱本于司法之独立。”司法独立不仅可收统一事权之效，且可为“异日宪政之始基”。因此，他“考古今之沿革，订中外之异同”，制订了初级、地方、高等审判厅、大理院四级，分设于县、府、省、中央，采用四级三审制；并在大理院和地方审判厅设立相应的检察厅，各级审判厅和检察厅专司审判而俱受法部的行政监督。1907 年，在法部的支持下，创设审判厅于东三省，并试办于直隶、江苏两省。中国之司法、行政独立自此而始。

旧律的删改修订，新法如刑法、民法、商法、诉讼法的编纂，司法独立的试行，这三个方面合成了中国法制近代化的一步。新法富于近代法律的色彩，但由于旧观念、旧势力的抵制而没有发生多少实际作用。[①]

5. “仿行立宪”的憧憬到“皇族内阁”的破产

甲午战败充分暴露了清政府的腐败无能，民族危机空前严重，中国人民不得不普遍开始关注祖国的命运。学习西方现代文明也激起中国知识分子参与政治的积极性，维新运动使中国社会力量第一次较有组织地（组成强学会等）参与政治。戊戌变法遭到血腥镇压，并没有使知识分子阶层因畏惧镇压而退出政治。由于“辛丑事变”，八国联军攻占北京，国势日蹙，社会各阶层中身孚众望的精英人物痛感专制政体的中国若不顺应世界文明大潮，迅行立宪，国将不保，于是他们更加积极地投入政治活动。1903 年，积极宣传君主立宪的势头出现，政治参与热情空前高涨。在内外压力下，清政府不得不退订自上而下的钦定立宪运动。1905 年 10 月派五大臣出洋考察宪政，并成立宪政考察馆。1906 年 8 月，五大臣经由欧美各国及日本考察后回国，拟出“宽立年限”的立宪方案，9 月 1 日清政府颁布“预备仿行宪政”的谕旨。各地纷纷成立立宪团体，鼓吹预备立宪。戊戌政变以前，维新人士尚能冷静思考中国的实际情况：一般群众的参政议政能力十分薄弱，一定期限的预备立宪是完全必要的。但是辛丑民族危机中清政府专制政体的种种弊端更加暴露，促使立宪派将清政府的专制政体与西方现代民主政体加以比较，更感到专制政体无可救药，产生了立即进行宪政改革的要求，主张尽快立宪召开国会。但是立宪派把扩大政治参与的渠道，作为解决民族危机的政治选择，将立宪开国会当作灵丹妙药，以为一旦召开国会，似乎任何问题都将迎刃而解，甚至统治阶级中一部分人士也形成了这样一种看法：通过“君主一体，上下相通”的立宪政体来改变统治政体“上下相睽，内外隔阂”的窘困状态。这就造成一种新的形势：距离戊戌不

① 《近代中国社会的新陈代谢》，第 259—261 页。

过几年时间，立宪主张便得到了社会各阶层的认同和拥护。各地立宪派要求缩短预备立宪期，速开国会成为强大的呼声。1908 年立宪运动进入高潮。8 月，清政府为拉拢立宪派，抵制力量愈益壮大的革命派，宣布预备立宪以 9 年为限，并颁布《钦定宪法大纲》二十三条。1909 年 3 月，命各省内成立咨议局。1910 年 10 月资政院在北京成立。中央立宪派与各地（16 省）立宪派以咨议局议员的合法地位，互相串联，形成了各省赴京请愿代表聚集北京，要求一年内召开国会立即成立责任内阁的强大压力。

由于清王朝已不可能做到适度限制各社会力量的政治参与，并因坚持拒绝关于 1911 年召开国会的请愿要求而大失人心。三次国会请愿运动规模一次比一次盛大，20 余万人签名请愿书，数千人集会游行，湖北省集会甚至提出“不开国会，不承认新捐税”的倡议。清政府震惊之余只答应缩短预备立宪期限为 5 年，国会开设之前先设责任内阁。

1911 年 5 月，清政府裁撤军机处等机构，组成新内阁。内阁由庆亲王奕劻任总理大臣，在 13 名国务大臣中，汉族官僚仅 4 名，蒙古族人 1 名，满族 8 名，其中皇族 5 名，被讥为“皇族内阁”，实际上这是贵族集权的内阁。“皇族内阁”遭到全国一致反对，清王朝威信扫地。中国的君主立宪之梦亦就此破灭。[①]

（三）新政的历史钩沉

关于清末新政走向失败的原因，陈旭麓先生有如下评述：

> 新政在主观上是为了防止革命掀揭屋顶而挖开的一个窗洞，……清政府原想借此实现王朝的自我挽救，但新政非但没有延长它的寿命，从某种意义说还加速了它的灭亡。
>
> 清末新政从某种意义上说加速了它的灭亡……清政府编练的新军多成了王朝的“叛兵”，给革命党在各省以发展革命势力的机会……清政府奖励实业，本想摆脱严重的财政危机，却导致了“资产阶级利益、知识分子利益与专制制度的冲突越来越大”……所有这一切，都走向了清政府预想的反面。

---

① 《世界文明史》下，第 926—928 页。

清政府推行新政固然有取悦列强、拉拢立宪派、打击民主革命的一面，更有符合历史发展逻辑的具体内容。历史的效果往往不以人们的动机为转移。清末官制改革，在客观上推动了国家体制的近代化；教育改革，奠定了中国近代化教育的基础；军事改革，推进了中国军事的近代化；法律改革，开了中国法制近代化的先河；奖励实业，则直接促成了创办实业的高潮。人们习惯用御史欧家廉的几句话，“易私塾门榜为学堂，改亲兵衣饰即为巡警，建一二洋式衙署，用一二留学生，即是崇奉西法”，来说明新政的有名无实。固然这段话反映了当时的一些实况，但远不是新政的全部。“事事有尽更其故之思，人人有不如其初之慨。”最后从新政走向灭亡，有其更深层的原因。

其一，旧人办新政。清末立新制而不易旧人，由曾与改革为敌的人物来推行新政，有其深刻的历史原因。但它的结果不仅冲淡了新政的革命色彩，而且限制了新政的历史展开。新的制度必须有新的价值观念，思想和行动模式与之相适应，否则绝不可能赋予新制度以真实的生命力，失败和畸形发展的悲剧性结局也就不可避免。就晚清新政来说，直接参与其事的“枢臣疆吏”有奕劻、载沣、袁世凯、端方、铁良等（不枚举）。这批人，凡有立宪倾向的，大多只是“言官”而没有实权，其余绝大多数仅有王朝自救意识而无变革意识，既无实施宪政的诚意又缺乏推行宪政的能力。应该说，在“预备立宪”之初，统治集团中有些人还是寄以希望的，但旧的政治惯性又吞噬了这种希望。“在位诸臣，人各有心。或阳奉而阴违，或始勤而终怠，行之不力，则功堕半途”。新政终因执行无人而使朝廷之信渐坠，国民失望愈深。自救的新政不仅无法保持王朝的内在凝聚力和集体价值，反而使社会益形棼乱，成了王朝的催命符。

其二，传统和既得利益的双重阻力。一切改革的推进都必然会碰到来自既得利益和传统文化这两方面的阻力。因为改革无不避免地要触动既得利益和传统的价值。在近代中国，这双重阻力表现得尤其明显！中国的传统既深且久，有极大的凝固性，不破传统就不能前进。但自周秦以来形成的以孔学为轴心的文化传统，已与民族习惯、民间生活浑然一体，无所不在。更可怕的是，这种阻力往往与既得利益扭结在一块，形成一种强大抗改革因素。从 1906 年“立宪改官”到 1911 年“皇族内阁”的出笼，统治集团中的各种势力和派别，围绕着权力的再分配展开了残酷的争夺。一方面是掌握着最高权力的皇室贵胄唯恐大权旁落、而拼命想借“预备立宪”之名推行中央集权，另一方面则是地方督抚（实力派）要“划分中央与地方行政权限”实行责任内阁制，以削弱君主与王公大臣的权力；一方面是皇室贵胄拼命排挤汉族官僚，剥夺汉族官僚的某些职位和权力，另一方面则是汉族官僚竭力培植各自的势力和各种社会关系，与之对抗。一些过去被摈弃于仕宦门外的士绅，也想伺立宪之机，谋取一官半职。透过中央与地方、集权与分权、满与汉等诸种矛盾和冲突，是改革与传统的对立，改革与既得利益的冲突。结果愈改愈乱，愈革愈糟，从内部加速了清王朝的解体。这是清王朝所不愿看到的结局，但又是它一手造成的。①

不难看出，诚如陈旭麓先生所言，所谓旧人办新政，清王朝晚期新政固然是代表积极的历史方向，但是为了自救而被迫展开的新政，又受到固有旧人的羁绊，纠葛错综复杂的利益冲突和政治博弈，王朝还是在革命洪流中崩塌。革命与改良孰优孰劣，恐怕还是要回归到历史的本真，才能慢慢细数品鉴。

二、辛亥革命的肇始里程

清王朝的覆灭给了世人一个冷峻的历史启示：一个不代表先进社会生产力的、严重损害人民根本利益的、内部不断衰败的政权，不能够，也不可能吸引和团结新兴的社会力量为振兴国家与民族奋斗，在这种情况下，这个衰败的政府即便进行了某些层面的改革，也仍然无法避免其灭亡的命运。②

中国步入 20 世纪后发生的第一件历史性巨变，便是一举推翻清朝政府、

---

① 《近代中国社会的新陈代谢》，第 269—272 页。

② 《世界文明史》下，第 932 页。

结束几千年君主专制制度的辛亥革命。

革命，通常是以暴力的形式，在比较短的时间内，对原有社会秩序实行重大变革。它绝不是仅凭自己的想法就可以制造出来的，需要具有必要的社会条件。在中国这样的古老大国，传统的纲常伦理观念长期牢牢地禁锢着人们的头脑，旧的统治秩序已经形成相当严密的网络，要冲破这种束缚是很难的。戊戌维新运动不还是把很大希望寄托在由一个好皇帝来推行改革上吗？义和团运动打出的旗帜不还是“扶清灭洋”吗？一般来说，人们最初总是希望能在现有的社会秩序下进行温和的改革。这样做，不仅牺牲少，而且也容易被更多人所接受。只要这条路还有一点儿希望能够走得通，怎么可能会有那么多人不惜抛头颅、洒热血去投身革命呢？只有当国家民族的命运已处于万分危急的情况下，别的办法都尝试过，都走不通，人们的忍耐程度已超出它的极限，这才会拿起武器来拼命，一场全国规模的革命高潮才会出现。

单单这些还不够。一场全国规模的革命想得到的哪怕是部分的成功，都需要在人们面前提出一个与以往不同并被众人接受的新的理想和目标，使人们燃起新的希望，深信目前的处境尽管艰难，但这种状况还是可以改变的。如果一个民族面对着深重的危机，却看不到前途和希望，只是沉浸在一片悲愤和沮丧绝望的情绪中，或者只是不顾一切地起来蛮干，那也谈不上民族的新觉醒。

这就需要有新的社会力量站在民族解放运动的前头。这种新的社会力量的出现和壮大，只能是社会结构和民众心理发生深刻变动的产物。

辛亥革命与此前的戊戌维新运动、义和团运动不同的地方，就在这里。[①]

辛亥革命拉开了完全意义上的近代民族民主革命的序幕。那么这场伟大革命发生的背景与条件究竟从哪里进行分析呢？我们又能从哪些细节挖掘这场革命与此前的戊戌维新运动、义和团运动的不同之处呢？

---

① 《二十世纪中国史纲（简本）》，第22—23页。

（一）革命的背景、条件多面观

1. 清王朝统治的双层危机

20 世纪初的中国，在政治秩序上，清廷陷入了权力与权威的双重危机。

权力是统治者支配和控制被统治者的能力，它可能是暴力的，也可能是柔性的；而权威则是一种被统治者所认同的、自愿服从的统治，权威的表现形式可以是权力、制度、宗教或道德的价值符号，也可以是一种人格化的象征。自秦始皇之后的中国体制，作为天命在人间的代表，君主合权力与权威于一身，它既是王朝的权力核心，又是帝国与天下支持的正当性象征。君主秉承天命，其统治不再仅仅借助暴力，而是具有超越性的神秘色彩，成为帝国秩序的人格化象征。无数次朝代的更替，虽然最高权力一再被颠覆，但中华帝国的权威结构，超越性渊源和人格象征从来不曾被动摇过。

晚清所发生的李鸿章惊呼的“三千年未有之变局”。以往的三千年，天不变，道亦不变。但晚清所发生的，是宇宙观的大革命，是时势的大转变，所要变的，不仅是统治者的权力，而且是一个国家的权威。天经地义的秩序法则在晚清受到了毁灭性的冲击。超越性的天命、天道、天理已经祛魅，被由科学宇宙观所决定的公理所替代。政治秩序与神秘的超越性源头斩断了关系，其正当性法则只能在人世间获取。西方思潮不断涌入中国，一步步对权威一体化的君主专制构成颠覆性的挑战。在权力层次上，法国和美国革命带来的民权至上观念，直接颠覆了君主的专制权力，让许多激进的士大夫和青年人相信，现代国家的主权不在于君，而在于民。从 20 世纪初开始，人民主权思想风起云涌。在权威层次上，从西方和日本传来的立宪理念，让中国人意识到原来君主的权威并非最高，在君主之上还有更高的法则，这就是宪法，任何权力都要在立宪的制度框架中受到限制。这就意味着国家最高权威的转移，从人治型的君主转向了法理型的宪政。于是，辛亥前十年清廷所面临的危机，已经不再是传统的统治危机，而是历代统治者从未有过的权力和权威的双重危机，政治权力的来源、国家权威的象征乃至最高秩序法则都将发生天翻地覆的转变。

进入 20 世纪之后，传统的君主专制已经在人心中失去了正当性，各种力量都在拼命向前拱，希望有一场大变革。革命前夜发生的《民报》与《新民丛报》的大论战，革命派与立宪派所争论的焦点，主要不在于变革的方式是在体制外革命，还是在体制内改良，他们所争的，是两套不同的新秩序方案。简单地说，革命派关心的是权力的革命，立宪派在意的是权威的变化。权力与国体有关，即国家的最高权力由谁掌握，是君主，还是人民。革命派相信，只要国体变了，人民推翻君主掌握了国家的权力，由君主制变为共和制，便能带来民主共和的新秩序。权威和政体有关，关心的不是权力在谁手里，而是权力是否受到限制，是否通过立宪建立国家的新权威。立宪派更重视的是国家如何统治，是否按照宪政的原则统治，至于共和民主，还是君主立宪，是次要的问题。即使保留了君主的权力，只要有了国会和宪法，国家的权威便会从君主转移到宪法，建立一个非专制的君主立宪国家。

共和与立宪的论战，是一场民主与宪政之争。民主与宪政，虽然在理论上并不冲突，但一个与权力有关，另一个与权威有关。民主所提供的只是具体的统治（某个朝廷或政府）之权力的正当，即统治之权力是否得到人们的授权，其统治的效绩是否符合被统治者的利益和愿望。而立宪提供的是整个政治共同体的根本的、长时段的正当性问题，即什么样的共同体组成原则和制度方式是可以被自愿接受的，是合乎统治者和被统治者的共同意志的。公共权力的权威，要看其是否符合共同体成员公认的“法”，在过去这个公认的“法”，是神法或天理，到了近代，则转换为政治共同体的根本大法——宪法。

中国古代政治权威的来源是双重的，即天道和民意。天道是权威的终极的、超越的源头，但在现实世界之中，天道又只能经过民意体现，民意与天意内在相通。到了近代，这双重一体化的政治权威发生了变化，也产生了分离，天道之权威转变为公理和公意，由此形成了宪法的权威：民意之权威转变成权力的来源，现代的政治权力必须来自人民的认可和授权，由此形成了民主。在古代中国，天道和民意是不可分离的，但到近代转换为宪政和民主之后，二者发生了历史的分离。这一分离，按照那伦特的理解，本来是现代政治的内在之义，即权威与权力的二元化：政治权威来自宪法——国家的根本大法，政治权力来自民主——人民的授权。

到了晚清，由于权力、权威一体化的君主专制发生了危机，权力与权威也由此发生分离，于是当需要变革政治秩序的时候，革命派与立宪派所抓住的，分别是权力与权威的两端。革命与改良大论战表面争的是民主共和还是君主立宪，其背后的实质却是政治秩序的正当性究竟以何为基础：是权力的来源，还是立宪的权威？[①]

2. 孙中山革命先行的影响

（1）思想转变

孙中山革命活动的开始标志着一种新的社会力量登上了中国政治舞台。他出生于贫苦农民家庭，从少年时代就随着已成为华侨农场主的哥哥长期生活在国外。孙中山12岁时曾在香港，以及海外的夏威夷群岛系统地受过十多年近代教育。像这样的知识分子，在过去中国社会中还不曾有过。这使他有可能成为一种新的社会力量的政治代表。从夏威夷归国时，在他重新接触清朝封建政府统治下的旧中国时，他格外敏锐地感受到这个政府的腐败贪婪和中国人民所受的残酷压迫是令人无法忍受的。他到香港读书时，又正值清政府在中法战争中失败，这给了他极大刺激，他深深感到这个政府的统治再也不能继续下去了。

但是，一个人的思想常常不是直线发展的，而是包含着种种矛盾和冲突，需要经过某些曲折。一种新的社会思想的产生，尤其是这样。尽管孙中山的革命思想已产生，但他毕竟只是在谈论革命，并没有实际从事革命。他在思想上还有一些摇摆，总还想尝试一下：推动清政府实行自上而下的改革，这条路是不是还有可能行得通。

1894年6月，孙中山上书李鸿章这夜正好是甲午中日战争爆发的前夜，他为这次上书做了充分的准备，并赶到天津去见李鸿章。他在上书里提到：应当在中国解除对民间工商业发展的束缚，实现国家工业化和农业机械化，改革教育制度和选择人才的制度。用他的话来讲，就是要做到：“人能尽其才，地能尽其利，物能尽其用，货能畅其流。此四事者，富强之大经，治

① 《家国天下——现代中国的个人、国家与世界认同》，第150—152页。

国之大本也。”他还批评李鸿章和洋务运动：“不急于此四者，徒唯坚船炮利之是务，是舍本而图末也。”这些，在当时是具有进步意义的主张，也是很温和的主张。

但是，李鸿章对孙中山抱着满腔热情的上书极为冷淡，没有见他。这给了孙中山很大的打击，使他破除了原来对清政府还抱有的一丝幻想，明白像这样昏庸腐败的政府要进行根本改革是不可能的。深重的民族危机使他无法再等待下去，温和的道路又走不通，于是他下定决心开始革命活动。他的好友陈少白描述了这段过程：“孙先生所以要上李鸿章书，就因为李鸿章在当时算为识时务之大员，如果能够听他的话，办起来，也未尝不可挽救当时的中国。”在遭到李鸿章拒绝后，孙中山“知道没有办法，闷闷不乐地回到上海”。“所有希望完全成泡影。所以到了这个时候，孙先生的志向益发坚决，在檀香山就积极筹备兴中会，找人入会，一定要反抗清政府。”

暴力革命是在万不得已的情况下作出的选择。当反动统治势力表面上还很强大的时候，一个知识分子要下决心抛弃自己已取得的社会地位，甘冒杀头破家的危险，领头起来革命，哪里是一件容易的事情。它需要有一个严肃思考和内心冲突的过程。孙中山的青年时代，正是经历了这样一个过程，即他的思想是一个发展的过程，经历了从资产阶级改良主义到资产阶级革命民主主义的发展过程。①

（2）组织基础与思想基础

①革命团体的纷纷建立

1879 年，孙中山与母亲前往檀香山。他第一次目睹了轮船的神奇，看到了繁华优裕的生活，以及檀香山公平的税收。他进入圣公会教士所办的意奥兰尼学校读书。1883 年，孙中山从奥阿湖书院毕业，那年他 17 岁。回到香港，他就读拔萃书院，并用了一年时间来提高英语水平，此后，他转入皇仁书院。在赴檀香山短暂旅行之后，他返回中国，恰好得以目睹中国在对法国的战争中的败绩。由于对清廷的衰败极度厌恶，他的推翻这个王朝的理念开始形成。

---

① 《二十世纪中国史纲（简本）》，第 38—40 页。

20 岁时，孙中山就读于广州博济医学院，同时阅读二十四史，以提高自己的国学水平。在众多的同学中，有一位叫郑士良，此人与会党有着广泛的接触。他们二人经常就革命的必须性展开长久的讨论，而郑自愿从其秘密会党朋友那里为孙寻求帮助。1887 年，孙中山转学至香港西医书院读书，这里有更佳的课程设置，而且这里给革命活动提供了自由。孙一边从严格的英籍主任康得黎医生那里接受科学与医学的完整训练，一边又利用学校作为革命活动的总部，往返于港、澳之间来推动革命事业。1892 年，他在澳门开始执业行医，一年后，移居广州，免费为穷人提供服务与医疗物品，以便能广交朋友、发展新的关系。在这里，孙遇到了一个道士，并指点他革命需要寻求会党的支持。孙从他那里了解到这些秘密团体的组织与地址，并指派郑士良与他们联系。

在孙的人生观形成时期，夏威夷与香港显然对他产生了强烈的影响。他在这些地方所目睹的，以及这些地方与其故乡香山县之间的反差，必然在其年轻的心灵中烙下深深的印迹。夏威夷虽仍是一个独立的小岛，但美国的影响迅速侵入，为它带来了民主观念、现代法律体制、现代学校，以及工业发展的需求。岛上的进步派其时正倡导推翻君主制，支持美国式民主，而保守派反对外界的介入与共和主义。夏威夷历经的问题与中国面临的问题相同。尽管夏威夷于 1893 年最终成为一个共和国，但它一直处于美国兼并的威胁之下（1898 年并入美国）。从这个历史教训中，孙确信仅仅推翻清王朝，建立一个共和国是不够的，还必须在民众中灌输一种强烈的民族主义感情，在此基础之上重建国家，保持民族独立。

香港也是一个富有激励与指引作用的地方，英国当局管理的效率、近代卫生的发展以及有序的社会运行，均与孙的故乡形成一个鲜明的对比。孙追问：为何两地距离仅 50 英里却判若天壤？及后，他发现省城与京师比其故乡更为腐败不堪。虽然香港被英国人统治仅数十年，但在中国的几千年文明中，却无一个城市像香港这般管理得当，这种反差在孙的心中点燃了推翻无能的清廷的强烈愿望。[①]

---

① 《中国近代史：1600—2000，中国的奋斗》，第 341—342 页。

孙中山在檀香山组织了第一个反清的革命团体——兴中会。参加檀香山兴中会的有当地华侨工商界人士二十多人，其中包括孙眉（孙中山的胞兄，这时已成为相当大的资本家）、邓荫南（一个在檀香山发迹的农业资本家，参加三合会）、何宽（当地一家银行的经理）等人。檀香山兴中会以救国为宗旨，章程中对中国处境表示深切的忧虑，不指名地斥责清朝统治者的误国。章程还说明了立会的宗旨："是会之设，专为振兴中华、维持国体起见……兹特联络中外华人，创兴是会，以申民志而扶国宗。"但是这个在侨民中的小组织对于如何才能救国这个问题，并没有提出明确的方针。在这个小组织成立后，孙中山随即回到香港，1895 年 1 月底，孙中山在香港成立了兴中会总部。

参加香港兴中会的除了孙中山和他在香港的旧友陈少白、陆皓东等人外，还有属于辅仁文社这个组织的一些人员。杨衢云被选为香港兴中会的会长。他和辅仁文社的几个人同洪门会党组织有较多的联系。

香港的兴中会章程中也没有明确地宣布革命，但入会的人须一律宣誓，誓词是："驱除鞑虏，恢复中国，创立合众政府，倘有二心，神明鉴察。"香港的兴中会一成立，立即准备在广州发动起义（结果失败，孙中山潜逃）。光绪二十二年（1896），官方侦查到孙中山在英国伦敦。孙中山自广州失败后，即由香港赴日本，再经檀香山而到美国，又转到了英国。清朝驻伦敦的使馆设计把孙中山诱骗入使馆，准备把他偷偷押运回国。由于他的英国朋友的营救，他才得以释出。经此事件，孙中山在国际间开始作为中国的革命家而驰名。

孙中山在海外流亡各地时，仍以兴中会的名义在华侨中进行组织和宣传工作，但收效很小。光绪二十四年（1898），他又来到日本。这时在日本还很少有留学生，在华侨万余人中，赞助他的人不过百余人而已。在国内的知识界中，这时正是康有为的全盛时期。戊戌政变后，康有为、梁启超都流亡到日本，孙中山、陈少白还想同康有为商谈合作，为康有为所拒绝。但孙中山和梁启超在 1899 年过往甚密，梁启超甚至同意双方合并起来建立一个统一的组织。由于康有为和他的其他学生徐勤等人的坚决反对，故没有实现。

孙中山在香港的同志继续进行联络会党的工作。1900 年，在孙中山的策划下，在广东惠州举行了依靠会党力量的武装起义，但迅速遭到了失败。领导惠州军事行动的是孙中山的老同学郑士良。

惠州之役后，孙中山继续他在国外的流亡生活。他在日本住了两年，又到过越南，并经檀香山而到美国。这时期，他从留学生和华侨中得到了较多的同情者。后来孙中山说，在 1895 年广州起义失败后，他和参加起义的人到处听到诅咒谩骂之声，谁都把他们看成毒蛇猛兽；但在 1900 年惠州起义失败后，却很少听到一般人恶声相加，有些有识之士还为他们的失败深表惋惜。

1904 年，孙中山在美国报纸上发表了《中国问题的真解决》一文。这篇文章说，只有推翻清朝政府的统治，“以一个新的、开明的、进步的政府来代替旧政府”，“把过时的满清君主政体改变为‘中华民国’才能真正解决中国问题。”文章中说：“中国现今正处于一次伟大的民族运动的前夕”，并认为推翻清朝统治虽然是艰巨的任务，但并不是无法实现的。这篇文章“向文明世界的人民，特别是向美国的人民”发出呼吁：“要求你们在道义上与物质上给予同情和支援，因为你们是西方文明在日本的开拓者，因为你们是基督教的民主，因为我们要仿照你们的政府而缔造我们的新政府，尤其因为你们是自由与民主的战士。”孙中山在这里实际上是向西方的资产阶级呼吁。但西方的资产阶级当时已经腐朽没落，不能成为东方民族追求进步的事业的支持者，这点是孙中山当时不了解的。不过，孙中山作为资产阶级的民主革命派的立场是已经确定了。

孙中山作为资产阶级民主主义革命活动家的社会影响，在 1900 年后迅速地扩大，是由于当时国内资产阶级、小资产阶级的爱国政治运动正在涌起，资产阶级、小资产阶级的许多先进分子已经不满足于改良主义的思想而趋向于革命的缘故。①

清廷在义和团事件中的举止失措，使许多人对孙投以赞美的目光。他不再被看成是一个叛乱者与罪犯，而是一个为改善国民的境况而工作的爱

① 《从鸦片战争到五四运动》，第 303—305 页。

国的、忠诚的革命者。国内学生及旅日留学生均热情地支持他，在日本的学生还出版了《国民报》和《二十世纪之支那》（《民报》前身）以推动革命事业，并且倡导暗杀清政府的官员。一些知名的学者回国之后创立了《苏报》。年轻革命者邹容于1903年向《苏报》投了一份两万字的文章，即《革命军》，攻击清廷，支持革命。《苏报》编辑章炳麟因此遭监禁两年，而邹容年仅20岁便死于狱中。

除了这些出版物，还涌现了大批支持革命的社团（见下表）。在上海，著名学者蔡元培创立了光复会；在长沙，曾在日本秘密学习军事的黄兴于1903年组织了华兴会，最初会员达500人，其中包括后来脱颖而出成为革命领袖人物的宋教仁。华兴会的成员多为知识分子与会党分子，其中会众十万之多的哥老会众为尤。1904年，在夺取长沙的企图流产后，黄兴逃亡日本，在那里，他逐渐获得一批坚定的支持者。[①]

同盟会成立前主要革命团体

成立时间	名称	主要成员	领导人
1894年	兴中会	华侨和会党	孙中山
1904年	华兴会	留学生和学界	黄兴、宋教仁
1904年	光复会	留学生和学界	蔡元培
1906年	日知会	学界和新军	刘静庵

②统一政党的形成与三民主义纲领

光绪三十年（1904），孙中山在美国，次年他到了欧洲的几个国家，然后又一次到了日本。他在美国的华侨商人中有比较广泛的联系。在比利时、德国、英国和法国，有一些中国留学生，愿意参加他所领导的革命组织，但人数很少。这时中国留学生在日本已很多，他们给孙中山以热烈的欢迎。当时，已经存在的各个革命小团体分散活动，不能适应革命发展的需要；客观的形式要求汇集各革命团体的力量，在政治上、思想上提出一个明确的革命纲领。孙中山这次到日本后，首先同华兴会的成员黄兴等人商量联合起来共同建立这样的革命组织。1905年7月30日，孙中山在日本东京召

① 《中国近代史：1600—2000，中国的奋斗》，第345页。

开筹备组党的会议。这次会议有70多人参加，会上孙中山提议建立革命同盟会，经过一番争论后，定名为中国同盟会，并决心以“驱除鞑虏，恢复中华，建立民国，平均地权”十六个字为宗旨。8月20日，同盟会举行正式成立大会，参加的有几百人，除甘肃一省那时没有留学生外，全国各省籍贯的人都有。这次会议通过由黄兴等人起草的会章，选举孙中山为总理，还确定执行会务的其他人员。

同盟会把原有的兴中会、华兴会、光复会等带有地方性的小团体联合起来，成为一个全国性的组织。从组织形式、人员构成和纲领都表明它是一个资产阶级革命政党。

在同盟会成立时，其领导机构除总理外，有由选举产生的评议部、司法部和总理指定人组成的执行部。这种组织形式，很明显，是根据西方资产阶级国家的“三权鼎立”的原则。评议部是议会的性质。西方资产阶级的议会制度是同盟会的革命家们所憧憬的目标。国内支部按省设立分会，推定了在各省负责的人选。孙中山之所以能够成为同盟会的领袖，不但因为他革命资格老，有声望，而且因为他是当时最激进的资产阶级民主革命纲领的倡导者。

用革命的暴力推翻清朝统治，是同盟会的基本主张。同盟会刚成立时，就确定了组织国民军的规划，预拟了军政府的宣言。虽然在实践中，同盟会会员们对于如何进行武装斗争渐渐地有了不同的看法，但是，总的来说，当时凡属于资产阶级革命派的一致认为：要使中国摆脱受帝国主义列强宰割瓜分的命运，独立强盛起来，就必须推翻清朝政府，而要推翻清朝统治，只有实行武装斗争，没有别的道路可走。

同盟会在民族主义的旗帜下鼓吹反对清朝统治。清朝的统治在实质上并不是满族的统治，而是代表大地主阶级的专制主义的统治。对这一点，资产阶级的革命派的革命家认识得并不充分。他们中有些人所宣传的民族主义变成狭隘的排满主义。孙中山在这个问题上采取比较正确的态度，他在1906年《民报》创刊周年庆祝大会的演讲中说：“民族主义，并非是遇着不同种族的人，便要排斥他……兄弟曾经听见人说，民族革命是要尽灭满洲民族，这话大错。”

孙中山强调指出，他所主张的“民权主义”就是要铲除几千年的君主专制政体，这是“政治革命的根本”。他所说的政治革命，实际上也就是要建立资产阶级的共和国。

包括孙中山在内的同盟会的成员们都不懂得，“几千年的君主专制政体”，实质上是地主阶级的统治，是建立在地主阶级对农民的封建剥削制度基础上的。不触动这个基础，是不能保证资产阶级革命的胜利的。

“平均地权”或“土地国有”的主张，虽然是接触到了反对封建主义的土地制度的问题，但是孙中山和其他一些同盟会认为这是“政治革命”以外的另一种革命，是社会主义的革命。按照他们的说法，民生主义就是社会主义。究竟什么是社会主义，在他们的心目中是极为混乱的，《民报》上虽然有人提到马克思，片段地介绍了《共产党宣言》的内容，但他们并不了解马克思主义。他们至多把马克思主义看作可以并存的各种社会主义学说中的一种。他们把无政府主义，把社会改良主义，把西方资产阶级政府实行的社会改良政策，甚至把帝国主义在殖民地实行的某些土地政策都看作是社会主义。

孙中山其实并不了解资本主义制度下的社会革命是什么内容，却认为“社会革命”就是他所谓平均地权。当时他所说的平均地权，意思是首先由国家核定土地的价格，以后在地价上涨时，国家仍按原定的较低价格把私人所有的土地收买下来，使国家成为全国土地的主人，由国家收取地租，因此，这也就是实行土地国有。孙中山以天真的态度宣传他的这种主张，力图表明，按照他的办法，在实行民族革命、政治革命的同时或在这以后，实行社会革命，就永远不会发生“少数富人专制”现象。（即所谓孙中山形容的“睹其祸害于未萌，诚可举政治革命、社会革命毕其功于一役”。）

孙中山的这种平均地权的主张是以存在着工业资本家、商业资本家为前提的，所以即使彻底执行，并不能消灭“少数富人专制”，而只能使地主不能由于资本主义的发达而从工商业资本家分配巨额的地租，以致使地主失去土地所有权。因此这个纲领实际上是要打碎封建主义的枷锁而为资本主义的发展创造条件的纲领。由资产阶级实行土地国有，并不是什么社会主义，而恰恰是为资本主义的迅速发展开辟道路。

同盟会并没有明确提出反对帝国主义的纲领。“所有中国前此与各国缔结之条约，皆继续有效”，“偿还外债，照旧担任，仍由各省洋关，如数摊还”，“所有外人之既得权利，一体保护”。（按：资产阶级的软弱性，妥协性。）

同盟会成立之后，立即在革命的宣传和革命的实际行动上展开了一系列的工作。同盟会的纲领虽然有这样那样的弱点，但是从当时的历史条件来说，是一个比较完备的民主主义的革命纲领。它体现了资产阶级和小资产阶级在政治经济上的要求，体现了中国人民要求民族独立和民主权利的共同愿望以及中国社会在其发展道路上的迫切要求。根据这个纲领而进行的一切工作，带来了中国历史上前所未有的新鲜气息，在思想上战胜了不久前还居于先进地位的以康有为、梁启超为代表的资产阶级改良主义，这是同盟会的重大业绩。①

（3）革命的先行先试

孙中山为革命设立了一个详尽的步骤。首先，在被革命军解放的地区，应有三年的军政时期。在此期间，军政府将在县级政权中控制军政与民政。同时，它将与地方人民合作以清除诸如奴隶制、缠足、吸食鸦片，以及官僚腐败等一些政治与社会恶瘤。第二期为训政期，时间至多六年，在此期间将成立地方自治政府，由民众选举地方议会与官员，但是军政府仍将保持对中央政府的控制。这个时期，一部暂时性的宪法将会明确军政府与民众的权力与义务。当训政期结束后，军政府将会解散，而由一部新宪法来统治全国。总之，孙设想通过一个三段式的革命，以使国家走上宪政之路。

同盟会的成立是中国革命的一个里程碑，它极大地转变了革命的特征与方式。孙不再只在社会边缘人中开展工作，他已融入了中国民族主义的主流之中。他能从归国学生、不满现状的文人与进步军官中寻找到支持，传统上，这些人是中国的领导群体。革命的社会基础与革命工作的潜在领域大大地拓展了，与由广州人占绝对优势的兴中会相比，同盟会是个涵盖多省份与多阶级的组织，因而能够在沿海及内地发动起义。最为重要的是，

① 《从鸦片战争到五四运动》，第 317—322 页。

如同一个近代的政党，同盟会提供了一个统一的中央组织，它为全国所有革命与进步力量提供了汇聚点。有鉴于此，它当之无愧地享受到“中国革命之母”的赞誉殊荣。

此时，革命脉搏的跳动加快了，1906—1911 年间，起义此起彼伏，其中广东六次，广西、云南各一次，加上 1895 年广州起义与 1900 年惠州起义，总数达到十次。最后一次起义发生于 1911 年 4 月，旨在夺取重要的广东省府广州。这次起义对清廷产生了非常巨大的震动，并预示了半年后武昌起义的成功。七十二位著名的烈士在此次起义中献身，其中许多是从日本归来的学生，他们后来葬于广州北郊的黄花岗。①

我们依稀还能从先烈的遗书中缅怀其忠贞的革命情怀，如林觉民的《与妻书》所言：

> 吾居九泉之下，遥闻汝哭声，当哭向和也。吾平日不信有鬼，今则又望其真有。

孙中山对黄花岗起义也有如下慷慨激昂的评述：

> 是役也，碧血横飞，浩气四塞，草木为之含悲，风云因而变色。全国久蛰之人心，乃大兴奋。怨愤所积，如怒涛排壑，不可遏抑，不半载而武昌之大革命已成。

3. 保路运动成为导火索

19 世纪七八十年代，中国人曾强烈地反对在华修筑铁路，而至甲午战争后，却出现了修建铁路的热潮。1896 年，清廷委任盛宣怀为一家新办铁路公司的总监，盛原本希望从政府与私人，也从外国那里贷款来募集资金，但由于政府与私人无力出很多资金，从而使筑路资金主要来自外国人。此后十年中，在外国资金的赞助下兴办了许多铁路，其中最著名的为京汉线（北京—汉口）与沪陵线（上海—南京）。1898 年，华美合兴公司曾与中方达成协议，由他们提供一笔贷款建造粤汉铁路（广州—汉口），但由于士绅与商人的强烈反对，湖广总督张之洞于 1905 年又付出 675 万美元从美国公司手中收回这一建路权。在设计路线经过的广东、湖南、湖北，允许各省

① 《中国近代史：1600—2000，中国的奋斗》，第 346、348 页。

人民自建，此外，四川人民也有权修建从汉口到该省内的铁路。

与中央集权政策相适应，清政府于1911年春接受了一个下层给事中的建议，拟将铁路干线国有化，而将其支线留给私人管理（个中有盛宣怀私人利益）。5月9日，清廷正式将粤汉、川汉铁路收归国有。5月20日，盛宣怀与四国银行团签订了一个40年的年息5厘贷款协议。

四川的士绅与民众强烈抗议国有化政策与外资的入侵。他们在铁路上的投资虽然不足但毕竟数额巨大，因此组建保路会以捍卫自己的既得利益，并动员全省咨议局来争取应有的权利。他们派代表团往北京向朝廷请愿，并要求解除盛的职务，因为他向外国出卖了中国的利益。人民的不公平感非常强烈，以至于川、湘的民变不可避免。

1911年6月17日，朝廷提出补充铁路投资者：对湖南、湖北两地，实行全额偿还；在广东，仅偿还60%，余下的40%将以政府债券支付。这种债券在铁路盈利后的十年内由政府赎回。在四川，由于既成事实的侵吞行为，政府将仅发可赎债券，这种债券包括铁路资金700万两与实际建筑费用400万两，年息为6厘。对四省的处置相当不公平，湖南、湖北获益最多，广东次之，四川最少。所以，人们就不会惊诧为何四川民众这么愤怒，而其他三省民众则相对安宁。

四川咨议局领袖组织了一次学生和民众的群众运动，要求推迟国有化政策，弹劾盛宣怀。1911年8月24日，万余名川民在省会成都发起机会，民众情不自禁痛哭流涕，他们决意停止纳税，发动罢学、罢市，并在曾颁授他们自建铁路权利的光绪帝的灵牌前致哀。新任总督赵尔丰急于邀功，以保住自己的位置，便下令逮捕士绅代表，军队与示威者之间的公开冲突爆发，民众中有32人丧命。此后，川民与政府军队间的冲突日益加剧。（按：清廷调集湖北新军入川镇压保路运动，造成武汉兵力空虚，客观上给武昌起义创造条件。）

必须指出，尽管四川士绅此时怒而反对朝廷，他们只是为了保护自己的利益而无心将王朝推翻——咨议局中绝大多数人是信奉君主立宪的。但是政府无视他们的要求，他们便转而支持革命。一位川人领袖声称："国内政治已无可为，政府已彰明较著不要人民了，吾人欲救中国，舍革命无他法，我川人已有相当准备，望联络各省，共谋进行。”至此，铁路纠纷与革命融合成为一个紧迫的问题。[①]

4. 共进会、文学社谋划发动

辛亥革命的胜利，是以1911年10月10日的武昌新军起义为起点的。

武昌是湖北的省会，和汉口、汉阳一起，素有“九省通衢”之称，是资本主义工商业和新式教育比较发达的地区。清政府编练新军时，除李鸿章担任北洋大臣、直隶总督袁世凯所训练的北洋六镇外，湖北新军在各省中是最精锐的一支。由于新军是以西法操练的，“招募新军士兵标准，要以能识字为原则，文理粗通者更好。”（按：湖北新军客观上兵源文化水平较高，为革命宣传发动提供了有利条件。）在湖北新军有不少读书人入伍。旧中国有句老话：“好铁不打钉，好男不当兵。”入伍当兵在一般读书人中历来是不屑一顾的，这时却有那么多读书人因找不到出路而投身兵营，可见社会的剧烈变动已使一切都几乎寻常地脱离原有的常轨了。

新军士兵的文化程度比较高，家庭比较贫穷，军队中的生活又很艰难，士兵受官长的压迫和虐待十分厉害，自然很容易接受革命思想的影响。20世纪初年，革命团体科学讲习所、群学社、日知会、军队同盟会等先后在湖北新军中开展活动，后来，逐渐形成文学社和共进会两大革命团体。它们的主要负责人蒋翊武、刘复基、孙武等都曾加入中国同盟会，深受同盟会的影响。但这两个团体并不是同盟会的分支组织，而是独立开展活动的。

湖北革命党人在新军中的工作，有两个突出的优点：第一，进行长期艰苦的革命宣传和组织工作，掌握军队，积蓄力量，准备革命；第二，在革命条件成熟时，不失时机地断然发动武装起义，夺取政权。这是武昌起义能成为全国大起义的起点并取得成功的重要原因。[②]

（二）革命的历程与结局

1911年10月9日，预定的起义总司令蒋翊武秘密发布命令和各部行动

---

① 《中国近代史：1600—2000，中国的奋斗》，第348—350页。

② 《二十世纪中国史纲（简本）》，第55—56页。

计划。但当夜起义领导机关被清方破获，重要负责人刘复基等三人被捕牺牲。清方传出消息：将按搜得的名单大规模展开逮捕。起义提前发动了。楚望台军械库被占领，武汉三镇两天内光复，成立了中华民国湖北军政府。由于一时群龙无首，起义士兵和下级军官觉得自己的资望和行政经验都不够，同盟会的主要领导人当时又都不在湖北，为了增强军政府的号召力，推出原来反对革命的第二十一混成协协统（相当于旅长）黎元洪担任都督。随后，民众积极参军，声势大振。湖北革命党人以他们的首创精神，揭开了辛亥革命的第一幕。

孙中山是人们公认的革命党领袖。他虽然没有直接参加武昌起义，起义者仍用他的名义来号召全国民众。武昌起义后不久发刊的《中华民国公报》就以“中华民国军政府大总统孙”署名向各省同胞发出布告，号召“各省义军代表，同心戮力，率众前驱”，“建立共和国”。

历史的发展是一种活的流体，一旦时机成熟，它便会不可遏制地向前猛进，而且往往会加速度地向前推进，不断呈现出原先没有的新的色彩。

武昌起义发生 12 天后，湖南、陕西两省首起响应。在这个月内宣布独立的还有江西、山西和云南，它们集中发生在 9 天之内。这表明武昌起义不是一个局部性事件，而是全国性危机的产物，使整个局势顿时改观。这些省是在全国局势尚未明朗、革命成功并无把握的情况下独立地决定发动起义，因而格外值得注意。

给清政府第二波决定性打击的，是以上海为中心的东南各省在 11 月上旬相继独立。在这些省的独立中，新军仍然是极为重要的力量，但有了更多不同政治倾向和实际利益的人参加，成为此前没有的新特点。第一，上海是中国民族工商业最发达的地区。民族工商业者在革命中直接发挥着巨大的作用，在其他地方还不曾有过。第二，江苏由当地最高长官江苏巡抚程德全出面宣布独立（仅挑落几片抚衙屋檐上的瓦片以示革命破坏），并出任都督。这虽不是出自他本人的主动，但毕竟表明清朝统治集团的分崩离析已到了无可挽回地步。第三，国内立宪派的政治态度明显地从支持清政府转到支持民主共和国这方面来。在这以前，国内立宪派的领袖张謇仍担心“秩序一破，不可回复”，曾劝说两江总督张人骏出兵协助镇压武昌起义。但客观形势的发展使他看清，革命浪潮已不可阻挡，只有表示赞同，才能站住脚跟，在革命阵营中构成温和的一翼，继续发挥影响力，使社会秩序不致发生更大的动荡。另一立宪派重要领袖汤寿潜也出任独立后的浙江都督。这种变化，对进一步孤立清政府、加速革命发展进程，有着重要的积极意义。但由于他们同旧社会势力之间有着千丝万缕的联系，一向有较高的社会地位，所以又增强了使革命中途走向妥协的力量。

之后，起义浪潮又迅速席卷了西南、华南各省，包括贵州、广西、广东、四川。这时，清朝地方当局已无斗志，几乎是不战而屈。

1911 年 12 月 2 日光复南京。南北对峙的格局终于形成。(后为南北议和)

1912 年 1 月 1 日，中华民国临时政府在南京成立，刚从海外归来、受到民众热烈欢迎的孙中山当选为第一任临时大总统。

成立共和政体，是中国历史上破天荒的大事。临时政府成立后，除举师北伐外，还立法建制和除旧布新，当天就宣布改用阳历。在立法中，最重要的是《中华民国临时约法》。它规定："宪法未施行以前，本约法之效力与宪法等。"临时政府公布的法令，规定废止刑讯，人民享有选举权、参政权、禁止贩卖"猪仔"，改变"贱民"身份，男女平等。在除旧布新方面，改革社会恶习的政令有：严禁鸦片、革除前清官厅称呼、限期剪辫、禁止赌博、禁止缠足、废止跪拜、官员实行薪制等。孙中山还在致内务部令中提出官员是"人民公仆"。(按：改朝换代变为改朝换制，是近代历史上里程碑的大事。)

传统与习俗是一种巨大的历史惰力，改变它往往需要很长的时间，但临时政府这些政令，依然给人耳目一新的感觉，具有解放思想、移风易俗的积极作用。很多人认为，传统生活中的陈规恶俗不符合时代潮流，接受西方的社会习俗才是文明、开化，才算新派人物，于是穿洋式衣服、吃西餐等也流行起来。但是，移风易俗的范围有限，如戴鞍钢先生在《辛亥革命与移风易俗》一文中提到：

> 辛亥革命在移风易俗上产生的影响主要是在城市，尤其是大城市，而民国年间，很多地方还是有缠足、吸食鸦片、买卖人口、溺死女婴等陋习。移风易俗推行时不可避免地带来一些负面影响。……尤其是

把传统文化过分贬低。这在上海表现得尤其明显，有些人一味把西洋习俗看作是时尚、进步和革命，这就把移风易俗简单化了。

还有两件事也值得注意：一是临时政府成立后，鼓励民间兴办实业，减免厘金，取消了清政府一些苛政，使社会上掀起了一个振兴实业的热潮，大量实业团体涌现出来（按：促进民国初年民资发展的短暂春天）；另一件是随着民众参政热情的高涨，入党结社蔚然成风，各种政党和政治团体像雨后春笋般兴起。这些，都和晚清时期的不同。

但是革命胜利的迅速到来冲昏了许多人的头脑，他们认为只要把清朝政府推倒，革命就算成功，别的都不在话下。新得的利益，更使不少人心满意足，急于结束这场革命，尽快享尝到手的果实。革命精神废弛了，妥协的声浪压倒一切。

这时被清政府在手足无措的情况下重新起用为总理内阁的袁世凯，是一个富有政治经济和权谋的野心家。他手握自己训练的北洋六镇，在英国等列强支持下，玩弄权术，先率师南下攻陷汉口、汉阳，对南方施加压力，又同南方展开和议。南京方面向袁世凯提出：只要他能逼使清帝退位和赞助共和，就举他为大总统。袁世凯随后又对已束手无策的清廷施压。1912年2月12日，清廷在接受优待条件后宣布退位，宣告统治中国290多年的清王朝结束。2月15日，南方的参议院改举袁世凯为临时大总统。

辛亥革命的果实，就这样落到了北洋军阀首领袁世凯的手中。①

1912年2月13日，民国的开创者孙中山向临时参议院咨请辞去临时大总统时，曾在咨文中的末端提出三项条件："第一，临时政府地点设于南京，为各省代表所议定，不能更改；第二，辞职后，俟参议院举定新总统亲到南京受任之时，大总统及国务各员乃行辞职；第三，临时政府约法（此时尚未制定）为参议院所制定，新总统必须遵守颁布之一切法制章程。"（《南京临时政府公报》第17号）前两项意在迫袁远离旧势力的中心，"勿任天下怀庙宫未改之嫌，而使官僚有社城尚存之感"；第三项则想用法律来抑制袁世凯的野心，俾使共和的基础巩固于"民权主义"之上。孙中山在他

---

① 《二十世纪中国史纲（简本）》，第56—60页。

任职的最后一段时间里主持制定了《中华民国临时约法》，其用意为“一以表示我党国民革命真意义之所在，一以杜防盗憎主人者，与国民共弃之”[①]，表现了革命派在交出名器之前企图用约法限制袁世凯的努力。具体我们可以从约法的以下条款中洞悉一二：

第一章　总纲

……

第二条　中华民国之主权属于国民全体。

……

第三条　中华民国以参议院、临时大总统、国务员、法院行使其统治权。

……

第二章　人民

……

第五条　中华民国人民一律平等，无种族、阶级、宗教之区别。

第六条　人民得享有左列各项之自由权：

……

四、人民有言论、著作、刊行及集会结社之自由。

第四章　总统

……

第三十条　临时大总统代表临时政府，总揽政务，公布法律。

……

第三十三条　临时大总统得制定官制官规，但须提交参议院议决。

第三十四条　临时大总统任免文武职员，但任命国务员及外交大使公使须得参议院之同意。

第三十五条　临时大总统经参议院之同意，得宣战媾和及缔结条约。

……

① 罗福惠、萧怡编：《居正文集》上册，华中师范大学出版社，1989，第95页。

第五章　国务员

……

第四十五条　国务员于临时大总统提出法律案公布法律及发布命令时须副署之。

……

第五十一条　法官独立审判不受上级官厅之干涉。

除去文本上西方资产阶级“天赋人权、主权在民”等抽象理念，其核心的政治构架依然是仿效美国式样的分权制衡体系，但为了制约袁世凯的权力，又采取了责任内阁制的模式。后世常论及为了限制某人的权力而单独设法，就已经违背了西方所谓的“宪政”精神。放之于中国近代社会，又暴露出孙中山对西方民主政治的过度依恋。殊不知，袁世凯是长期匍匐在专制帝权的淫威下的旧臣，思想深处对最高权力充满了敬畏。因此当国民党人用异世界的游戏规则想约束他的时候，他却简单粗暴地以推翻这个新规则来解决问题。

（三）革命的涟漪与反响

1911 年，黄花岗之役、保路运动、武昌起义浪翻波连，汇成辛亥风云。经过庚子以来十年的千曲万折之后，历史在革命、改良、民变和清廷的自我挽救之间终于作出了自己的选择。革命派以一往直前之气推翻了清王朝，革了数千年帝政之命。身临其境的张謇在当时曾说：“各省决心独立，蓄根在怨苦政府三年内之反对立宪，授柄在官收商办铁道之不合之方法；而发机在荫昌汉口之战，恣行杀略，凡识时务者皆能知之，既由极高之热度酿成一般之舆论，潮流万派，毕趋共和。”于是中华民国建立了。“民国”之取代自秦始皇以来两千多年的“帝国”，是近代中国社会内在矛盾发展的结果，是一种前无古人的变化。它抉破了历代王朝的更迭机制，否定了整个皇权体制，因而也触动了传统社会的各条神经，是政治制度和社会思想的一大跃进，在新旧递嬗的历史历程里留下了自己不可磨灭的影响。

民国肇始，万象更新，民主共和理念得以传播如上文所示，民族资产阶级扬眉吐气，在民国初年政府的利好政策的因势利导下，迎来了民族资本主义发展的一波春天。民国初年政府更是推进移风易俗，客观上新思想新风尚带来一股以往没有的社会清流。引陈旭麓先生的话语评价：这种嬗变推动了中国近代社会的新陈代谢，有力地促进了近代化进程的发展。

但是革命也是不彻底的，突然间的幸福很快就消逝在民国初年的混乱和失序中。诚如徐中约先生的描述：

> 从1911年10月10日武昌起义爆发至1912年1月1日共和国成立，其间仅共有83天。这样的迅速的胜利在世界上其他任何伟大的革命中是罕有其匹的。
>
> 但是，革命并不彻底，而且产生了许多不幸的后果，令孙感到沮丧。他的多数追随者仅致力于推翻清政府，建立共和国，而很少有人关注民主重建与解决民生这些更重要的任务。当帝国被推翻、民国成立之时，他们认为自己的主要目标已经实现。他们非常渴望和平，因此不顾孙的反对，情愿同袁这种毫无原则性的人进行妥协，而孙得不到多数人的支持，更被认为是一个不切实际的理想主义者。至于“三民主义”，他们完全抛弃了民权主义和民生主义，而只接受了民族主义的部分内容……他们并未意识到在民国建立后，必须继续进行反对帝国主义的抗争，这些都为以后军阀割据及复辟帝制的企图（1915年袁复辟与1917年张勋复辟）铺平了道路。孙对其政党的失望，正是他放弃临时大总统一职的一个主要原因，他曾这样质问道：“没有革命重建，革命总统又有何益？”①

辛亥革命并没有解决近代中国社会的根本矛盾，使中国从此走上独立、民主和富强的道路，实现人们原先对它的期望。正如参加过中国同盟会的董必武说：“辛亥革命的意义是伟大的，它在广大的人民中造成民主精神的高涨，为新的革命斗争的发展开辟了道路。”但它根本没有打碎封建军阀和官僚的国家机器，近代中国的半殖民地半封建的经济基础，更是原封未动。中国的反对帝国主义反对封建主义的革命任务并没有完成。就这个意义来说，辛亥革命是失败了。中国近代民族民主革命是由一代又一代革命者，经过一个世纪前仆后继地顽强努力，才取得了胜利。辛亥革命虽然没有能

① 《中国近代史：1600—2000，中国的奋斗》，第355页。

完成这个任务，但它在近代中国发展的历史进程中是一个不可缺少的重要阶梯。辛亥革命无疑迈出20世纪很大的一步。

思考点：通过本节的阅读，认识辛亥革命在“旧邦新造”历程中的里程碑式意义。

第五节　民主科学高扬与五四觉醒年代

近代中国“两极相逢”，中西文化冲突是这个时代的突出内容。从一定意义上说，一部中国近代文化史，就是一部传统文化与西方文化冲突交汇的历史，就是传统文化在西方近代文化的冲击和影响下向近代文化过渡转变的历史，也就是传统与西化相斥相纳的历史。费正清曾把中国的近代史形象地比喻成“两出巨型戏剧”：第一出是中西之间的文化对抗，第二出是这场对抗导引中国在“一场最巨大的革命所发生的基本变化”，并由此而把中国近代史理解为“最广义的文化冲突”。这种说法虽不免过于宽泛，但不能说毫无道理。作为一对历史范畴，中与西是欧风美雨来华之后产生的对待之词，不单是区域名称，而且有着不同生活和不同文化的丰富内涵。二者迎面相遇，既是世界历史发展的必然，又包含着多重矛盾，表现为一浪高过一浪的新旧冲突。[①]

一、民主科学的旗帜高扬

（一）民国初年的混乱与失序

1. 政治真空的修补

如上文，当晚清政府轰然垮塌后，中国存续了两千余年的专制帝政也

① 《近代中国社会的新陈代谢》，第382页。

失去了支撑的肉身。失序的状态是暂时的，因为历代陈胜、吴广们的揭竿而起会一时风起云涌，但高潮过后，无论是新王朝的茁壮勃兴，还是旧王朝的苟延残喘，都不是维度上的跃迁。

民国初年于是乎各种新旧势力粉墨登场，冥顽不灵的守旧帝派势力，投机钻营的传统地主官僚，倾心新政的立宪实业人群，满腔热情的革命政党团体，各色纷呈，光怪陆离，透射出新陈代谢中躁动不安的社会众生浮世绘。

何种原料可以填补专制帝政垮塌后的真空？孙中山等一众革命派引入了西方的宪政与民主，如女娲补天一般，神圣地镶嵌入传统肌体的空洞中。

2. 排异反应的原因

（1）政治平衡的失序

国民党在民国首次议会选举中的大胜，对宋教仁而言是莫大的关心鼓舞。但是政治舞台向来是暗流翻涌的，能够形成暂时的妥协才能促进秩序的恢复。国民党一家独大独食的结局，反而打破了政治上本来业已脆弱的平衡，并在宋教仁遇刺案发生后，掀起了轩然大波。

强烈的排异反应无疑是政治混乱和失序的体现。孙中山振臂高呼的“讨袁义举”，响应者却寥若晨星。究其原因，上文已经谈及，国民党此时已经充斥着旧的革命投机势力，连核心的黄兴都反对孙中山的讨袁行动，理由无非是：革命已成，非必要动辄再兴兵戈，导致生灵涂炭。黄兴等主张：

“民国元气未复，仍不如以法律解决为之愈。证据确凿，俟国民大会发表后，可组织特别法庭，缺席裁判，何患效力不复生？”[①] 汪精卫等也奔走南北，竭力谋求在妥协的基础上和平解决。至于已成为各省都督和国会议员的国民党人，由于对既得利益的恋栈，响应孙中山号令者寥寥无几。从辛亥革命到这时，时间刚过去一年。但是，革命的热情已普遍衰退，妥协的声浪成为主流。孙中山的战斗要求，不仅不能召唤他们再参加到战斗的行列中来，反而引来一片“孙大炮”的讥笑声。

① 石芳勤编：《谭人凤集》，湖南人民出版社，1985，第413页。

（2）袁世凯的深谋远虑

反观城府极深的袁世凯，步步为营，以“讨逆”为名解散了国民党，自然瓦解革命党人赖以存续的议会力量。紧接着就是废除了孙中山的《中华民国临时约法》，代之以袁世凯量身打造的《中国民国约法》，政府组成也自然变成大权独揽的总统制。在成为终身总统后，袁世凯掀起“尊孔复古”运动，终于废除民国名器，改元建制，登基复辟。

（3）新陈代谢的沉淀逻辑

民国初年宪政的失败曾有舶来政体与中国传统专制帝政土壤的不相融洽，此论说到了逻辑的一个方面。历史的演进嬗递是多面的、多样的，整体趋势的大潮中总有新旧沉淀碰撞的水花。在孙中山二次革命、护国战场和护法运动相继湮灭的水花中，我们也看到了旧事物的不再顽强。

如陈旭麓先生一针见血的评述：

> 民国初年的政坛诡谲变幻，暗潮翻滚。袁世凯扑灭二次革命后，由临时大总统而正式大总统而终身大总统，并进而企图“承天建极”；而被推翻的清王朝并不甘心这种命运，伺机“恢复祖业”，“光复旧物”。于是，在袁世凯和溥仪的周围聚集了两种形象各异而实质相同的复辟实体。这是两个呼之欲出的幽灵，它们寄生于民国而又与民国为敌：一个企图复清朝之辟，一个力谋复帝制之辟；一个拥戴溥仪复辟，一个推动袁世凯称帝。两种复辟势力所拥戴的具体对象不一，但它们植根于相同的社会土壤和由千百年的历史积淀而成的皇权心态。
>
> 两种复辟势力导致了“洪宪帝制”和张勋复辟两场历史丑剧。虽然这两场复辟丑剧很快灰飞烟灭，但历史中的丑剧又常常蕴含着迫人深思的内容。在袁世凯和张勋的背后，有着新朝的佐命元勋和旧朝的孤臣孽子。而他们后面又有着辛亥革命所没有革去的社会心态。“洪宪帝制”的祸首之一梁士诒说过：“中国官方的和商业的传统和习惯都强调个人的关系。就制度和一般法律原理来说，抽象的思想形式为我国人民所不理解。在皇帝的统治下，权力将会更加稳固，因此有可能彻底进行基本财政改革，如地产税改革等。要抵制官员中贪污腐化的发展，就必须要有对个人忠心和负责这样一个因素。中国人无法想象对

一种纯粹抽象概念的个人职责。”他的话表达了这种心态。一个西方外交官在护国军起事后评论说：中国人是宿命论者。原先在他们看来使袁世凯拥有皇帝权力的帝制运动是不可抗拒的，因此许多人都压制住内心的怀疑和恐惧，但是当一个公开反对袁世凯的发动起来的时候，他们又纷纷聚集到新的旗帜下，各地都出现了持不同政见的人。

人们常说，辛亥革命是一次既胜利又失败的革命。说它胜利，一条重要的理由就是当皇帝不那么好做了，“任凭你像尧舜那么贤圣，像秦始皇、明太祖那么强暴，像曹操、司马懿那么狡猾，再要想做中国皇帝，乃永远没有人答应”。另外，还有那么多人主张复辟又从一个侧面说明了辛亥革命的不彻底。①

（二）民主和科学精神的引入

1. 新文化运动的整体概述

新文化运动是由陈独秀、李大钊、鲁迅、胡适、蔡元培、钱玄同等一些受过西方教育（当时称为新式教育）的人发起的一次“反传统、反孔教、反文言”的思想文化革新、文学革命运动。1915 年，陈独秀在其主编的《新青年》（原名《青年杂志》）刊载文章，提倡民主与科学。这次运动沉重打击了统治中国 2000 多年的传统礼教，启发了人们的民主觉悟，推动了现代科学在中国的发展，为马克思主义在中国的传播和五四爱国运动的爆发奠定了思想基础。

2. 新文化运动的原因分析

（1）社会土壤

五四新文化运动怎么会发生？它是由人们对辛亥革命失败原因的痛苦反思而来。前文说过，孙中山领导的革命活动，并没有很长时间的宣传教育和组织工作，则是很快把重点转到发动武装起义上来。这是它的优点，但也带来弱点：缺少一场有足够力度的思想文化运动作为先导。从这个意义上，可以说初期新文化运动是对辛亥革命在这方面的补课。

《青年杂志》创刊后，在总结辛亥革命失败的教训时，就把注意力集中

① 《近代中国社会的新陈代谢》，第 366—371 页。

在思想文化领域内，认为共和制度之所以不能真正得到巩固，中国的状况依然那样黑暗，其根本原因在于缺少一场对旧思想、旧文化、旧礼教的彻底批判，大多数国民的头脑仍被专制和愚昧牢牢地束缚着，缺乏民主和科学的觉悟。[①]

（2）国民精神

辛亥革命后，资产阶级民主共和国——中华民国成立了。这是一场制度革命的胜利，以后虽然发生了袁世凯和张勋两次复辟，但是都很快失败了，这表明共和观念已有传播。但是，复辟的事实又从另一方面说明，仅从制度层面变革是不够的，因为不能巩固，“立宪政治而不出于多数国民之自觉”是不会成功的。基于这样的认识，陈独秀、李大钊等人掀起了以改造国民性为主要目的的新文化运动。[②]

在探究辛亥革命失败的原因时，激进民主主义者认识到，没有合格的共和国国民，没有“多数国民”的觉悟，就不可能建立一个真正的民主共和国。而要造就合格的共和国国民，首先必须使国民具有“国民之思想人格”。同时，在批判孔教和封建礼教的过程中，激进民主主义者看到孔教和封建礼教的最大危害在于养成了人们的奴性和劣根性。因此，由民主和科学的启蒙，对孔教和封建礼教的批判，合乎逻辑地引导激进民主主义者对国民性改造问题进行思考，从而形成了继辛亥启蒙思潮后中国近代史上又一个国民性改造思想的高潮。

对于“国民性”的含义，激进民主主义者有着不同的理解。陈独秀将“国民性”与“奴隶性”视为对称，强调要打破“奴隶道德”，认为合格的国民不仅要有“政治之觉悟”，更重要的是要有“伦理之觉悟”，这是“最后觉悟之最后觉悟”。因而他比较多地从伦理道德的角度来理解国民性。李大钊在论述“国民之精神”时，较多地强调“自由之精神”“自我之权威”“自我之觉醒”，注重于从自我意识的角度理解国民性。鲁迅则将国民性与人性联系起来，认为改造国民性的目的是要塑造“理想的人性”。尽管这些

① 金冲及：《二十世纪中国史纲》（第一卷），社会科学文献出版社，2009，第147页。

② 教育部高教司组编，张岱年、方克立主编：《中国文化概论》，北京师范大学出版社，2004，第334页。

关于“国民性”含义理解的侧重点有所差异，但基本精神是一致的，就是以近代资产阶级的个性解放、人道主义思想为武器，唤起国人的自我主体意识，使国人的精神从封建道德和封建文化的束缚和压制下解放出来。[①]

3. 新文化运动的精神注入

基于以上的思考，激进民主主义者提出了理想的现代国民性精神：

在批判、抨击中国传统“国民性”弱点同时，激进民主主义者又从各方面论述了理想国民性即理想人性所应具备的特质，即独立自主的原则，自强自尊的态度，真诚博爱的胸怀，进取竞争的意识，开放、世界的观念，科学务实的精神。[②]

为了涤荡专制残余，陈独秀振臂高呼：

> 西洋人因为拥护德、赛两位先生，闹了多少年，流了多少血，德、赛两先生才渐渐从黑暗中把他们救出，引到光明世界。现在我们认定，只有这两位先生可以救治中国政治上、道德上、学术上、思想上一切的黑暗，若因为拥护这两位先生，一切政府的压迫、社会的攻击笑骂，就是断头流血，都不推辞。（按：德先生和赛先生分别意指民主与科学。）

而在蔡元培校长“兼容并包”的精神指引下，李大钊、胡适、鲁迅等纷纷加入北京大学《新青年》编辑部的阵营。一场学界精英掀起的文化思想风暴就此席卷了全国各地。

新文化运动的内容有三。

其一为提倡民主、科学，反对专制、愚昧。

“民主”二字，对于我们这个封建历史漫长、缺乏民主传统、吃够专制苦头的国度来说，是个迷人的字眼，也是近代知识分子群体力追不舍的目标。从林则徐、魏源等人对“三占从二”的代议制的朦胧向往到资产阶级民权思想的奔腾，从戊戌时代的“托古改制”到辛亥时代的民主共和理想，从倡导民权抑制君权到批判、否定君权、从个别人的议论到群体的追求，从民主理论的成熟到民主政治的实践，都有清晰的轨迹可寻。

---

① 彭平一：《冲破思想的牢笼——中国近代启蒙思潮》，湖南师范大学出版社，2000，第218—219页。

② 《冲破思想的牢笼——中国近代启蒙思潮》，第224—226页。

一般说来，科学是指人同自然环境之间的一种“求是”的认知关系，与政治革新本无直接的关系。但作为近代工业文明的基石，科学所体现出来的这种求是的认知原则，不仅与人的自由精神相通，而且与理性化的民主政治有内在的关联。在近代中国，正是通过科学所带来的实际效益来理解科学的重要性，是把它当作富国强兵的手段来理解、信仰和接受的。科学在这里不仅仅是指具体的应用科学，更重要的是指科学精神或科学思想。

把科学与民主结合起来，作为衡量一切社会现象的价值原则，合之者则接受、信赖，反之者则摒弃、批判，这是新文化的倡导者首先挥舞起来的旗帜。1915 年 9 月，陈独秀在《敬告青年》一文中说：“近代欧洲之所以优越他族者，科学之兴，其功不在人权说下，若舟车之有两轮焉。”“国人而欲脱蒙昧时代，羞为浅化之民也，则急起直追，当以科学与人权并重。”这里所谓“人权”，即后来所说的民主，民主和科学成为新文化运动的两面大旗由此而始。[①]

个性主义，或称个人主义，是新文化运动的一块基石。

近代启蒙的根本含义是人性的觉醒、个性的解放、人格的独立。中国从 19 世纪末开始的启蒙运动（戊戌启蒙）并没有抓住这个话题。那时，在民族危机的刺激下，兴起来的是一场以救亡图存为目的，以制度改革为主旨的政治启蒙运动，它对于个性解放并不很关注。“天赋人权”的呼喊和“新民”的鼓吹，是在 20 世纪的头一个十年，但是被淹没在政治论战和武装革命的波涛中，只是到了新文化运动时期，才把唤醒“国民之自觉”作为根本任务。

五四新文化运动时期的形势不同了，当时所面临的主要任务是如何巩固共和制度。新文化运动的先驱者们认为这就需要提高国民觉悟，提高国民觉悟的主要方法则是培养国民的科学与民主意识。[②]

其二为提倡新道德，反对旧道德。

《新青年》的作者们说，个人主义是他们的新道德、新思想、新信仰的

---

① 《近代中国社会的新陈代谢》，第 387—390 页。

② 《中国文化概论》，第 335 页。

核心。这虽然表现了他们还只能从资产阶级的思想库藏中寻找武器，但在一定的历史条件下，这个思想武器是发挥了战斗作用的。从个人有独立自主权利的观点出发，他们提倡独立思考，反对依附古人，反对盲从封建权威，反对做习惯势力的奴隶，要求从封建传统束缚下解放人的个性与才能，使其能够得到自由的发展。①

在批判孔教和尊孔思想的同时，激进民主主义者还将批判矛头集中对准儒家提倡的封建礼教和封建宗法制度，指出他们是维护封建君主专制的工具。他们还指出：三纲五常是封建礼教之大全，是维护封建君主专制秩序的最高准则，又使天下男女丧失独立自主人格而成为奴隶的项链。陈独秀把儒家的"三纲"看作封建社会"一切道德政治"的根本，而封建社会的一切道德准则和政治信条都是由这"三纲"派生的。正是这"三纲"使天下所有人都丧失了独立自主的人格、平等自由之人权，成为封建专制统治的附属品和奴隶。这种揭露和批判不仅击中了以"三纲五常"为基本内容的封建礼教的要害，还揭示了中国封建社会"伦理政治化，政治伦理化"的历史特征，这也是他将"三纲五常"与"独立自主之人格、平等自由之人权"相对立的用意之所在。②

最先提出"打倒孔家店"口号的是被胡适誉为"四川省只手打孔家店的老英雄"的吴虞。辛亥革命前，吴虞就察觉到"孔教讲尊卑贵贱……尤专制之所喜，而亦弱中国之一大原因"。新文化运动兴起后，他写信给陈独秀，认为尊崇孔学"阻碍文化之发展，以扬专制之余焰"，因此对孔学进行批判是民主潮流发展的必然要求。

陈独秀于1917年发表了《再论孔教问题》一文，阐述了他对科学与宗教的态度。他认为作为普遍的、永久的、必然的"自然法则"的科学，随着人类的进化将"日渐发达"，而作为部分的、一时的、当然的"人为法则"的宗教，则"只行之一国土一时期，决非普遍永久必然者"。宗教宣称"能使人解脱"，"必先自欺，始克自解，非真解也。真能决疑，厥唯科学"。

① 《从鸦片战争到五四运动》，第673页。

② 《冲破思想的牢笼——中国近代启蒙思潮》，第212页。

因此，他主张“以科学代宗教，开拓吾人真实之信仰”，进而他喊出了“一切宗教，皆在废弃之列”的口号。陈独秀认为宗教使人轻视现实崇尚空谈，从而厌倦偷安，最终导致国家和民族的衰微。由此可以看出，陈独秀的“以科学代宗教”和无神论思想是建立在唯物论的基础上，同时又是与国家民族命运联系在一起的。①

陈独秀指出，“孔教之精华曰礼教，为吾国伦理政治之根本”，而孔教所主张的“别尊卑、重阶级、事天尊君”思想正适应了专制帝王的需要，是“制造专制帝王之根本恶因”。他还从批判维护封建专制统治的“三纲五常”出发来批判孔教。他说，“三纲五常之名词，虽不见于经，而其学说之实质”，“且应为孔教之根本教义”。因为“儒教之精华曰礼”，而礼的作用正是“辩君臣、上下、长幼之位”，是确定“君臣上下，父子兄弟”等级秩序的准则，“尊卑贵贱之所由分，即三纲之说所由起也”。“今人欲偏废君臣，根本已摧，其余二纲焉能存在?”由此可见，他正是从建立民主制度、提倡民主精神的需要出发进行反孔斗争。②

激进民主主义者还特别批判了封建礼教中夫权主义对妇女的摧残和毒害。陈独秀认为：封建礼教是压制妇女的精神枷锁，也是妇女独立自营生活的障碍。他指出妇女参政是现代文明妇女生活的一个方面，而封建礼教则鼓吹“妇人者，伏于人者也”，“女不言外”，妇女参政在封建礼教的维护者看来简直成了“奇谈”。他还揭露封建礼教要求妇女“从一而终”，“夫死不嫁”，造成许多妇女“不自由之名节，至凄惨之生涯，年年岁岁，使许多富有之妇女，身体精神俱呈异态者”。他愤怒地谴责说：“此乃孔子礼教之赐也!”他把妇女的解放和男女平等看成社会进步的需要。

不过，他们也指出：批判孔子的实质“非抨击孔子之本身，乃抨击孔子为历代君主所雕塑之偶像的权威也；非抨击孔子，乃抨击专制政治之灵魂也”。这种对于东西方文化具有思辨性的剖析，客观上有利于新文化在救亡图存的时代引领下迈向新的高度。

① 《冲破思想的牢笼——中国近代启蒙思潮》，第 204 页。

② 《冲破思想的牢笼——中国近代启蒙思潮》，第 207—208 页。

其三为提倡白话文的新文学革命。

陈独秀在北大的主要盟友是胡适。胡适也是出身官僚学者家庭，早年受过儒家传统教育，后来在美国康奈尔大学读书时，他对哲学产生了兴趣。他在哥伦比亚学院师从约翰·杜威时，接受了许多革命者倡导的白话文代替文言写作的观点。明清两代的白话小说和早期传教士编写的小册子为白话文写作树立了榜样。胡适首创用日常语言写作中文白话诗，反映了当时美国诗坛“新潮流”一派的观点。他和一位出色的语言学家赵元任共同发起了白话文运动。陈独秀在《新青年》上表达对这一运动的支持。此后不久，陈独秀在《新青年》就完全改用白话写作了。①

鲁迅是文学革命的巨匠，他创作的系列白话小说为解读文学革命提供了经典文本。1918 年 5 月，他在《新青年》发表《狂人日记》，是为新文学的开山之作。《狂人日记》运用象征手法，通过狂人的病态心理来揭露社会的病态现实，无情批判了封建礼教的虚伪和残忍，《狂人日记》铸造了鲁迅小说的批判现实主义的风格。《孔乙已》控诉了科举制对知识分子的戕害，《药》对下层民众的愚昧表现出哀其不幸、怒其不争的复杂态度，《风波》揭示了辛亥革命的不彻底性，《故乡》表现了中国农民的精神和物质的双重匮乏，《祝福》刻画了劳动妇女的痛苦一生，《伤逝》描写了现实生活对爱情的挤压。1912 年冬，鲁迅开始创作《阿 Q 正传》，以“巴人”为笔名，连载于北京的《晨报》副刊。这是新文学运动最杰出的作品。小说以辛亥革命前后的乡村未庄为背景，塑造了一个深受封建主义毒害的贫苦农民阿 Q 这一文学经典形象。鲁迅以文学家的敏锐、思想家的深刻，将笔触深入到中华民族整体性的文化心理层面，力图揭示改造“国民性”这一重要的时代命题，从而使这篇小说涵摄了巨大的社会内容和思想价值。法国作家罗曼·罗兰高度称赞“这部讽刺写实作品是世界性的”。以上作品于 1932 年结集为《呐喊》出版，鲁迅的呐喊是时代的呐喊，是“民族的脊梁”对民族觉醒的深情呼唤。②（按：旧文学——陈腐、雕琢、晦涩的文言文，为封建

① 《中国：传统与变迁》，第 515 页。

② 冯天瑜、何晓明、周积明：《中国文化史》，上海人民出版社，2010，第 234 页。

士大夫服务的贵族文学；新文学——新鲜、平易、通俗的白话文，为普通百姓服务的平民文学。）

此次“文学革命”有好几个目的。首先，人们希望通过它创造一种全新的问题以适应现代的思维方式。胡适宣称，一种死的语言不能够创造活的文学。他服膺杜威的实用主义和科学方法，故追求语言表述的准确性，并希望创造一种新的书面语言用作批判性思维的工具。第二个目的是用浅近的文字创作一批与人民生活息息相关的大众文学，使文学更加深入大众。陈独秀要抛弃“僵化和过分雕琢的”古典文学以发展一种“新鲜而真挚的”现实主义文学，抛弃那种“属于少数贵族的暧昧不清的文学”，创造一种“平实、简练、表现力强的大众文学”。这一运动还有一个更为长远的目的，即摧毁“孔教道德和道德迷信的孳生场”，解放个人。[①]（按：以白话文代替文言文，在中国历史上有着很大的积极意义：不仅有助于人们的思想从旧框子束缚中解放出来，有助于使文字的表达能适应现代生活的需要，并且明白易懂，有助于把文化从少数人占有下解放出来，能够为更多的平民所理解和接受。这是初期新文化运动的又一大功绩。）

4. 新文化运动的重要影响

新文化运动首先是一场思想解放运动，推动了包括马克思主义在内的更多新思想新知识新思潮的传播。如任世江老师在《高中历史必修课程专题解析》一书中所言：

> “各种主义都被看作是救国良药，蜂拥般地被输入中国……先验主义、经验主义、实验主义、尼采主义、国家主义、无政府主义、民主主义、个人主义、自由主义等。各种社会主义，一律受欢迎。”

其次，新文化运动也是一场伟大的青年启蒙运动，如毛泽东所言：

> “当我在师范学校做学生的时候，我就开始读这一本杂志。”“有很长一段时间，看书，看《新青年》；谈话，谈《新青年》；思考，也思考《新青年》上所提出的问题。”

最后，新文化运动还是一场全面文化转型运动。胡适说：

---

① 《中国：传统与变迁》，第517页。

“这一年（1919）之中，至少出现了四百种白话报……时势所趋，就是政客军人办的报也不能不寻几个学生来包办一个白话文附张了。”

当然，新文化运动也有其局限性。正如李时岳先生指出：

新文化运动局限在知识分子的圈子内，新思想没有普及到工农群众中去。

整体而言，以“民主”和“科学”为旗帜的新文化运动对封建专制主义和封建蒙昧主义的思想文化进行了激烈的批判和抨击，使近代启蒙思潮得以空前高涨。但是，五四运动以后出现的一系列历史变音对启蒙思潮的历史走向产生了重大的影响。第一，一部分激进民主主义者开始接受伴随着思想解放潮流而传入中国的马克思主义，并运用马克思主义的有关理论来观察分析中国社会现实。于是在五四运动后，新文化运动开始分化。初步接受了马克思主义的知识分子对资产阶级启蒙思想产生了怀疑，并开始进行马克思主义的思想启蒙和反帝反封建的“革命启蒙”。这样，马克思主义者的反帝反封建思想逐渐成为中国思想发展的主流，而资产阶级启蒙思想不得不退居其次。第二，本来反对封建思想文化是马克思主义者和资产阶级知识分子在民主革命时期的共同任务，但是资产阶级知识分子在继续反对封建思想文化的同时，也不得不对资产阶级的攻击进行反击。这样，两种本来可以成为同盟军的反封建势力之间的斗争必然削弱双方反封建斗争的力量，从而对启蒙思潮的发展十分不利。第三，启蒙思潮在其高涨的过程中也暴露了自身一些致命的弱点。这些弱点在五四运动以后更明显地暴露出来。特别是他们不能根据国际形势和国内阶级关系和政治局势的变化及时地修改自己的思想武器，只能用过时的思想武器来固守自己的思想阵地。这无疑大大削弱了启蒙思想的影响。第四，五四运动很快由一场思想文化运动演变成为一场反帝爱国的政治运动，并由此开启了中国反帝反封建革命的新时代。革命和救亡取代启蒙成为时代的主题，启蒙不得不再次让位于救亡。[①]

在五四运动时期，马克思列宁主义在中国开始广泛传播并受到中国先

---

① 《冲破思想的牢笼——中国近代启蒙思潮》，第243—244页。

进分子的热烈欢迎，从此中国人民找到了指导中华民族实现伟大复兴的理论武器——马克思列宁主义；在五四时期，中国人民放弃了通过学习西方资本主义走向民族复兴的幻想，选择了实现中华民族伟大复兴的新的方向——与资本主义不同的社会主义方向；在五四时期，中国人民表现出了高度的爱国精神，焕发出推动中华民族伟大复兴的强大精神动力；在五四运动期间，一大批先进知识分子实现了从激进民主主义者到共产主义者的转变，形成了实现中华民族伟大复兴的新的领导力量——具有共产主义思想的先进知识分子，与此同时，工人阶级从这时也开始登上我国政治舞台，这两支先进力量在五四运动后期开始结合，在1921年产生了中国共产党，从此中华民族伟大复兴有了坚强的领导核心。由于五四运动期间发生了这几个具有深远影响的伟大事件，就使五四运动在中华民族伟大复兴历史上成为划时代的历史事件。五四运动爆发前的近80年，是灾难深重的中华民族面临不断加剧的生存危机，在迷茫中苦苦求索振兴中华之路的历史时期；五四运动爆发后的100年，是日益觉醒的中华民族奋起斗争，在中国共产党的领导下逐步实现伟大复兴的历史时期。①

二、五四风雷的觉醒年代

（一）山东问题和《巴黎和约》

五四运动要追溯到1898年，当时德国从清政府租借山东省的胶州湾作为海军基地，租期为99年。第一次世界大战爆发时，中国是中立国，而日本加入了协约国，并将德国驱逐出胶州湾；随后，日本占领了山东的大部分地区。为了使占领合法，日本将这一点包含在确认其山东地位的“二十一条”条款中。此外，为了进一步巩固其要求，日本还与列强签订了一系列条约。1917年2月20日的日俄协定，俄国承认了“二十一条”，而日本则同意承认1912—1915年期间俄国在外蒙古所获得的利益。翌日的英日协定，英国承担了这样的义务：在即将到来的和平会议上，支持日本在山东

① 闫志民：《五四运动与中华民族伟大复兴》，《北京大学学报（哲学社会科学版）》2019年第1期。

的地位，同意日本对太平洋赤道以北的德国所窃取领土的权利，而日本则同意支持英国对太平洋赤道以南的德国所占岛屿的权利作为回报。日本也和法国及意大利签订了类似的秘密协定。1917 年 11 月，《蓝辛石井协议》签订，美国承认领土相近之国家间有特殊之关系即日本在中国有着特殊的地位，而日本则口头支持门户开放政策。

对山东问题的致命一击，是 1918 年 9 月北洋政府与日本政府之间的秘密协定，日本给中国军阀政府 2000 万日元的贷款，以获取在山东修建两条铁路、在各要塞驻军，以及训练指挥中国路警的权利。在北洋政府的指示下，中国驻日公使章宗祥“欣然同意”这些条款。

日本带着这些秘密条约来到凡尔赛，自信能在山东问题上获胜。毋庸赘言，日本如能保住山东，便是间接承认了“二十一条”的有效性和与北洋政府签订的秘密协定的可行性。这些条约使日本继承德国在山东的全部权益，并扩大范围。日本对待条约的行径，显示了它在国际关系的务实态度，这与中国人信奉西方思想的天真态度，形成了鲜明对照。

中国代表团来到了这个他们认为是忠实于民主、自决、保护弱者原则的公正法庭上。事实上，威尔逊的理想主义和十四点和平计划已使中国人着迷，许多人相信，久已期待的世界民主终于到来了，威尔逊将从破碎的旧世界中锻造出一个新的世界。1918 年 11 月 17 日，大批中国人在北京游行，庆祝西方民主在对抗德国专制和默武主义上所取得的胜利。正是在怀抱这种高期望，中国代表团来到凡尔赛，发誓要寻求收复山东，彻底废除不平等条约。但是，他们热情澎湃的乐观情绪迅速变成为沮丧，因为他们被冷酷地告知，和会并不是为了调整昔日所有的国际间的恩怨而召开，而是为了解决战争结束后出现的问题而召开，因此，只有山东问题被列入了议事日程。

中国代表团申明，山东是孔孟的出生地，属于中国的圣地，而且自从 1917 年中国参战（按：中国加入协约国，但限于国力，中国只派出大批的劳工远赴欧洲做后勤保障运输的工作，比如：建堡垒、修路、运弹药、抬担架等。战争期间，华工约 5 万人死亡）和废除所有对德条约时，日本所声称的继承自德国的权利就不复存在了。还有，在 1898 年有关胶州湾的协定的第五款规定“德国应许永远不转租他国”。同样，“二十一条”也是无效的，因为条款从来未得中国国会批准。再者，中国从1917年参战后，地位有了很大变化，即从中立国变为交战国，这样就有资格援引国际法中的“情势不变”的原则，废除“二十一条”。作为反驳，日本代表团平静地公开了1918年与北洋政府的秘密协定，指出中国参战后已“欣然同意”山东问题。中国的争论决不会改变这个事实，山东的命运木已成舟。

协约国因为与日本有秘密协定，所以支持日本的立场，这使得威尔逊成了中国立场的唯一支持者。日本发出威胁，要提出种族平等的议题来讨论，如果不满足其要求，就退出和会。很明显，日本不可能在山东和种族两个议题上都遭到否决。最终，威尔逊被协约国代表和他的顾问劝服，首要的是先建立起包括日本在内的国际联盟，以后再为中国争取公正。1919年4月28日，和会支持日本的立场，裁决了山东问题。

当巴黎决定的消息到达北京时，中国对威尔逊及其理想主义信条的信任粉碎了。学生为威尔逊的背叛行为而激愤，发誓以血保卫山东。

缘何山东问题和巴黎和会会引燃中华全民民族意识的全面觉醒呢？这就离不开民国初年一系列新气象的推动。“黑中有亮，暗中有光”的历史趋势同样适用于民国初年。尽管北洋军阀政治是封建性、依附帝国主义的反动政权，但不可否认派出华工参加一战给国家带来的国际地位的提高；不可否认民国初年的政府颁布的奖励实业措施与实业救国思潮带来的民族资本主义发展的短暂春天；不可否认人民群众反帝爱国运动的高涨；不可否认移风易俗带来的社会风气的渐变；不可否认新文化运动带动思想解放和启蒙，促发知识分子与精英们对中西方文化的理性比较，在思辨中寻找适合近代的救亡图存道路。

（二）五四风雷的发展历程

1919年5月4日下午1时半，十几个学校的学生齐集天安门，人人手里拿着一面或两面白旗，上面写着“还我青岛”“头可断青岛不可失”“取消二十一款”“誓死不承认军事协定”“诛卖国贼曹汝霖陆宗舆章宗祥”等。在天安门前集合，拟赴各使馆争议。他们在天安门集合了半个小时后就整队出发，先到东交民巷使馆区抗议，但被警察阻挡，相峙两个小时仍无法通过。愤激的学生自动改道到赵家楼胡同的曹汝霖家去。担任游行总指挥的北大学生傅斯年怕出意外，极力阻止，但已经阻止不住了。学生到那里时，曹宅大门紧闭，还有警察把守。学生翻墙而入，曹汝霖藏匿未见，正在曹家的章宗祥被打。愤怒的学生临走还泼上汽油，点火焚烧。这就是著名的“火烧赵家楼”。

军警逮捕了32名学生，其中北大学生20人，包括许德珩、易克嶷、杨振声等。第二天，北京各大专学校总罢课，并通电各方请求支援，中学生也参加到爱国运动中来。学生在罢课后，组织讲演团，分组到街头作爱国讲演；并发动抵制日货、提倡国货。6月3日，北京学生在街头讲演时被北洋政府逮捕178人。下一天，军警又拘禁学生700多人。但这种高压只能收到相反的效果。第三天上街演讲的学生已有5000人，社会影响更加扩大。学生的爱国行动得到越来越多各界人士的同情和支持。从北京开始的五四爱国运动迅速推向全国。

6月3日，北京学生大批被捕的消息传来上海的爱国运动发展到一个新阶段：出现大规模的工厂罢工和商店罢市。那时，上海的产业工人近20万人：加上交通运输工人、手工业工人和店员共达50万人。中国工人开始以独立的姿态，以如此规模的行动，走上政治舞台。在全国爱国群众运动的巨大压力下，北洋政府不得不在6月7日释放被捕学生，6月10日免去曹汝霖、陆宗舆、章宗祥的职务，6月28日，巴黎和会对德和约签字，中国代表团拒绝出席这次全体会议，没有在该项和约上签字。[①]

（三）五四风雷的精神图谱

五四爱国运动在严重民族危机的刺激下，像从天降落的狂飙一样，迅猛地席卷全国，从大城市直到偏僻乡镇，千百万人热血沸腾地为救亡图存而奔走呼号。人们不仅对祖国的命运充满忧患意识，并且勇敢地探索未来。一年内相关的出版刊物达400种，第二年在全国就有了数目可观的接受马克思主义的先进青年，并且发起成立中国共产党，在南方领头的是五四运动的主将，这是一个前后相续而难以分割的完整的运动过程。在这个意义上，把

---

① 《二十世纪中国史纲》（第一卷），第163—165页。

五四运动称为中国民主革命新时期的开端，是合理的，也是符合实际的。[①]

在五四运动中，中国人民表现出了高度的爱国精神和为新精神，这是推动中华民族伟大复兴的强大精神动力。

中华民族具有光荣的爱国主义传统。在五四运动中，面对中华民族的严重危机，广大青年知识分子的爱国热情像火山一样，热烈地爆发出来，他们勇往直前，与西方列强及北洋政府进行英勇斗争。值得注意的是：五四运动的爱国精神表现出若干与过去不同的特点。一是青年成为五四爱国运动前期的主力军。广大青年学生和年轻知识分子不但是运动的发起者，而且发挥了先锋队的作用，他们高昂的政治激情和对新事物的敏感性，给运动带来巨大的生机活力。这是过去的爱国运动所没有过的。由于青年学生和年轻知识分子在运动中的突出表现，五月四日后来被定为青年节。二是这次爱国运动具有彻底反帝反封建的性质，青年学生游行喊出的“外争国权，内惩国贼”的口号，把斗争矛头直接指向帝国主义和封建主义。所谓外争国权，就是反对帝国主义对中国的侵略，争取民族独立自主的权利。而且所反对的已经不限于某一个帝国主义国家，所要收回的已不限于帝国主义在中国的某一项特权。所谓内惩国贼，所反对的就是与帝国主义勾结的封建军阀政府，要求惩办的就是这个政府中卖国求荣的民族败类。三是这次爱国运动虽然是由青年学生首先发动的，但很快扩大到社会各界。新生的现代社会力量，如青年学生、工商界、工人群众等，都是第一次加入到爱国运动的行列，使这次爱国运动具有了空前广泛的性质，涉及各行各业的广大群众，从而揭开了全民族反帝反封建斗争的序幕。

五四运动是中国历史新旧两个历史时期的分界点。新文化运动的突出特点是以新的民主、科学思想反对旧的封建、愚昧思想，就是以新文化、新道德反对旧文化、旧道德，概括起来，就是要把一个衰败的中国变成一个青春的中国。五四时期新思想、新观念层出不穷，人们的认识不断向前跨越，先是用民主主义反对封建主义，后来又由旧民主主义发展到新民主主义，新文化的主题先是宣扬民主与科学，后来很快就变为宣传和接受马

① 《二十世纪中国史纲》（第一卷），第175页。

克思列宁主义。当然不可否认，在新文化运动发展的过程中，有些人在批判旧思想、旧文学的过程中，采取了一概否定的态度，没有区分其中的民族精华和封建糟粕，但不能因此而否定新文化的主流和方向。这种精神同爱国精神一样，是五四留给我们宝贵遗产，是推动中华民族伟大复兴的强大精神动力。[①]

在近代新航路开辟后，西方资本主义迅猛崛起，在人文主义、资产阶级革命和工业革命的三元革命催化下，逐渐成为世界的霸主，构建了以西方资本主义为主的资本主义世界经济体系和殖民体系，广大亚非拉国家和地区沦为西方列强的原料产地、商品倾销地和资本输出地，被动卷入世界经济体系，形成不合理的国际经济分工格局。在殖民压迫中，广大亚非拉国家和地区人民掀起了卓绝的争取民族独立的解放运动。近代中国也在这一历史大潮中逐渐沉沦，逐渐沦为半殖民地半封建社会。先进的中国人不断汲取西方文明中的器物、制度和文化成果，由浅入深、由表及里、由被动接受到主动选择，掀起了一场又一场救亡图存的时代大幕。从辛亥革命拉开完全意义上的民族民主革命序幕，到五四运动成为新旧民主主义革命的转折点，在历史的嬗替中，中华民族重新踏上涅槃重生的复兴征程。

思考点：通过本节的阅读，谈谈如何正确理解五四精神的内涵。（可从爱国、进步、民主、科学的角度入手）

---

① 闫志民：《五四运动与中华民族伟大复兴》，《北京大学学报（哲学社会科学版）》2019年第1期。

第五章　鹭岛沧桑百年的峥嵘印迹

第一节　英帝侵越逞故智，万众聚力保国权

新民主主义革命年代的鹭岛大地，民族振兴、救亡图存的革命洪流势不可挡。英勇不屈的鹭岛儿女，在时代的大潮下，传承百折不挠、奋发有为的革命精神，谱写了一曲曲可歌可泣的英雄奏鸣。

蓝天碧海，绿草如茵，树影婆娑，白帆点点。风景如画的厦门岛不知吸引了多少来自天南地北的游客前来观赏。但醉心于秀美风光的人们并不知道，在今天厦门岛南端沿海一带（外自现水仙码头到海后路邮局，内自升平路的横巷到磁巷），曾进行过多么波澜壮阔、可歌可泣的斗争。

1842年中英《南京条约》签订后，英国人攫取了在通商口岸租地建屋的权利，厦门租界由此开辟。厦门租界地处临海，常年受到海水冲刷，砂石不断淤积，前方渐渐形成了一片宽阔的海滩，被当地的老百姓称为“海后滩”。海后滩地处要冲，客货进出口均有赖于此，很早就受到了英帝国主义的关注。侵略者深入厦门后，派出地质学家到附近观测，发现海后滩有随土石淤积而逐渐扩大的趋势。虎视眈眈的英国人遂起觊觎之心，先是强租了海后滩后面的大片土地（岛美路头至前铁路公司），随后就开始强占海后滩，紧锣密鼓地在此开展商业活动，妄图将海后滩纳入租界。在英国驻厦门领事的直接指挥下，英商和记洋行、水陆洋行、德记洋行先后在海后滩填滩筑路，进而公开干涉中国人民在海后滩的活动。帝国主义的横行霸道很快激怒了厦门人民，义愤填膺的人们如潮水般涌上街头，抗议帝国主

义的侵略行径。他们还多次请求中国政府通过外交途径进行交涉。但是，腐朽无能的清朝政府无力支持厦门人民的正义诉求，所有的抗议和请愿很快化为泡影。此后的40多年间，大大小小的洋行占据了这片海滩，过往的人们只能对侵略者的肆虐报以沉默，只有海风低沉地诉说着这片古老土地任人蹂躏的遭遇。

历史的车轮行进到20世纪，轰轰烈烈的革命风雷在中华大地上席卷开来，这片伤痕累累的土地又焕发出了新的生机。当马列主义在青年学子中潜滋暗长，五四精神激荡神州大地之时，厦门地区的革命形势也迎来了新的发展。1921年元旦刚过，家家户户便洋溢着节日的气氛。诚然时运不济，军阀横行、民生维艰的情状仍在一天天地加剧，但这些都改变不了人们铆足了劲儿想把年过好的心情。然而，北洋军阀李厚基迫不及待地为扩大军费而大幅度地增加柴米捐。经历了五四洗礼的厦门各界群众自然不能坐视历史重演，他们立刻举行了罢市、罢课和罢工斗争。工人阶级冲锋在前，于1921年1月3日首先举行了罢市。紧接着，厦门各中、小学校罢课，大小船只宣告罢海。在一片骂声中，李厚基无奈取消了柴米捐。接连传来的好消息令厦门的民众无比振奋，人们愈发认识到唯有团结一致，方能使反动势力屈服。厦门人民在一次次斗争中的热血呐喊唤醒了更多沉睡的灵魂，也草蛇灰线般为之后的反帝斗争埋下了伏笔。

1918年秋天，英国人在厦门嗅到了一丝不同寻常的气息。福建境内军阀混战，炮火连天，1918年9月，厦门宣布全城戒严，实行宵禁，一切娱乐活动都被严厉禁止。街上的行人行色匆匆，军队不时来回奔走，纷乱的脚步在地面上发出低沉的隆隆声，掀起一阵阵滚滚的烟尘。紧张的气氛扑面而来，英国人隐约感觉到这正是挑起事端的绝佳时机。几天后，英国海军陆战队在厦门海后滩登岸。依恃着武力的英国人在海后滩上如入无人之境，竟明目张胆地在海后滩一带筑起围墙，安上铁门，立起界牌，上书"大英租界地，闲人不许乱进"。界碑旁，英国国旗在风中猎猎作响，似乎在向中国人宣示这片土地已经被英国人所占领，又像是对过往的路人肆意地炫耀。英国侵略者得陇望蜀的嚣张行径、军阀置若罔闻的妥协心态激起了厦门各界爱国民众的无比愤慨。教育会和商务总会迅速采取行动，向政府发出函电，要求政府“将英人越界设隘之事由，及官府有无提出抗议，先行答复明白，以释群疑问”。悲切的疾呼换不来强盗的悲悯，软弱无能的军阀只会一次又一次地让人们的希望落空。但政府的视而不见只能让列强得寸进尺，1921 年 5 月，英商太古洋行忽然依据已经搁置十余年的条款在海后滩兴工修建栈桥码头。此时厦门各界民众正因英国强行将海后滩地并入租界而愤怒不已，这一突如其来的事件使长期累积的矛盾与冲突瞬间爆发，一场轰动中外的闽人收回海后滩的反英风潮迅即展开。

在这波抗议风潮中，厦门码头工人同正在酝酿发动香港海员反英大罢工的香港中华海员工业联合总会取得了直接的联系，和厦门教育会、厦门总商会等 57 个团体联合成立了保全海后滩公民会，一时间，厦门人民的反帝斗争有了主心骨。1921 年 9 月，公民会决定推举代表厦门总商会会长黄廷元、教育会会长卢心启赴京请愿。一路上，他们对请愿词斟酌再三，反复删改，生怕措辞过于强硬，反而激化了事态。然而事实证明，这只是他们的一厢情愿。抵达目的地后，他们满怀希望地找到外交部，希望外交部官员从中斡旋。但此时的英国驻华公使艾斯顿的态度显然强硬得多，面对公民会摆出的铁证，他傲慢地声称厦门公民会的抗议行动“系受他人蛊惑怂恿”，甚至变本加厉地要求太古洋行不必暂停、立即动工。两个月后，驻厦门英国领事调集军舰陈兵厦门，强行登陆。七艘军舰在厦门海岸一字排开，事态骤然升温。

难道厦门人民从此束手无策了吗？不！近代以来，帝国主义的侵略给中华民族带来了深重的历史灾难，但是正如恩格斯所说的那样，没有哪一次巨大的历史灾难不是以历史的进步为补偿的。列强发动历次的侵华战争以及中国反侵略战争的失败，使我们伟大的文明一时陷入了谷底，但也极大地激发了中国人的觉醒和奋起。经历五四风云的厦门人民，绝不会因一时的挫败而丧失信心。当英商太古行在海后滩动工架设飞桥时，厦门码头工人便在公民会的组织下举行了大罢工。据《申报》记载：“连日由上海装去之货，不但无人搬运，且办货商家已拒绝该行之运货提单，将装去之各货，一律退还。”英国商人恼羞成怒，赶忙派人到上海、宁波码头雇佣失业工人。看着成群结队来到海后滩的中国工人，自以为得计的英商们不觉大气一舒，弹冠相庆，以为危机已经过去，甚至还暗地里嘲讽中国工人幼稚、愚昧。殊不知在码头工人的带动下，得知实情的外地工人纷纷辞工北还，坚决抵制海后滩工程的施工。面对陆续离开的工人、冷冷清清的栈道，洋行英商气急败坏，派来一位上海来的朱姓工头强令外地工人继续施工。显然，工人们声泪俱下的慷慨陈词丝毫没有打动这位利欲熏心的商人，工人们盛怒之下，揪住了朱某，手起刀落，割掉他的一只耳朵，同时凿沉了英商运载海滩工程器材的汽船。工人们的爱国行动令英国领事暴跳如雷，他立即派出水兵登陆，在太古洋行楼上架炮示威，还痛打两个手无寸铁的工人，把他们污蔑为重伤朱某的凶手，拘禁在太古洋行里。

消息传出后，忧愤交加的厦门人民立刻举行了声势浩大的示威游行。“公民会”发出通电，呼吁国内外爱国人士和群众团体声援。山川异域、风月同天，国家丧乱、民生维艰的共同遭际促使民众团结起来，国内外许多团体纷纷加入抗议的队伍，谴责英帝的暴行。他们还将海后滩的实情电告远在东南亚的福建华侨和各地同乡会，得到了海外侨胞的热情声援。福建素有“八山一水一分田”之称，可耕地的不足迫使人们不得不远渡重洋，身栖异国。近代以来，随着海外移民的开禁与通商口岸华工贸易的盛行，福建沿海地区出现了华侨出入境的高潮，民国时期福建的华侨总数已有数百万之众。这些海外侨胞与家乡父老们声气相通，他们的全身投入让厦门人民的斗争更加高涨，使原来局限于一隅的地区性事件产生了震动中外的广泛影响。

反对的声浪如潮水般铺天盖地地袭来，使英国政府大受震撼。为挽回颓势，英国政府狡猾地提出撤换驻厦门领事，并表示愿意接受谈判，希望以此来消弭中国人民的反帝情绪。但是，他们的算盘打错了。新任的英国领事上岸时，搬运工人们站在一旁冷眼旁观，竟没有一个工人理睬他，这位“洋大人”只好悻悻地提着行李来到驻地。正是这件小事让英国领事深深地领教了“厦人抵制之烈”。一开始，英国政府仅仅将谈判作为缓兵之计，接连抛出的几个方案证明他们根本没有谈判的诚意。他们无法容忍的并不是海后滩一块土地的得失，而是中国人民以此为开端撕开不平等条约那道口子的决心和勇气。但随着抵制风潮不断扩大，太古洋行的洋商首先发生了动摇。海后滩案所引发的抵制风潮，对成为众矢之的的太古洋行造成了灾难性的影响。据称太古轮船公司自厦门开往牛庄、烟台、上海、广州、香港，以及海外新加坡，汕头至天津、上海、汉口、芜湖、厦门、香港、广州等地航线，因抵制风潮的缘故，无货可运，均被迫停航。面对公司的惨淡境遇，太古公司急不可耐地向英国外交部发出建议，希望英国领事做出让步以缓和事态。胜利的天平即将向厦门人民倾斜。

就在这时，香港海员反英大罢工的进行为收回海后滩的抗争增加了决定性的砝码。1921 年 7 月中国共产党正式成立后，即按照中共一大的纲领投身于工人运动，于翌月在上海组成了中国劳动组合书记部作为党公开领导工人运动的机关。在党的领导下，1922 年到 1923 年，第一次工人运动高潮出现了。这次工人运动高潮的起点，正是声势浩大的香港海员大罢工。海员大罢工期间，香港交通断绝，工厂停工，商店关门，商品供应困难，物价飞涨，香港一时间变成了“臭港”。在海员大罢工的前夕，同样受到英帝国主义压迫的厦门海员和码头工人同香港海员取得了联系。海员大罢工启动后，厦门工人迅速跟进，全厦商店罢市，学校罢课，工人罢工，中国、中南华人银行等均休业，各报停刊。形势的发展使起先态度强硬的驻华公使艾斯顿大感事情不妙，他致电英国外相称：“由于香港的海员大罢工目前已经持续长达五周时间，并使得整个南中国海沿岸的海洋贸易运输处于瘫痪状态，厦门抵制风潮目前虽然没有造成如此灾难性的结果，但或许将来它会以其他方式出现。”1922 年 3 月 20 日这天，白日当空，云消雾散，蓝天若洗，人们盼望已久的消息终于传来——英方做出让步措施，“由英领撤除牌墙，为公民会取消抵制之换件”，连日的抵制行动获得了成功！听闻喜报的人们无不欢呼雀跃，欣喜若狂，爆竹声立时充满了大街小巷。1922 年 6 月 14 日，英国驻厦领事分别照会厦门海军警备司令林国赓“主动”提出撤销海后滩租界的巡捕，由中国政府派警进驻。1922 年 9 月 1 日，英国公使与厦门当局签订了《海后滩善后办法》，厦门人民保卫海后滩的斗争取得了最后胜利。近代以来，由于国家的孱弱与政府的无能，我国在对外交涉的过程中往往处于弱势地位，回旋的余地极为有限。但中国人民不会轻易屈服，他们对民族独立的不懈追求决定了在这场正义与邪恶、光明与黑暗、进步与反动的较量中中国必将取得最终的胜利，他们的爱国精神永远值得后世铭记。

思考点：通过本节的阅读，结合厦门地方志等史料记载，你还能搜集到哪些在1919年到1927年之间厦门人民反抗外来侵略的英勇事迹？整理出其中最具代表性的事迹，并和大家分享。

第二节 自古英雄出少年，保家卫国敢为先

面对日寇的铁蹄与暴行，神州大地四处山河破碎、生灵涂炭。祖国大江南北，皆是华夏儿女奋勇抗争、挽救民族危亡的铮铮怒吼。鹭岛的人们也如火如荼地展开各种形式的救亡运动。

1937年7月7日，日本侵略军为图谋占领全中国，在北平悍然制造了卢沟桥事变，由此发动了蓄谋已久的全面侵华战争。卢沟桥的炮声，震动了中华民族四万万同胞，人们痛彻心扉地感受到了亡国的危险。每一个铁骨铮铮的中国人都在此刻发出了最后的吼声。从此，在中国共产党的推动下，抗日救亡运动在神州大地如火如荼地开展起来，地处东南沿海前哨的厦门岛也掀起了抗日救亡的浪潮。在这中间，不乏一些优秀的少年儿童，他们同无数奋勇抗敌的中华儿女一样，在国家危难面前毅然决然地投身抗日洪流之中。厦门儿童救亡剧团就是其中的代表。

全面抗战爆发后，为顺利开展抗日救亡运动，中共厦门工委选派洪学礼到中华小学，与陈轻絮、林平风等人共商厦门儿童救亡剧团（以下简称“厦儿团”）的成立事宜，决定以鸽翼剧社的部分小演员和绿苗儿童文艺研究社的成员为骨干成立剧团。1937年9月3日，厦门儿童救亡剧团在抗战的烽火中诞生了。建团时的成员共30多人，年纪最小的仅有7岁，年龄最

大也不过 17 岁，大多成员都在十二三岁。他们稚气未脱，却为了国家和民族的未来走向了抗战的前线，用昂扬火热的战斗歌曲倾诉亡国之痛、激发救国之心。他们的童年注定比同龄人少了许多欢乐，与那些少爷小姐的优越生活有着天壤之别，但理想和信念之光已经足以照亮他们的未来，点亮他们的人生。

少年儿童们投身抗日救亡的浪潮不是厦儿团独有的现象，这与中国共产党抗战时期的方针政策是密不可分的。1937 年 8 月 25 日，中共中央在洛川会议上通过《中共中央关于目前形势与党的任务的决定》，针对南京国民政府“惧怕和限制人民的参战运动”的现实，强调发挥中共在动员组织民众、武装群众的领导与核心角色。毛泽东在会上指出：“无论是工人、农民、青年、妇女、儿童、商人、自由职业者……将其组织在各种必要的抗日团体之内，并逐渐地发展这些团体。”厦儿团就是在响应这一号召的过程中诞生的。

厦儿团一成立，就马上投入到抗日救亡的行列中。这群文艺尖兵日夜排练，很快就排演出了《在炮火中》《古庙钟声》《小英雄》等抗日救亡剧目和《打回老家去》《少年先锋队歌》《打长江》等抗日歌曲。一时间，从剧院到学校，从大街小巷到乡村僻野，处处回荡着孩子们慷慨激昂的歌声。1937 年 10 月 26 日，野心勃勃的日军占领了金门，兵锋直指鹭岛；1938 年 5 月 10 日，盘踞在附近的日军向厦门市郊禾山发起了进攻。敌机在厦门上空肆无忌惮地盘旋，但那阵阵轰鸣并没有吓退厦儿团的孩子，反而激发了他们埋藏心底的拳拳爱国之心。在中共厦门工委的带领下，他们冒着敌机轰炸、机枪扫射的危险来到郊区禾山、胡里山，把慰劳品送到了驻军手里。此时，前方将士正因战事不利而感到沉重和不安，而小朋友们的到来很快扫除了战士们心头的阴霾。在战火纷飞的战壕间，小朋友们载歌载舞，把抗日歌曲教给坚守在这里的叔叔伯伯们。嘹亮的歌声回荡在战士们的耳畔，他们的眼前似乎浮现出后方千千万万饱受战乱和贫穷凌虐的家乡父老，恍惚中看见了他们翘首以盼的眼神，一股不屈不挠的斗志再次在他们的胸中燃起。在结束了前线的慰问演出后，厦儿团的小战士们立刻发动了为前方将士募集寒衣的运动，还将筹集的部分资金慷慨地捐献给沦陷区的儿童们。

1938 年 4 月 4 日儿童节，厦儿团举行了一次隆重的公演，为金门难童和汉口保育运动募集了许多款项。厦儿团的孩子们以实际行动战斗在抗战的第一线，鼓舞了厦门各界人民的抗战信心。1938 年 5 月，厦门日军猖狂的进攻下沦陷了。但战事的失利没有打乱厦儿团的阵脚，在中国共产党的有力领导下，厦门地区的抗日救亡运动有条不紊地进行着。5 月 11 日，厦儿团接到了一项重要的任务：第一，用歌咏、戏剧和其他宣传形式，向东南亚各国侨胞宣传抗战的伟大意义，动员侨胞支援祖国抗战；第二，向侨胞报告厦门沦陷情况，并筹募厦青团经费（即厦门青年战时服务团），此后，厦儿团跟随中共厦门工委分批从鼓浪屿渡海到漳州，加入厦门青年战时服务团，厦儿团是该团的第九工作队。尽管渡海的过程充满紧张、不安和疲惫，但他们一到漳州浦南新驻地，就马上进行了一场精彩的街头演出。宋英华和哲杰姐弟俩表演的是《小流亡者》。从厦门到海沧，“流亡”二字对于孩子们而言早已不是流于纸面的艺术想象，而是他们实实在在的人生经历。他们的表演不再是无源之水、无本之木，生活的历练为他们注入了灵魂，他们的一字一句是那样的生动逼真，台下的观众也感动得流下了热泪。孩子们尚且为抗战挺身犯险，成年人又有什么理由不加入到全民抗战的行列，为国家和民族的未来奋力抗争呢？

为了在战时开辟“海外剧场”，并向海外侨胞宣传祖国艰苦卓绝的抗战历程，争取海外侨胞对祖国抗战的支援，中共漳厦工委（中共漳州工委、中共厦门工委）决定派厦儿团到东南亚和南洋各地进行慰问演出。5 月下旬，厦儿团离开家乡，从漳州出发，经漳浦、云霄、诏安徒步行进到粤东的黄冈。这一路上道路泥泞曲折，厦儿团的小战士们一路跋山涉水，风餐露宿。上有敌机轰炸扫射下有江河险滩阻隔，但这个英雄的战斗集体，在党的领导下闯过一道又一道难关，克服一个又一个困难。他们每到一处，安顿好食宿后就投入紧张的抗日宣传：有的负责书写和张贴标语，有的演街头剧，有的到学校教唱抗日歌曲，有的继续编写抗日剧目和歌曲，使原来沉寂的城乡，注进了浓浓的抗日气息。值得一提的是，团员小陈衷和周定南还用闽南方言自编了一首朗朗上口的抗日歌曲：“滚滚滚，大家起来打日本，阿兄做先锋，小弟做后盾，打得日本鬼子变成番薯粉。”

在厦儿团的不懈努力下，这些铿锵有力、通俗易懂的抗日歌曲迅速在闽西南各城乡传唱开来，起到了振聋发聩的作用，唤醒了人们的灵魂，激发了人们的斗志。宋英华和周定南等小朋友还以悲愤的心情、生动的内容、杰出的口才，向闽西南广大父老兄弟揭露并控诉日军在金门、厦门的种种暴行和累累血债，介绍金、厦同胞遭受的苦难和不屈的反抗精神，使人民群众接收到直观的抗日教育。一路上，他们的抗日演出受到了闽西南各地群众的热烈欢迎，到处都赢得此起彼伏、经久不息的掌声，一旁观看的观众们常常被他们真诚的演出所感动、所鼓舞。演出结束后，许多人争相拉着这些小朋友到各自的家里餐叙，称赞他们是“炮火中的小英雄”。

8月，厦儿团在经历长时间的艰苦跋涉后，终于到达广州，这座战火中的城市又多了一份蓬勃的朝气。他们组织了晨呼队，每天天亮的时候就整装上街，高喊着，“打倒日本帝国主义!”“打倒汉奸卖国贼!”清脆的嗓音划破天际，这是深重的民族危机面前坚强的中华儿女发出发自心底的怒吼，是对侵略者做出的最响亮的回答！这样发自肺腑、震撼人心的呼声，怎能不引起广州民众内心的共鸣呢?

月底，心系着少年儿童的邓颖超同志来到广州，听说厦儿团不畏艰险，长途跋涉，从厦门到广州一路开展活动的动人事迹，便特意来到驻地看望他们。看着这一个个黝黑、稚嫩但不失坚毅的脸庞，邓颖超的心里洋溢着满满的感动，在听闻厦儿团远赴南洋开展抗日宣传的计划后，她赞扬道：“你们小小年纪就这样热心爱国，真是我们的国宝！……你们这么小年纪，靠着小小的双脚，走这么远的路，你们为抗日救亡而这样努力工作的精神是好的！希望你们在广州好好休息一下，多学几首儿童救亡歌曲，多排几出救亡剧目，将来到南洋去，更好地为大众演出。”邓颖超同志的亲切慰问令孩子们兴奋不已，他们振作精神，以更加高昂的斗志投身到抗日的洪流中。

9月下旬，背负着党的殷切嘱托，厦儿团乘搭“泰山”号客轮离开广州赴香港，准备去东南亚各地开展宣传慰问和募捐工作。全体团员身着广州各界人士捐赠的黄色制服，背着薄毯、军用水壶和红十字卫生箱，个个神采奕奕，斗志昂扬，俨如一队小战士行进在香港街头。为筹备在香港的大规模演出，厦儿团按照英当局的规定把演出剧本送港英当局审查。哪知一星期过去了，竟如同石沉大海。大家赶忙前去交涉，一番周折后当局这才答复“正在审查”，原来是日本驻港领事馆在背后捣乱。经过当地爱国人士的疏通，当局才同意演出，但要求修改台词，不准出现反对日本帝国主义的字眼，特别是把台词中的“日本帝国主义”和“日本鬼子”改为“土匪”和“流氓”。从不同意演出到同意演出，这已经是厦儿团和爱国民众们取得的巨大胜利。11 月 21 日，厦儿团在香港太平戏院举行公演。正式演出时，剧本台词只字未改，每场演出都把对家乡深情的爱和对侵略者刻骨的仇恨尽情地表达了出来，台下的群众被深深地感动了，他们情不自禁地齐声高呼：“打倒日本帝国主义!”“保卫中华!”虽然当局也派出暗探在剧场内巡视，但暗探们也是华人，他们被孩子们的激情感染着，没有对演出加以干涉。日本驻港领事馆听闻消息以后对厦儿团十分仇视，多次派出间谍前往驻地搜查，但由于港胞的保护和巧妙应对，厦儿团才得以多次举行筹募救济难民和抗战基金的义演。据说当时入场券售价高达数十至数百港元，这样的票价在当时的香港可以用高昂来形容，但热情的香港市民仍然踊跃购买，他们想要一睹厦儿团的风采，更想为抗战尽绵薄之力。在爱国人士的鼎力支持下，两个多月的时间里，厦儿团共募集 15000 多港元，除留小部分作为到东南亚的旅费外，其余都寄回内地支援抗战。

厦儿团的下个目的地是越南。越南闽粤籍侨胞众多，同乡地缘情谊为统战工作打下了良好的基础，但当地华侨社会相对闭塞，很多人对国内发生的一切尚不了解，想要调动他们支援国内抗战的热情，就必须用实际行动打破这个沉寂的世界。12 月 14 日，剧团乘坐“大中华”号轮船出发，18 日抵达越南首府西贡。陌生的环境没有限制他们的活动空间，他们决心通过战斗的歌曲向华侨们宣传祖国的形势和同胞们英勇抗战的事迹，扩大抗日战争的国际影响。第一次走出国门的厦儿团小战士们表现出令人感佩的勇气，一年中他们走遍了越南的各大城市——南部的堤岸、西贡、边和，中部的岘港、顺化，北部的河内、海防，以及柬埔寨的金边，孩子们把他们深深浅浅的足迹留在了那里的高山、溪流、城市、田野。在河内，他们和越南青年联谊会合作；在堤岸，他们主办了青年研究班和儿童歌咏班，发展出 200 多名骨干成员。他们对日本帝国主义的控诉使越南华侨们深切地认识到祖国和同胞们正在忍受的一切，为了祖国抗战胜利，广大华侨也开始积极地奔走国事，慷慨捐献。许多华侨儿童还把父母给的零用钱都捐献出来，同时还精心制作了许多慰劳袋，绣着“向抗日将士致敬”字样，装着日用必需品，托厦儿团带回国慰问前方将士。有一位年轻的华侨妇女会长观看厦儿团的演出后，把准备结婚用的大部分贵重嫁妆、首饰都捐献出来支援祖国抗战，结婚那天却只举办了一个简单的茶话会。1939 年 9 月 8 日，厦儿团挥别越南华侨，满载 800 余公斤的药品和海外侨胞对祖国赤忱的热爱踏上了回国的旅程。在这场波澜壮阔的抗日救亡运动中，厦门儿童救亡剧团足足战斗了七年。正如厦门儿童救亡剧团的团歌所说的那样：“我们儿童要承担，把敌人的强暴横蛮，我们的抗战的英勇悲壮，都搬到舞台上。揭破敌人的贪婪阴谋，增强我们的抗争力量。好朋友，大家来救亡，不愧我们是中华民族的主人翁。”这群活泼而又严肃的孩子在国难关头的大声疾呼推动着抗日洪流滚滚向前，在抗日战争史上书写了光辉的一页。

1945 年 8 月，历经十四载英勇抗战，最终赢得中华民族扬眉吐气、涅槃重生的伟大胜利。1949 年 10 月 17 日，厦门迎来解放。历经沧桑巨变的鹭岛，在民族复兴的新征程上昂首迈步前行。

思考点：通过本节的阅读，可以结合革命前辈的故事讲授，撰写一篇厦门在抗日战争和解放战争时期的写实短文，不少于 1000 字。

第三节　沐浴改革度春风，翱翔鹭岛破长空

改革开放的春风里，鹭岛大地也迎来特区发展的新契机。各行各业摩拳擦掌，在热火朝天中迸发着时代的蓬勃朝气。厦航人的奋斗传奇，是鹭岛沧桑蝶变的一个缩影。

2018 年 12 月 18 日这天，一位年近八旬头发花白的老者端坐在电视机面前，聚精会神地观看着庆祝改革开放 40 周年大会，聆听着会上宣读的《中共中央国务院关于表彰改革开放杰出贡献人员的决定》。阳光轻悄落在一尘不染的桌面，以及摆列整齐的厦门航空各型号的飞机模型之上。这时，电视上出现了一张熟悉的面孔，老者不自觉地挺直腰板，显得神采奕奕，因为，这一刻，他看到了年轻的自己。作为“厦门航空事业的开拓者”，老者被党中央、国务院授予“改革先锋”称号，成为 100 名获奖者中唯一来自交通运输系统的代表。大会结束后，他如同往常关闭了电视机，面色平静如常，但眼里热泪盈眶，对着那一排整齐排列的飞机模型望得出神。

午间，突然响起的电话铃声让出神的老者缓缓抬头，从家人口中得知年轻时航空行业的老战友们将前往家中探望叙旧，他的激动和欢喜溢于言表，但随后不久又恢复了平静，陷入了沉思。只听见轮子与地面轻微的摩擦声，他缓缓滑动轮椅，叮嘱家人帮他拿出那套阔别已久但依旧崭新的制服，他的手轻轻摩挲过那挺括的面料，这是单位送给他的新款制服，属于吴荣南的制服。

1942 年 6 月，福建厦门的吴姓人家诞下一个男婴，取名吴荣南。从小吴荣南就有一个驾驶梦，这个梦从波涛汹涌的大海延续到广阔无垠的蓝天。

父母时常教育他读书是实现梦想的最佳途径，怀揣着这个宏远的梦想，年幼的吴荣南在学习上始终勤勤恳恳。1959 年的 7 月，一个充满了聒噪蝉鸣、炙热阳光以及毕业彷徨的夏天如期而至，毕业季的来临并没有给吴荣南带来一丝空虚与迷茫，他从小种下的梦想种子也终于不用再深埋心中。驾驶！驾驶！驾驶！初中毕业后的他，抱着“非驾驶不考”的坚定信念，如愿考取了集美大学航海学院的驾驶专业。这一次他选择投入到蓝色大海的温柔怀抱，父母都以他为豪，方圆百里都知道了这户吴姓人家有了个出息的儿子，一个有着光明前途的天之骄子。

这个假期，村庄里充斥着蝉鸣与孩子们嬉戏打闹的欢声笑语，但吴荣南似乎有着不符年龄的成熟与老练，窗外的声响丝毫没有在他心里荡起涟漪。一阵阵夹杂着热气的干燥的微风轻拂过他的面颊和那紧拧着的眉头，对未知领域的忐忑藏在他的心里似千斤重，他告诫自己必须全力以赴、丝毫不能懈怠，尽管如此，他还是禁不住去想，那片广阔神秘的海洋是否能接纳他的稚嫩与无知……

这种扰人的焦虑还没得到释放，尚未开学的吴荣南就接到了新的通知。1959 年 9 月，因民航的需要，吴荣南和另外九名同学经福建省交通厅的批准，由集美大学航海学院选送至民航上海管理局两年制训练大队。这一次，他面临的除了对未知专业领域的忐忑，还有阔别大海、阔别家乡的忧愁，但这一次由“海”到“空”的转变令他心生向往，祖国的需要、祖国的号召抚平了他心中的彷徨与焦虑，或许，这就是他身为炎黄子孙的使命感和责任感使然。

身处异乡独自求学、训练的日子里，19 岁的吴荣南始终为有这一“驾驶梦”起飞的平台而感到庆幸和荣幸，身体的疲惫无法消磨他炽烈的热爱，反而让他的内心被踏实和充实所填满，一切都在朝着好的方向发展。至此刻开始，航空事业与吴荣南的一生紧密粘连，不可分割，成为流淌在他的血液里、印刻在他的骨子里的文化基因。

不同凡响的能力、脚踏实地的作风让稚嫩生涩的吴荣南深受领导、老师的赏识，获得了许多历练的机会。十几载青春转瞬即逝，经历风雨、跌撞的锤炼，吴荣南逐渐走向成熟，成为航空领域的佼佼者。空白的履历经历了岁月的洗礼，留下了“历任民航广州管理局航行处参谋”“天津民航总局教导队英语训练班班长”“民航广州管理局航行处副主任”“科长”“副处长”“处长”等字眼，但这些勋章与荣誉的加持并未让他停止继续深耕航空事业的步伐。他站在那，一如十几年前那般纯粹与坚定，于他而言，值得欣喜的不过是他完成了从“蓝天追梦人”到“蓝天追梦人培养者”的身份转变，他的驾驶梦得以在一代代的青年人中延续、传承，他仿佛预见了祖国航空事业走向世界前端的光明未来。

在外闯荡与漂泊的游子虽有梦想实现的慰藉，但对故乡、故人的思念始终是萦绕在吴荣南心头的愁思，他期盼着回到家乡去。上天似乎特别眷顾这个朴实努力的年轻人，很快，他会逢其适，返乡建设的机会悄然来临。1978 年，乘着改革开放的东风，创新创业成为时代号角，1980 年 10 月厦门这个位于祖国东南角的小岛被批准设立经济特区，从此走上了改革开放的康庄大道。历经四年，青春的厦门经济特区正在规划着冲向云端的梦想。

1984 年 7 月，为适应中国民航体制改革和厦门经济特区建设的需要，厦门航空应运而生，这是中国民用航空体制改革初步尝试的开始。此后，上航、深航、海航、川航等先后成立，掀起了中央与地方政府等创办航空公司的热潮。

航空经验贫乏、人才招募困难、资金供给短缺的现实困境戳破了奋斗在一线的航空工作者对于发展民航的美好期待，举步维艰的现状带给大家的是无奈的叹息和沉重的压力，但这并不能击溃那些赤忱炽热的心，尚为稚嫩的厦门航空急需一位有经验、有情怀、有能力、肯吃苦的领头人。无疑，意气风发的“业内大拿”吴荣南成为最佳人选。

1986 年 1 月，临危受命的吴荣南上任厦门航空总经理。就任途中，看着窗外快速后退的山川大河，他沉默地告别了多雪的北方，眼看着魂牵梦绕的家乡缓缓靠近，吴荣南的心头生起一丝忧虑。他的心情复杂，对于家乡的情愫加重了他对前路的忧思，但又让他显得如此的坚定与决然。

他试想过新生的厦门航空将面临的艰难处境，但当他真正踏入新的工作岗位时，仍然感慨于维系运行、发展突破的不易。由于三位股东的两千万投资迟迟未能完全到位，作为中国民用航空体制改革的“先锋”、厦门经济特区改革开放的“试验田”，厦门航空公司一方面承载着巨大的期待，一方面又承受着沉重的压力，经济上的窘迫迫使公司职员只能挤在 200 多平方米的简易平房里办公。

面对如此窘境，公司内部低迷的情绪逐渐弥漫，敏感老练的吴荣南很快觉察到异常，他意识到员工大会的召开必须抓紧提上议程，激发员工斗志迫在眉睫。会议前 15 分钟，狭小的房间因为挤满了人显得异常逼仄，却不见吵闹和轰乱，员工们均穿着微微发白但仍整洁的工作服端坐在长桌的两侧，对于新上任的领导他们是敬畏的。众人一言不发，仅留下一地的静默，空气中弥漫着一丝压迫。吴荣南对此视若无睹，他准点进入了会议室，迈着大步子径直走向那摆在中间的生满斑驳铁锈的旧椅上，坐下后利落地摊开了记得密密麻麻的笔记本。会上，吴荣南一针见血地指出了厦门航空所面临的现存问题和未来发展将面临的阶段性难题，一系列条理清晰、深入浅出的分析让在场的员工都惊叹于新领导的敏锐与犀利，却也让他们在这现存的重重难关前面露难色。

会议的尾声，吴荣南环视了一周，看着沉思的众人，话锋一转，眼神虚无望向远处，似回忆似沉思，缓缓讲起了自己自19岁起在航空领域奋斗的经历。吴荣南动容地强调“有条件要上，没有条件创造条件也要上”的创业精神，激励员工发扬艰苦奋斗的革命传统。其朴素诚挚的谈吐让神经紧绷的众人逐渐放松，相似的奋斗经历也收获了许多共鸣与共情。在吴荣南深深的鞠躬和热烈的掌声中，会议结束。众人长舒一口气，拍了拍僵直的腿，起身投入一天的工作，迎面的阳光下是坚定的眼眸、闪动的泪花和布满茧子的紧攥着的手。他们身后这间狭小逼仄的简易平房尽管略显寒酸，但在今后的很长时间里成了这群青壮年人们的安乐窝，艰苦打拼的岁月将他们炽热的心紧紧凝聚。

吴荣南深知环境的舒适与否无关紧要，真正关乎厦门航空未来长远发展进步的是人才的储备，吸引人才将成为他大刀阔斧促改革的第一步。辗转难眠的几个夜晚中，吴荣南结合自身的工作经验和实践调查，反复斟酌引进人才的有效策略，有着政策红利加持的厦门航空公司发展前景自是不必言说，唯一可能让人才望而却步的是窘迫的经济支持。于是，观念超前的吴荣南果断决定从提升人才收入的层面出发，增强厦门航空公司对于人才的吸引力。人才收入的提升势必会带来巨大的资金需求，这对于那个创新开拓却经济拮据的时代而言，无疑是万重难以跨越的险阻，尽管如此，这条充满荆棘的路上总能看到吴荣南影影绰绰的身形。

几个月过去了，事情进展不尽如人意。这几个月以来，他重复奔波于三家股东之间，用简明扼要的分析、激昂情怀的演说试图消解股东们的疑虑，但尽管用尽了辞藻与热情，他也仅筹集到了微薄的资金。

好在，事情都在朝着好的方向发展。优良的企业文化和氛围，再加上当时少有的人才福利，厦门航空成功化身聚宝盆汇集了来自全国各地的航空精英，吴荣南用满腔的热忱与坚韧的毅力换来的微薄资金最终对吸引、稳定厦门航空公司的人才队伍起到了关键性作用。工作中敢于投入的慷慨形象似乎与生活中的吴荣南格格不入，洗得发白的工作服上可见许多细小的破孔，扣子上微露的红色线头显得扎眼突兀，脚底那双微微脱胶起皮的凉鞋已经陪伴了他十几个年头，门口那辆锈迹斑斑、时常卡顿的老式自行车像阳光下打盹的垂暮老者，微微斜着倚靠在斑驳的墙面上。屋里的老式挂钟准时敲响，沉闷悠长的声音回荡在亮堂的屋子里，上班的时间到了。吴荣南缓缓起身，站在远处看着稍显嘈杂但井然有序、风风火火忙碌着的人们，紧拧的眉头松了松，深深地吐出一口气，抬腿大步地向人群中走去。

竹林下的办公室、屋檐下的维修站、“乞丐房餐厅”前平整的水泥地上躺着几片焦黄的落叶，空气中的灼热被吹散了些，汗湿的燥意在慢慢消逝，秋天到了，该丰收了。陪伴厦门航空成长的几个月里，吴荣南日日奔走，为尚未具备独立运营条件的厦门航空寻求支援与帮助。1986 年 11 月的一天，明媚的阳光从窗户里投入房间，照进员工们的心里，今天由厦门航空机组驾驶的厦门航空第一架波音 737-200 型飞机将从厦门高崎国际机场起飞，经过精心的策划和协调各方面支援，厦门航空终于具备了独立飞行的力量。站在这架庞然大物的面前，一群人肃立着、紧盯着，目送着它承载着厦航人的希望直冲云霄、渐行渐远，直到天际间的黑点逐渐消失。转过身去，沉默地擦拭着眼里泛出的泪花，但嘴唇的颤抖和紧攥的双手诉说着他们不平静的心，他们心中炙热燃烧着的“一定要飞起来”的坚定信念此刻终于能够释怀。从此，厦门航空开始了以厦门为基地的营运，福建省民用航空史掀开了崭新的一页。

自那天起，飞机的载客量、航线等信息成为每个厦航人萦绕心中的念想和牵挂……

在实现艰难起飞之后，针对“高投入、高风险、高技术”的航空行业的规划和发展，吴荣南积极响应改革号召，紧扣时代主旋律，坚守改革创新的企业生存发展的根本途径，始终坚持“重视规范化管理、建立健全规章制度是发展创新的重要基石”的理念。但此时，摆在吴荣南面前的是一个制度规范较为松散的组织，制度体系尚未成型，创新与发展举步维艰。1989 年针对此局面，吴荣南开民航之先河，将制度建设与行业创新相结合，拉开了厦门航空对于标准化、程序化、制度化的规范化管理与作业制度的探索帷幕。飞机维修工程部作为保障飞机飞行安全的重要职能部门，在所有部门中举足轻重，毫无疑问成了吴荣南着手进行制度化改革的首要试点，随后在其他部门逐渐延伸。

为获得制度的草案，吴荣南时常鼓励员工们“写己所做”，工作闲暇时的厦门航空公司内往日热火朝天的交谈也逐渐偃旗息鼓，唯见一个个端坐在工位上时而苦思冥想，时而奋笔疾书的男男女女，放眼望去隐约能瞧见那皱皱巴巴的笔记本上密密麻麻的文字。在此后长达八年的时间里，各个部门的员工经历了成百上千次的制度条例审核与修改，无一例外的是，每本厚实的手稿里都有吴荣南密密匝匝的批注，它们以及他们同吴荣南一同度过了无数个挑灯夜战的日子。

繁杂庞大的难题终被这群潜心钻研的青壮年学者们以拔丁抽楔的精神逐渐攻克，历经千锤百炼的制度和守则也逐渐走向成熟。1996 年，年过半百的吴荣南和他的“战友们”共同迎来了近 900 万字的《厦门航空有限公司营运总则》（以下简称《总则》）。作为厦门航空正式运行的规章制度，这部《总则》里详细规范了厦门航空各个部门、岗位的每项工作细节，深刻落实了制度化、规范化、标准化和程序化的要求，成为厦航人引以为傲的共同的思想结晶，而这部被誉为厦门航空“小宪法”的《总则》也成功将厦门航空公司树立为中国民航规范化管理的标杆。在之后很长的一段时间里，看着公司逐渐步入正轨，各部门工作有条不紊，厦门航空不断迸发出生机的局面，吴荣南和员工们常常喜不自胜，多次召开会议共同研讨厦门航空未来发展的规划和策略，铆足了劲儿欲乘着改革开放的东风，携手朝着厦门航空公司更美好、光明的未来进发。①

内心被欣喜和感动充斥着的吴荣南此刻却清醒地知道，紧跟时代的改革脚步不能停歇，获得些许成就的厦门航空仍存在许多管理上的弊端和发展上的局限，推动它进行全方位、多层次深入改革的任务仍任重而道远。面对日新月异的经济形态，如何扩大厦门航空的产业规模、提升企业的信誉和知名度是吴荣南自上任以来反复思考、探究的问题。每日清晨、午间

---

① 澎湃新闻：改革先锋称号获得者、厦门航空有限公司原总经理吴荣南逝世，新浪财经，2021 年 09 月 15 日，http：//finance. sina. com. cn/jjxw/2021—09—15/doc－iktzqtyt6210932. shtml，2023 年 2 月 2 日查阅。

与傍晚，只要没有紧急任务需要外出，透过办公室那扇窄窄透亮的窗，总能瞧见吴荣南一人端坐在工位上聚精会神看着报纸，他在了解国内外行业动态，他在寻找突破的时机。窗外的树叶从枯黄变为翠绿，又从翠绿化为春泥，屋内堆积的报纸也摞成小山，经过了近十年的观望和等待，时机终于来了。20 世纪 90 年代初期，全国劫机事件频发，稚嫩的福建航空面临着严峻的空防安全形势；与此同时，飞机运行成本居高不下、市场经营困难的窘境也渐渐将福建航空公司逼上绝境。在此背景下，一名有能力、有情怀且懂民航运输的企业管理者显得举足轻重，此时运行良好的厦门航空就成为福建省政府的首要选择。刚刚站稳脚跟的厦门航空要去扶持、接收一个困难重重的未知企业，其中的艰难可想而知，吴荣南和他的团队成员们却深刻地知道困难与机遇并存的道理。1994 年，吴荣南及厦航团队积极响应党中央关于“抓住机遇，深化改革，扩大开放，促进发展，保持稳定”的指导方针，经过慎重思考后果断决定接收福建航空。同年 3 月 15 日，在对福建航空进行深入调研的基础上，厦门航空公司成立了福州航空协调组，委派陈国良书记任组长赶赴福州开始了为期 5 个半月“条件艰苦但精神愉悦”的接收协调工作，厦门航空成为中国民航改革重组有偿兼并的第一个吃螃蟹者。

机遇的来临也带来了一系列难以攻克的困境，条件的艰苦、制度的接轨、军心的稳定等亟须解决的难题都在消耗着所有厦航团队队员的精力和心力，他们将这现实存在的重重挑战视为推动厦航成长进步的助燃剂，在困难面前他们时刻振作精神、全力以赴。

陈国良赶赴福州的五个半月里，吴荣南几乎天天都守在会议室的电话旁，时刻了解接收协调的工作进程，紧急会议的召开已经成为常态。一阵急促的电话铃声使得沉思着的吴荣南缓缓回过神来，抬头看了一眼挂钟，到了陈国良每日汇报工作的时间了。这场对话持续了一个小时之久，挂断电话，吴荣南起身招呼团队成员到会议室开会商讨下一步接收协调工作的方向和重心，这段时间内，眼底的青黑似乎成为辨识工作组成员最明显的标志。

守得云开见月明，福建航空公司作为厦门航空公司全资子公司，在逐渐步入正轨后，也一定程度上推动了厦门航空的发展进步。兼并带来的规模效益、经营资源、风险分散等优势逐渐显露，企业知名度和信誉也获得了不同程度的提升，厦门航空在吴荣南及其团队的带领下久经历练，逐渐走向成熟。

厦门航空从蹒跚学步到稳健前行的喜人转变凭借的不仅是领导团队的耕耘，更有国家力量的扶持。吴荣南时常感念于厦门航空起步初期空军部队及时伸出的援助之手，其输送的具有良好飞行经验的航空人才为厦门航空的艰难起飞奠定了重要基础。

远远瞧见一人形单影只站立着，几根白色的发丝凌乱散落在额前。吴荣南站在候机楼上远眺停机坪，看着那排列整齐、逐渐壮大的飞机队伍，他的内心喜忧参半，复杂的情绪不禁让他陷入沉思。从空军部队引进飞行员不是长久之计，飞行员的数量与公司需求之间逐渐拉大的差距让他苦恼不已，如何培养飞行员成了一个重大难题。吴荣南深知这一根本问题的解决紧系厦门航空的发展规模和进程，重负和压力让吴荣南陷入了食不下咽、夜不能寐的状态，日日萦绕在他脑海里的思绪无法停歇，他的精神是振奋的，但身体是消瘦了。

1992 年的一个黑漆的夜里，环顾厦门航空公司，四周漆黑仅留下一屋光亮，推开门灯光由内而外释放，一起带走的还有那令人窒息的压力。会议结束后，吴荣南的脸上出现了久违的轻松笑容，航空业对于人才的专业性和严谨性的要求较高，基于此，他和团队成员们默契地把目标锁定在了具备良好素养和潜能的优秀理工科大学生身上，并从中挑选人才送往国外进行专业的飞行技术培训。该举措的实施充分利用了境内外资源培养飞行员，具备成本低、周期短、起点高、技术好的特点，俗称“大改驾”，作为国内民航界首创的飞行员培养模式，该模式的运行被业内迅速学习，为厦门航空的发展提供了重要动力。①

有了崭新、可靠的人才培养模式，压在吴荣南身上的重担轻了些，但他也清醒地认识到提高薪酬留住人才仅是缓兵之计，并不能持久地保证企业对人才的吸引力，唯有打通企业员工晋升通道、制定优良竞争机制才是

① 民航资源网：厦航“大改驾”亲历者：招飞不易，更懂珍惜，民航新闻，2014 年 8 月 5 日，http：//news. carnoc. com/list/290/290158. html，2023 年 2 月 4 日查阅。

激发人才活力、维系人才稳定的根本措施。年过半百的吴荣南魄力仍不逊当年，经过审慎地思考和讨论，经上级同意后，吴荣南在团队支持下开始了针对现有的劳工聘任制度的大刀阔斧的改革。厦门航空在其领导下率先实现全员劳动合同制，打破了“铁饭碗”及企业内部干部与工人、正式工与临时工的区别，实行管理人员可上可下、员工可进可出、工资可升可降的机制。[①]

这一打破重组的勇气让吴荣南及其团队在业内有口皆碑，厦门航空的名号也再一次被打响。但此时的公司内部充斥着复杂的情绪，得以晋升的欣喜、失去“铁饭碗”的担忧与愤怒，员工们的议论和忧思逐渐弥漫，稳定军心、获得理解成为亟待解决的问题。为此，吴荣南奔走于各大会议中，耐心解答关乎员工切身利益的热点问题，用慷慨激昂的演讲鼓舞、激发员工的斗志。这位头发斑白的领导长久以来用行动在员工心中树立起了无私奉献、吃苦耐劳的形象，以崇高的人格和强大的个人魅力赢得了公司上下的尊重和敬畏。吴荣南的奔走劝说事半功倍，他的和煦、正直与共情最终化解了员工们心里的疑虑与担忧，此次改革得以顺利进行，厦门航空的人才培养体系逐渐健全。

雷厉风行的处事作风背后包裹着一颗细腻温暖的心，早在 20 世纪 90 年代吴荣南就提出了“以诚为本，以客为尊”的服务理念，对建立在规章制度基础上的旅客服务提出了严格的标准和要求，重视人文关怀的他时刻注重躬行实践，用行动树立起了厦门航空服务工作的标杆。这天，他同往常一样缓缓踱步巡视着机坪，一辆载满旅客却迟迟未动的摆渡车引起了他的注意，他快步上前询问缘由，从工作人员口中得知相关情况后便匆忙登机查看情况。整洁温馨的机舱里仅剩角落里的一位老人，眼睛紧盯着窗外机坪上的“厦门”二字，这是他阔别已久的故乡啊，近在咫尺又远在天边。飞机上的机组成员分工协作，一组有条不紊地寻找解决办法，另一组则围绕在老者身旁暖心安慰，尽管如此，老者内心的焦灼依旧无法按捺。

---

① 海峡都市报：揭开厦航连续 17 年盈利的发展奇迹（组图），搜狐新闻，2004 年 7 月 23 日，http：//news. sohu. com/20040723/n221161202. shtml，2023 年 2 月 4 日查阅。

踏入机舱的吴荣南一眼便瞧见了那略显落寞与无助的老者，望向他那盈满泪水、布满皱纹的眼睛，吴荣南突觉鼻头一酸，立刻阔步上前，指导机组成员协作将老者平稳放置在他的背上。感受到后背的湿热和颤巍，吴荣南将老者稳当地背扶着，一边温声出言宽慰，一边小心翼翼平稳地朝飞机下走去。熟悉的乡音抚慰着老者的心，下飞机后老者坚持要自己走完从飞机到摆渡车的几步距离，当他时隔多年再次踏上故乡的土地，尽管脚步蹒跚踉跄，但欣喜与欢愉的情绪充盈着他的内心。望向安稳落地的老者，吴荣南笑了笑，随即转身离开，平静地继续着他的工作。无需言语，工作人员便明确了努力的方向。无需言语，旅客们便知晓了厦航的用心。

在临近退休的那几年，总能瞧见两鬓斑白的一名老者仍每日踱步于机场，动作略显蹒跚地穿梭忙碌于各个点位，那背影略显老态与佝偻，如若他能转过身来，或许便能瞧见那一如当初的犀利目光，似朝气蓬勃。岁月或许消磨着他原本健壮的身躯，但仍为他保留了心中那份对航空事业的热爱及对国家嘱托的坚持。就任以来，厦门航空公司在吴荣南的领导下从艰难起步、稳步前行到逐渐腾飞，一路坎坷但一路无恙，这便是时间的考验与馈赠。

2005 年的一日清晨，吴荣南准点到达公司，平静地收拾着桌上的物件，今天将是他工作的最后一天。这晚，欢送会办得热闹非凡，但吴荣南内心的落寞始终挥之不去。待人群散尽之后，他一人独自缓缓地踱步于公司之外，那模糊的影子看得不真切，不知是因为月夜的漆黑，抑或是泪水模糊了双眼。

作为中国交通运输领域的杰出代表和卓越典范，吴荣南身上集中体现着以爱国主义为核心的民族精神和以改革创新为核心的时代精神，留给他的没有人走茶凉的悲哀，而是辈辈厦航人深深的敬仰、代代中国人永恒的铭记。

思考点：通过本节的阅读，探访一家厦门本地改革开放以来具有代表性的国有企业或者民营企业，形成一篇新闻通讯稿，追溯鹭岛改革开放四十余载的奋斗历程，传承创新奋进的民族精神。

第六章　铿锵六中的博雅新颜绽放

东南海滨的美丽鹭岛，历经百年的沧桑变幻，在炮火的洗礼下，见证了中华人民共和国的伟大诞生。在社会主义建设的大潮中，又沐浴着改革开放的春风，迎来了特区的跨越腾飞。峥嵘岁月的印迹中，鹭岛厦门繁星点点，璀璨夺目。屹立于厦禾路上的福建省厦门第六中学，七十载风华正茂，同样留存着这份奋斗的记忆，敢为人先，永不满足，谱写六中铿锵篇章，迈出学博气雅，凤凰花开的崭新气象。

福建省厦门第六中学，创办于1953年。改革开放以来，学校实现了超常规、跨越式发展，成为厦门市教育改革的“领头羊”。学校牢固树立“人人有潜力，人人能发展，人人能成功”的教育理念，培育和弘扬“精诚团结、顽强拼搏、敢为人先、永不满足”的六中精神，谨记“博学明理求实致远”八字校训，与时俱进，开拓创新，以德育为先，科技、人文为翼，扎实学力，建设和谐校园，不断谋求新的发展，形成了创造教育、艺术教育等鲜明的办学特色。

厦门六中目前有正高级教师2名，省教学名师2名，特级教师5名，省级学科带头人7名，市级专家型教师8名，市级学科带头人14人，市级骨干教师73人，市级以上的骨干教师覆盖各个教研组，老中青结合，梯度结构比较合理。学校以青年骨干教师培训班为抓手，助推教师的“二次成长”，大批青年教师脱颖而出。在2010—2015五年规划实施期间，师生在新一轮课改中茁壮成长，教师每年发表论文100篇左右，在各类大赛中频频获奖，学生在科技创新、艺术表演、学科竞赛等方面成绩突出。中、高考成绩一年一个新台阶。六中的艺术全面开花，舞蹈、合唱、朗诵多次进入全国最高艺术展演舞台，截至目前，六中博雅合唱团35次上央视，34次登人民日报新媒体。科技创新硕果累累，数学建模获得香港国际赛特等奖；每年均有50项以上科技创新各级各类奖项；仅有三年教龄的林星星老师获全省技能大赛特等奖第一名；学校近年来有全国重点课题两项，是福建省之最；学校作为厦门市唯一代表在全省新高考推进会上作经验介绍；等等。两年里，健美操斩获七个全国第一名，女足初中组获省联赛冠军。

学校荣获全国中小学德育先进集体、全国中小学创造教育先进集体、全国模范职工之家、全国消防安全教育示范学校、全国心理健康教育特色学校、全国最美校园书屋、全国青少年人工智能活动特色单位、第六届至第十二届省文明学校、福建省第一届（2015－2017年度）文明校园、福建省教育系统先进单位、福建省先进基层党组织、福建省首批“中小学素质教育先进学校”、福建省巾帼文明岗等省部级以上荣誉称号，是厦门首批社会主义核心价值观教育基地校、智慧校园建设试点校、足球特色校，现为福建省示范性高中建设学校，正努力争创全国文明校园。

近年来，学校进一步强化学校多样化发展与育人体系的顶层设计，深入推进课程改革和育人方式改革，构建“博雅”育人体系，致力于培养具有科学精神、人文素养、合作意识、创新思维和实践能力的多样化创新人才，促进学校的特色发展。厦门六中遵循“构建‘博雅’五育课程—推进育人方式改革—完善综合素质评价—生成教育教学成果”的特色发展路径，经过多年办学积淀，走出了一条以创造教育、艺术教育和心理健康教育为鲜明特色的多样化办学之路，取得显著办学成效。

2022年，党的二十大胜利召开，擘画国家未来的发展蓝图。党的二十大报告首次把教育、科技、人才一体部署，充分体现了对教育事业的高度重视和教育在中国式现代化中的重要地位作用。全体六中人以二十大精神为指引，薪火不辍，意气风发，笃行实干，同心写就灿烂的博雅故事，实现跨越式发展，努力办好令人民满意的教育。

第一节　忆往昔峥嵘岁月，看今朝风华正茂

福建省厦门第六中学建校七十载，培养了一批又一批的优秀校友，他们之中有人在峥嵘岁月中历经磨难，获得蜕变；也有人在命运的曲折里，矢志不渝、为国分忧，将青春奉献给边远山乡；更有人在改革的浪潮中，砥砺奋进，成为各行各业中的骨干和栋梁。日月更迭，烙印六中的发展情怀；硕果累累，镌刻校友的追梦脚步。接下来让我们共同追随杰出校友的脚步，领略风采。

一、企业家

（一）许建设

出生于厦门市翔安区，广东健业纺织集团有限公司董事长，厦门六中香港校友会名誉会长，厦门六中教育发展促进会荣誉理事长，福建省同心慈善基金会捐赠人。

健业纺织，1992 年在福建厦门起步创业，2003 年正式成立并且落户于广东佛山张槎。在 20 来年的发展历程中，健业纺织紧紧跟随中国改革开放的时代步伐，专注纺织行业创新发展，从一个男装植绒面料生产小厂发展成为纺织面料企业集团。巨大的成就里面，是许建设对事业的不懈追求。都说一个企业的理念，总是会有浓厚的创始人色彩。透过健业的宗旨，我们也能看到许建设另一个侧面。健业以“天行健，创新成就时尚伟业”为宗旨，朝着“快时尚面料第一供应商”的目标不断前进，或许这就是他为什么能成就事业的密码。早在 13 年前，广州中大布匹市场，只有少数几家商铺获得“重合同，守信用”的光荣称号，许建设的“健业”就是其中一家。

2016 年 5 月 29 日，厦门六中“许建设游泳馆”揭牌。许建设为了让母校有一个现代化的游泳馆，捐赠 500 万元。而在 2013 年 11 月，他曾捐赠母

校 100 万。事业成功，他虽人在外地却心牵鹭岛，让母校好一点，让自己的师弟师妹多受益一点；为了联系六中在外的校友，加强和母校的联络，他还受邀担任厦门六中香港校友会名誉会长，用他的话说，母校教育之恩，当努力回报。[①]

（二）张燕鹏

张燕鹏先生是杰出的厦门六中校友，厦门六中校促会理事，北京邮电大学硕士研究生毕业。现任中国移动咪咕数字传媒有限公司总经理，兼任中国音像与数字出版协会数字阅读工作委员会理事长、国家新闻出版广电总局（咪咕数媒）出版融合发展重点实验室主任、国家新闻出版广电总局改革发展项目评审专家、教育部高等学校动画与数字媒体专业教学指导委员会委员、十一届杭州市政协委员、浙江省科技专家，被厦门大学、浙江传媒学院、厦门理工学院、厦门软件技术学院聘为客座教授与校外指导老师。2022 年 12 月，他获颁复旦大学荣誉证书，受聘担任复旦 MBA 企业数字化转型授课嘉宾。

他拥有 30 年的经营管理经验，在品牌战略、团队组织、市场营销、信息化建设等方面积累了丰富的实践成果，取得了多项国家专利及信息化建设成果，参与制定中国手机动漫国家标准。他曾获浙江省文化创意产业先进工作者、福建省首届十大 ICT（信息通信技术）青年精英、中国通信学会科学技术奖、福建省软件杰出人才等荣誉奖项。

张燕鹏校友长期关心支持母校教育发展，他曾于 2008 年捐资扶持，完成母校六中心理咨询中心的硬件设施项目建设，为厦门六中的教育发展做出积极的贡献！

（三）林燕彬

厦门六中 1988 届初中毕业，现担任厦门旭初税务师事务所有限公司董事长、会计师、注册税务师，已从事财税顾问 20 余年。她精通会计、税务相关业务，熟悉经济法律法规，恪守独立、客观、公正、廉洁原则，依法

---

① “福建省同心慈善基金会”微信公众号，摘自邓似宾：《安心》，（厦）新出内书第 2016097 号。

维护纳税人合法权益，帮助纳税人提高办税质量，降低税收成本诸领域功底深厚，业务扎实，深受人们的好评。由于才华出众，贡献良多，被推选为厦门市女企业家协会副会长、厦门市私营企业协会理事、厦门市注册税务师协会理事，成为较有影响的女民营企业家之一。

由于在本行业内的杰出成绩，林燕彬经常应邀作税务普及报告或发表论文，在社会团体及业界中享有极佳的声誉，并获得一系列荣誉，如经福建省个体私营企业协会授予2005年度福建省个私协系统“精彩女性”荣誉称号，厦门市首届“十大杰出创业青年”提名奖，经共青团厦门市委授予“特区建设青年突击手”称号，经厦门市注册税务师协会授予“优秀注册税务师”荣誉称号，经省妇联、个私协授予“巾帼建功标兵”荣誉称号，经厦门市民政局、厦门慈善总会授予“慈善之星”荣誉称号等。

林燕彬是一位有理想与信仰的企业家，她是南安奎霞人，这里是福建省著名的侨乡之一。因为从小受到父亲林树德的影响，致力于“侨海报国”的她于2003年加入了中国致公党，并于2015年开始担任思明区第五支部的主委。在担任主委期间，她组织开展形式多样的支部活动，加强自身建设，努力提高党派的素质。她积极发挥党派优势，提升社会服务水平，多次与嘉莲街道侨联共同开展社会服务，拉近了致公党与社区居民的距离。事业有成的她，不忘热心社会公益。2010年12月，“旭初”向厦门市慈善总会捐赠了118万元，成立旭初慈善基金。林燕彬长期坚持捐资助学，截至2017年，共捐赠近200万元，资助上千名学生。2020年新冠疫情伊始，林燕彬不顾危险，不仅作为志愿者积极参与疫情防控，还联合致公党党员捐资100万元发起成立天使慈善基金，积极为厦门市第一医院、第二医院、双十中学、思明区工会、蓝天救援队等捐赠空气净化设备及疫情防控物资。

（四）陈思恩

厦门六中1999届高中校友，厦门六中校促会理事，科技谷（厦门）信息技术有限公司总裁兼首席执行官。先后在厦门大学、英国曼彻斯特商学院、美国圣何塞州立大学等高等学府主修了应用电子技术、计算机科学、软件工程、管理科学、统计学、决策及系统科学等六个专业，在大数据及人工智能领域潜心钻研获益颇深，并被评为国家高级项目经理、教授级高级工程师、微软认证讲师（MCT）及美国项目经理（PMP）。

近年来，陈思思先后担任福建省数字经济专委会副主任、福建省数字经济企业商会高级顾问，并获得国务院政府特殊津贴专家、国家级重点人才计划专家，以及全国工商联大数据运推（网络安全）委员会委员多项殊荣。他被厦门市人民政府授予“2019年度厦门市杰出人才”，同时也是福建省非公有制经济优秀建设者、福建省互联网经济优秀人数据运维（网络安全）委员会委员。2021年9月，在第二十一届中国投洽会会上，《印象湖里·人才新章》人才宣传片正式发布，记录湖里区作为厦门经济特区发祥地40年来的改革发展成就。陈思恩应邀成为湖里区40年发展的首位人才故事讲述者。2021年，陈思恩还入选为G20青年企业家联盟项目中国理事会青年委员。

二、专家学者

（一）高树彬

厦门六中1974届高中老校友，厦门市中医院原副院长、主任医师、教授、硕士导师、国家卫健委儿童用药专家委员会委员。系中华中医药学会儿科分会副主任委员、中华中医药学会外治分会副主任委员、中华中医药学会儿童肺炎联盟副主席、世界中医药联合会儿科分会常务理事、福建省中医药学会儿科分会主任委员、福建省中医药学会儿科分会主任委员、福建中西医结合儿科分会副主任委员、厦门中西医学会会长，国家临床重点专科（中医）学科带头人、国家中医药管理局重点专科（儿科）学科带头人、厦门市领先学科（中西医结合儿科）带头人。

高树彬为人热情友好，和蔼可亲，自喻“江湖人称高爷爷”，医德医术精湛，受到广大病患及家属的敬重和赞誉。他创立的微信公众号“澍幼堂”长年累月为病患家庭提供咨询服务。退休后，继续坐堂行医，发挥所长，服务社会大众。

（二）陈振裕

厦门六中首届毕业生，1979年6月任湖北省博物馆考古部副主任，

1989 年 3 月任湖北省文物考古研究所所长，1993 年获国务院政府特殊津贴，1995 年度湖北省有突出贡献中青年专家。全国哲学社会科学“八五”“九五”规划考古学科组成员，中国考古学会理事，鄂豫皖湘四省楚文化研究会常务理事，湖北省社科规划历史学科组成员，湖北省考古学会副理事长。主编的《云梦睡虎地秦墓》获 1984 年度省社会科学优秀成果三等奖，《云梦睡虎地秦简文字编》获湖北省社会科学优秀成果省级三等奖。还主编有《江陵望山沙家冢楚墓》，《中国漆器全集》第一卷、第二卷，《湖北战国秦汉漆器》等专著，发表论文和考古报告文章百余篇。

1964 年，陈振裕从北京大学历史系考古专业分到湖北。第二年在荆门、钟祥、江陵沿途考察，最终在江陵八岭山一带发现大型墓葬几十座，通过打探初步判断是汉墓或楚墓。在挖掘纪南城望山一号到四号墓的时候发现宝剑，并发现上面有八个字，“越王自乍（作）用鐱（剑）”，经多方证实，由此断定为越王勾践剑。

（三）李寒莹

厦门六中 1998 届优秀校友，现任浙江大学高分子科学与工程学系教授，系常务副主任，高分子合成与功能构造教育部重点实验室主任、浙江大学高分子新物质创制国际研究中心主任。曾任浙江大学科研院成果与知识产权管理部部长、浙江大学伊利诺伊大学厄巴纳香槟校区联合学院副院长。本科和硕士毕业于浙江大学高分子科学与工程学系，2009 年获美国康奈尔大学材料系博士学位。之后，在美国斯坦福大学做博士后研究。2011 年底到浙江大学工作。2012 年获国家基金委首批优秀青年科学基金资助。2016 年获国家基金委杰出青年科学基金资助。李寒莹研究致力于将材料有序化与复合化思想有机融合，面向光电应用，形成“单晶复合有机光电功能材料与器件”的独特研究方向。同时，他讲授《高分子物理》本科核心课程，被教育部认定为首批国家级一流本科课程。2013 年在柏林第 12 届先进技术聚合物（PAT）大会上获得首届 PAT 终身成就奖（初级）。2019 年，获冯新德高分子奖最佳文章提名奖和“浙江省有突出贡献青年科技人才”称号。2017 年起先后担任《中国化学快报》杂志执行副主编、执行主编。2019 年担任《高等学校化学学报》高分子学科青年执行编委。2020 年担任 *GIANT*

杂志执行编委。曾获2018年浙江大学优秀共产党员、新时代浙江省“万名好党员”、2017年“浙江青年五四奖章”等荣誉。

李寒莹教授在回母校参观时表示母校对他的成长影响深远：自己在六中求学的那段时间（20世纪90年代）正是六中快速发展的时期，作为与母校共成长的六中学子，无比幸运！近年来，母校的跨越式发展更是令人瞩目，学校的社会影响力越来越大，作为六中校友，非常自豪，同时很愿意为六中的学弟、学妹普及前沿科学知识。学校创造教育的浓厚氛围，学科竞赛的思维培养，以及庄小荣、刘美兰等多位六中老师的教诲和鼓励，早早地在他心中播下科研的种子，打下良好的科研基础。高中阶段，李寒莹在庄小荣老师的指导下获得了福建省化学奥林匹克竞赛一等奖，大二开始就进入实验室，走上科研之路。

三、艺术人才

（一）魏良河

厦门六中1972届高中校友，福建省音乐家协会会员，厦门市声乐研究会和厦门市合唱协会理事，美国迪贝艺术家协会会员。

魏良河老师是土生土长的厦门人，父辈曾在八市一带从事茶行生意。20世纪70年代初，魏良河跟随昔日厦门著名声乐老师林连福先生（厦门六中教师）系统学习声乐。青年时期，他先赴福州后又赴日本求学，后来也多次出访美国、俄罗斯、欧洲、澳洲、日本、新加坡、菲律宾等国家进行比赛和演出交流，但这座海滨城市，始终是他生命的根脉所系。因为他50年的艺术生涯，就是在家乡厦门萌芽，并且通过自身的不屈奋斗，一点一点开花结果的。

魏良河不仅是知名的抒情男高音，也是厦门地区非常资深的声乐教师。他的育才生涯从2000年开始，迄今已有二十载。他教过的学生遍布省内外、国内外，5岁到70多岁都有。这么多年，具体教过多少学生？魏良河很认真地算了一下，笑着回答：“真的数不清了。”虽然桃李满天下，但魏良河一直坚持“教艺先教人”的原则。对他来说，比起让学生学会演绎更多歌曲，教他们做人的道理是更先一步的言传身教。

魏良河能教学生、会教学生是家长公认的，他的教学秘籍到底是什么？其实就四个字：以身作则。魏良河告诉小编，声乐其实最难教，看不见摸不着，所以老师自己的专业能力特别重要。“老师都无法站上舞台的话，教学生怎么会有说服力呢?”从艺 50 年，魏良河参加的大小演出近千场次。除了教出许多优秀学生，他最自豪的就是自己在如今将近 70 岁的年纪，依然能以饱满的状态站上舞台。

2022 年，魏良河收到中央音乐学院现代远程音培教育学院颁发的“全国优秀指导教师奖”荣誉证书。这是魏良河在传授音培教育中获得的第四本荣誉证书。

（二）陈飞

厦门六中校友、校促会理事，厦门市十三届政协委员，厦门市女企业家协会常务副会长。她创办陈飞（厦门）文化传媒有限责任公司，并任董事长。近年来在文化产业市场上，她推动海峡两岸文化交流，不断开拓创新，辛勤耕耘，取得令人瞩目的成绩。她履新职责，积极参政议政，建言献策；她热心公益，在慈善帮扶济困上，奉献爱心，回馈社会；她关心支持母校教育发展，积极参加校促会组织活动，受到广泛的好评。2022 年 12 月，陈飞成为“首位推出元宇宙闽南语歌曲的歌唱家”。

陈飞的名字在闽南不说如雷贯耳，也是耳熟能详。这个土生土长的厦门妹子，从小热爱闽南文化并立下宏愿：为闽南文化而生，毕生致力于让闽南文化光耀全球。她不仅是中国大陆首位闽南语歌后，还参与组织全球闽南语歌曲创作演唱大赛并连续六届担任评委。能够连续六届担任评委，在全世界范围内她是唯一一个，单凭这件事就证明了陈飞的实力以及世界对她的认可。她还是世界闽南语音乐联盟和世界闽南文化研究会发起人，被网友誉为“向世界传播闽南文化的领航者”。近年来，陈飞探索出一条运用高科技推动闽南传统文化发展的新模式。她的团队携手美国、德国，以及我国台湾地区顶级科技与娱乐演艺团队重磅打造出一部创新多媒体旅游大戏“大话铁观音”，该剧一出，轰动海峡，名满东南，使闽南元素插上高科技的翅膀，传播久远。在厦门的 5D 欢乐秀，已经是成功的案例，这一场秀的来之不易，个中艰难，没有亲身经历是没法切身体会的。每次提到这份事业，陈飞都会笑着说，一切都值得，只要让更多人接受和认可，让闽南文化插上翅膀，再多的付出都不值一提。

作为六中校友，陈飞依靠自己不懈的努力和追求，成为厦门音乐界的精英，为六中教育发展奉献爱心。她曾在厦门六中教育发展校促会 2020 年年会上发言表示："作为一名致力于中华文化交流和海峡两岸文化交流的闽南本土音乐人，我今天所取得的成绩，与当年母校对我的培养是分不开的，学校的美育滋养了我，为我的音乐梦想插上了腾飞的翅膀！我始终对母校怀着一颗感恩的心！能够成为厦门六中教育发展促进会的理事，是我的光荣和使命，今后我将和在座的同仁们一起，一如既往地关心、支持母校的教育发展，创新工作，为学校提供更好的服务，共同谱写六中未来更加灿烂的华章！"

（三）高至凡

厦门六中音乐教师。2014 年到六中工作，潜心音乐教育和合唱团建设。短短五年内，带领六中阿卡贝拉合唱团唱响全国，享誉各界。2019 年 7 月 19 日，他因突发重疾抢救无效离世，年仅 28 岁。教育部追授高至凡老师为"全国优秀教师"，福建省教育厅追授其为"福建省优秀教师""福建省最美教师"。

2014 年，高至凡从厦门大学音乐系毕业后，来到厦门六中当一名音乐教师。厦门六中合唱团成立于 1995 年。高至凡生前接受媒体采访时说，一开始，他和其他人一样，觉得合唱是很"老派"的东西。但是自从带厦门六中合唱团的这群孩子之后，孩子们让他对合唱有了新的理解。有个性的老高总想在音乐上做一些有意思的、别人没有尝试过的东西。高至凡说，他于是找来徐聪老师一起探讨合作，决定用阿卡贝拉的演绎方式，做无伴奏、多声部的合唱。

阿卡贝拉，也称无伴奏合唱，表演过程中不使用任何乐器进行伴奏，演唱者需要用人声去模仿乐器，以及通过多声部的叠唱创造出丰富的声音。这种演唱方式当时在国内还比较少见，而且，即使在国外，一般也是在大学生或以上的年龄层中流行。而高至凡和徐聪要做的，是要指导一群十几岁的初中生唱阿卡贝拉，难度可想而知。

高至凡总能想出一些“怪招”吸引孩子们进入音乐课堂，比如带些红酒软木塞到课堂，让学生咬住发音，训练腔体共鸣；或者让学生们用气息将纸片贴在墙上。为了让这些十三四岁的学生放下包袱，他会像做游戏一样自己示范几遍。作为音乐老师，高至凡也有两把刷子，钢琴、贝斯、电子琴、手鼓都能玩得溜，还担任高中部合唱团的管弦乐指挥。在音乐要求上，高至凡从不放松。“肯定是专业水准，我们可以给学生打十分，但按照一百分的水准来要求。”课后，他都会给学生布置视频作业。在他看来，学校的氛围对“小朋友”的音乐素质培养十分重要。

在六中合唱团走红之后，高至凡反倒更加低调，他似乎不愿意抛头露面，实在推不掉的媒体采访中，他一定会把徐聪（厦门六中合唱团制作人）带上，把学校带上，有时他还要求，只出现合唱指挥。他追求比“爆红”更恒久远的东西。在接受《厦门日报》采访时，他说，我们只想纯粹地用“阿卡贝拉”这种表演形式做出优秀的音乐，终极目标是希望让更多学生在感受美、表现美、鉴赏美、创造美的过程中，不断提高审美情趣和艺术修养。这不是套话。他说，艺术健体，常以艺术养生，看到、听到都是美的。我们要培养幸福的平凡人，孩子全面发展才能适应未来社会，这其中就离不开美育教育。他还说过，不在乎多火，不在乎得什么奖，学生真正享受音乐是对自己的最大肯定。

高至凡被选为“2019 感动厦门十大人物”之一，颁奖词写道：一颗爱乐之心，点燃无数少年人的音乐梦想。用创新创造快乐，你让音乐回归“追求美好”的本源，让教育回归“以人为本”的初心，让每个人都活出生命原该有的最美模样。每当音乐响起，我们都会想起你，那颗夜空中最亮的星。

四、体育健儿

（一）龚金春

厦门六中 1976 届高中校友，现担任乒乓球馆教练，国家级乒乓球裁判，国乒在厦门训练比赛时他参与裁判工作。

他曾经撰文回忆道："光阴荏苒，离开母校一晃已经四十余载。往日时光令人难忘，特别是我在六中就读时的运动生涯，六中乒乓球队曾经的辉煌，以及我个人为母校曾经作出的努力和获得的荣誉，至今想起来还是历历在目，那美好的时光让我激动万分。1972 年，我从育新小学毕业，跨进了六中校门，不久就加入了六中乒乓球队，当时的队友有陈坤辉（按：陈坤辉，现旅居香港，厦门六中香港校友会第二届会长，荣誉理事长）、吕自由等。当年，我们代表六中，参加全市中学生乒乓球比赛，一举获得男子团体赛冠军！1972 年、1973 年，我和其他选手代表厦门市参加了全省少儿乒乓球比赛，又获得男子团体赛亚军的荣誉，我个人获得 1973 年全市少儿乒乓球比赛的男子单打冠军。70 年代，应该是六中乒乓球史上最辉煌的时期，我为自己能为六中争得荣誉感到十分激动和自豪。八次荣获世界乒乓球比赛冠军的郭跃华，是我当年的队友、师兄，我们曾经一起训练，结下了深厚的友谊，至今还保持联系；曾获世界杯男子单打冠军的陈新华，参加过 1988 年奥运会的许增才，都是我在省队训练时的队友，我们一起代表福建省参加过全国三省一市乒乓球比赛，共获佳绩。忆往昔，激情满怀；看今朝，心潮澎湃。我的母校厦门六中，如今已是誉满全国的名校，是一所集各种人才于一体，德智体全面优秀的重点中学，更令我们倍添自豪。我爱你，母校！祝你永远青春常在，不断焕发生机，我们将一生以你为荣。"

（二）倪志钦

厦门六中校友、中国跳高运动员，运动健将，第四届全国人大代表。1958 年入福建队，1959 年被选入国家队，1965 年加入中国共产党，历任中国田径队教练、福建省体委副主任。

1970 年 11 月 8 日，在湖南长沙的田径比赛中，倪志钦跳出 2.29 米的成绩，打破了由苏联运动员布鲁梅尔保持的 2.28 米的男子跳高世界纪录，成为中国第一个打破男子跳高世界纪录的运动员。1961 年到 1970 年之间，倪志钦共 13 次刷新亚洲纪录，成绩从 2.11 米提高到 2.29 米，其中 2.29 米的亚洲纪录保持了 11 年之久。联邦德国的《布洛克豪斯体育辞典》和法国《体育百科全书》都把他列入人物词条之一。1987 年，在国际田联成立 75

周年的庆祝大会上，评选出“世界田径史上最杰出的38位运动员”，倪志钦位列其中，这是中国大陆唯一获此殊荣的运动员，国际田联永久地将倪志钦载入在世界田径史史册。贺龙元帅携夫人曾接见过倪志钦，更甚周总理携邓颖超也曾接见过倪志钦。

（三）林振东

1976届厦门六中高中校友，厦门六中香港校友会永远名誉会长。

20世纪70年代，学校并没有招特长生，各校的起点一样。六中足球队组队后，在许顺庆老师的率领下认真刻苦投入训练，每天坚持出早操，放学后训练，直到天黑才回家。在那个艰苦的年代，虽没有任何补贴，但大家的劲儿往一处使，汗往一处流，教练兢兢业业，队员勤勤恳恳，终于踢出了六中足球的一片新天地！1975年，六中足球队荣获厦门市中学生足球比赛高中组冠军、初中组亚军。当年精彩激烈的各场比赛中，特别是作为队长、主力队员参加的1975年厦门中学生足球高中组比赛，林振东先生至今记忆犹新：六中队一路过关斩将，连战连捷，终于挺进了最后的决战，与厦门二中足球队争夺冠、亚军。厦门二中足球队是厦门足坛的传统强队，在教育系统几乎是一枝独秀。面对强大的对手，六中队员在队长林振东的带领下，充分准备，不畏强手，敢打敢拼，把平时训练的技战术水平发挥得淋漓尽致。经过90分钟激烈的争夺，六中代表队终于战胜了对手，刷新了厦门中学生足球赛的历史，翻开了厦门中学生足球赛新的一页。不仅如此，在后来林振东和同届校友卢文俊，1977届高中生李志明，1978届高中生吴跃全，四人同时被选入福建省足球队（专业队，当年的全国甲级队之一），这在六中校史上绝无仅有。六中校友中先后被选上福建足球队的队员有周振全、张伟明、叶少坤、庄聪明、许文化、林振东、吴跃全、李志明、卢文俊、陈建聪、郭文伟等人。1980年在全国足球最高级别赛甲级队比赛中，运动员林振东在足球射手榜名列前茅，位列众多国手之前。

如今，林振东先生仍然在为他心爱的足球事业奋斗着，于1996—2018年担任厦门市足球协会副主席。他时刻关心、关注着母校的发展，并热心于校友联系工作，担任厦门六中香港校友会永远名誉会长。

（四）陈水沟

厦门六中1970届初中校友，厦门市民立小学退休体育教师，曾任厦门市民立小学关工委副主任。2008年获“福建省师德标兵”称号。

陈水沟当老师，是“半路出家”，因为历史原因，初中一毕业就上岗了。而他的梦想是当兵保家卫国，没想到成了“孩子王”。陈水沟说，他天生中气足，声如洪钟，这让他的课堂充满激情。刚进校时，学校安排他带四个初一的班级（当时有办初中部），但他主动请缨，要求再给两个低年级的班级。“体育要从娃娃抓起！”陈水沟说，当时民立小学是厦门数一数二、令人向往的学校，他在民立小学，更要把体育教学工作做到数一数二。不在乎课程多少，也不懂得累，反正就是住在学校里。陈水沟说，他曾有过一周上24节课的记录。他笑称自己“半路出家”基础差，因此每天都到学校图书馆阅读有关体育教学的书，边看边做笔记，哪个知识点在哪里，一翻便知。他在课堂上擅于融入学校“情智相融”理念，令许多师生难以忘怀。

为了上好每一节课，陈水沟很拼。他说，曾经因为要上一堂面向全国500多名教师骨干的公开课，他三天三夜没睡觉，梦里都在组织课堂教学。他认为，一堂好的体育课，要让学生有“五动”：手动、脑动、嘴动、情感动，还有身体动，缺一不可。“上一节体育课，就是一段故事！”陈水沟说，不单课堂上要生动有趣，在日常，他也能让枯燥的训练变得妙趣横生。“训练完有故事听哦！”陈水沟说，每次上完课都会给学生们讲十来分钟的故事，那些故事是他从别处听来看来的，这招很管用。“还想再听？下回训练完再分解。”陈水沟说，练体育是辛苦的，是用汗水换取成绩，所以课堂更要变得有趣。要调动孩子的激情，教师情感就要投入进去，才能上好一堂课。因为教的是小学生，他善用儿童的语言，比如其总结的“手势加上去，口令拉长一点”，小学生爱听会听也很快能照做。他创新教具，用废旧高压锅盖塑料圈，让孩子们跳圈，孩子们觉得很好玩。

陈水沟说，别以为体育课就是脑袋空空练练四肢就好，不是的！在他的体育课堂，一定会穿插别的学科的知识。初中毕业的他，曾写了一篇《相关学科渗透教育法》的论文。他带的田径队，在思明区的各项比赛中，成绩几乎都是前三名，还曾有过四连冠的纪录。值得一提的是，他还是当时厦门唯一学历不够而被破格晋升为高级教师的老师。2008 年，陈水沟获得了“福建省师德标兵”称号。

五、后浪青年

（一）胡文芯

厦门六中 2018 级毕业生，初高中均在厦门六中就读，高中毕业就被美国哈佛大学录取。她曾获得第 11 届省青少年机器人综合技能竞赛一等奖、数学建模大赛全国二等奖、科技创新大赛全国三等奖。她 13 岁就参加模拟联合国大赛，和高中生展开辩论；她是 CCTV“希望之星”英语风采大赛全国总决赛十强之一；她和队友还获得厦门美式辩论赛冠军……不仅如此，她还音乐、美术、踢球样样精通，是学校合唱团团员、女足队员，数学建模队员、模联社成员和志愿者。

厦门六中以优质的教育资源助力她全方位、立体式发展，她不负众望，获得多所世界名校的青睐，最终被美国哈佛大学录取。

（二）林博洋

厦门六中 2018 级毕业生，初高中均在厦门六中就读，是六中艺术团的一员。她以声乐特长生第一名的成绩考进厦门六中初中部，后来又以表演主持特长生第一名的成绩考进厦门六中高中部，后被北京电影学院录取。

2016 年，她参演的朗诵节目《八声甘州——铜钵村的孩子》，在素有中学艺术“奥斯卡”之称的第五届全国中学生艺术展演中，以全国第二名的成绩荣获一等奖；2018 年，在六中“博雅”气质的熏陶下，以优异的成绩考入北京电影学院；2019 年，林博洋出演了由张艺谋执导的犯罪警匪电影《坚如磐石》；2021 年，参演的故事片《梭梭草》与大家见面；2022 年，主演的剧情片《只要你过得比我好》上映，特别出演的战争片《狙击手》于大年初一上映。

（三）许安萍

厦门六中 2020 级毕业生，初高中均在厦门六中就读，后被英国剑桥大学录取，小升初时以舞蹈特长生的身份考入厦门六中文艺班。回想起安萍在六中初中部的情况，当时的段长刘静怡老师，依然如数家珍，对许安萍依然赞不绝口。“她真的太优秀，一个模范得接近完美的学生，她不仅仅是舞蹈特长生，学习成绩在年段也是顶尖的，真的是文艺双馨。”“她作为舞蹈特长生的条件非常好，一入学就是学校舞蹈队、啦啦操队的台柱子，她最大的特点就是非常自律，无论是舞蹈还是学习。”六中艺术团团长陈琦老师对自己的得意门生称赞道。

许安萍以保送生第一名的身份进入厦门六中高中部学习，与初中时一样，安萍同学一如往常的优秀。在高中班主任史习佳老师的口中，安萍的最大特点是全面。“她几乎是全能的，不仅仅是学习成绩，英语话剧比赛、集体舞比赛、体育运动会几乎所有的集体项目都有她的身影，在话剧比赛中，她既是编剧又是导演，还担任主角，从表演时的音乐伴奏，到剧中舞蹈片段编排都是她负责，带领班级一举夺得第一名的好成绩。这样一位优秀的女孩，值得一个更广阔的平台展翅飞翔。”

而在她的高中段长林伟老师眼中，安萍最让他感动的是她对理想的坚持。高二升高三，她打算放弃国内高考，前往英国读书，以便报考剑桥大学。林伟老师坦言道，当时听到过这么优秀的理科“一号种子”准备放弃国内高考，有点儿吃惊，但是与她长聊后，才知道对安萍而言剑桥是她从小的目标与梦想。如今她如愿以偿，林伟老师也不禁感慨，敢想敢追梦，对梦想对理想的坚持，是她能走进剑桥的原因。

穿越时光隧道，重拾青春芳华。叙不尽的故事，话不完的情长。阅今朝，知未来，六中人将继续深耕沉潜，埋头苦干，以无我之境界，谱有我之华章。六中的教育事业，始于教师代代耕耘、勉力奋行，成于学子不懈登攀、传扬美名。让我们共同谱写六中未来的灿烂华章，让我们共同期待六中的明天更美好！

思考点：通过本节的阅读，结合关于厦门六中优秀校友的社会报道和身边亲友，你还能搜集到哪些优秀校友的先进事迹？请整理出一篇专题报告，和大家分享。

第二节　构建博雅育人体系，促进学校特色发展

党的二十大报告指出，教育、科技、人才是全面建设社会主义现代化国家的基础性、战略性支撑……要坚持教育优先发展、科技自立自强、人才引领驱动，加快建设教育强国、科技强国、人才强国。新时代，如何坚持为党育人、为国育才的初心使命，培育更多追梦人、塑造更多奋斗者？如何推进育人方式改革和学校多样化发展？学校将理论与实践有机融合，“博雅”育人体系日益成熟，五育融合的“博雅”育人体系备受全国的关注和赞誉。

《中国教育现代化2035》指出，提升高中阶段教育普及水平，鼓励普通高中多样化有特色发展。学校以教育为本，教育以学生为本，无论学校如何多样化发展，其根本都在于促进每个孩子得到全面、个性化而有质量的发展。换句话说，学校多样化发展的最终表征是人才培养的多样化。高中阶段作为学生立德、增智、健体，益美和促劳的黄金时期，肩负着构建德智体美劳全面培养的育人体系，培养适应时代发展的多样化创新人才的历史使命。

所谓“博雅”，简而言之是“博在通识，雅在修身”，即以完善课程体系和丰富的实践活动提高学生的见识和修养，在重视培养学生科学精神、人文素养、合作意识、创新思维和实践能力的同时，挖掘学生个性化潜质，促进学生全面性、多样化发展。

一、厦门六中“博雅”特色校本课程

课程是教育和教学工作的基础和核心，也是人才培养的重要载体。厦门六中始终把“面向全体，尊重个性，促进发展”作为课程实施的核心原

则，面向不同兴趣爱好、不同个性特长的学生，制订《厦门六中“博雅”特色校本课程发展规划》和实施方案。在课程育人、活动育人和文化育人理念的指导下，学校以严格实施国家课程为前提，将课程建设与学校办学特色深度融合，构建以培养学生国际视野、中国情怀、创新志向和发展梦想为目标的特色校本课程体系（见下图），全方位、立体式融入日常教学、社团活动、研究性学习和生涯实践中，为学校“博雅”育人体系的构建与实施奠定坚实的课程基础。

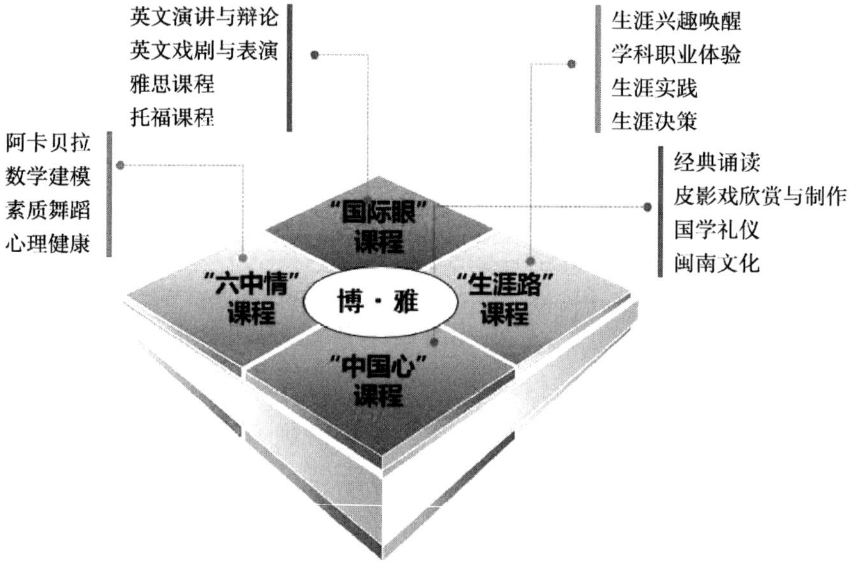

厦门六中“博雅”特色校本课程体系

（一）“国际眼”课程——放眼看世界

新时代的中学生不仅要学习丰富的知识和技能，还应具有开阔的国际视野。

“国际眼”课程主要依托国际教育试点校平台，以全外教的形式在高一、高二年段进行普惠式小班教学，开设哈佛演讲与辩论、英文戏剧与表演、雅思、托福和境外游学等课程，旨在促进学生“睁眼看世界”，了解世界文化，让学生在心怀祖国的同时，能够触摸世界，开阔视野。

学校在高一年开设哈佛演讲与辩论课，外教老师通过演讲、辩论、戏剧、短期境外游学等形式开展主题式、场景式教学，以团队合作学习的方式培养学生的语言表达能力和团队协作精神，生成具有正能量和教育意义的英语戏剧作品。学校每年举办英语戏剧节，将优秀的英语戏剧作品进行集中展示，为学生提供展示语言和表演才华的舞台，丰富校园文化生活。

与此同时，六中是厦门市首批普通高中国际化试点学校，坚持“立中华魂、育国际人”的办学思路，扎实推进国际化人才培养模式的创新与探索，融合中外教育精华，用世界眼光深入开展有温度的教育教学实践，让学生有机会分享国际教育课程和资源。2017 年 10 月六中与美国加州南麓私立学校签订了友好学校协议。美国加州南麓私立学校创办于 1957 年，位于加州洛杉矶，设置 1—12 年级课程，是一所办学成效突出的优质学校。双方商定不定期互派师生短期或长期交流学习。2018 年 6 月 13 日、2019 年 7 月 16 日，我校两届新高一保送班的学生在学校的安排下，前往美国参加为期两周的“厦门六中—美国加州南麓学校友好交流营”活动。

在美国的旅程从课堂开始。艺术与手工课堂上，完成了以自己肖像作为封面的手册；制作水火箭的课堂，看到空瓶子的时候大家都还懵懵懂懂，但是当自己的火箭升空的那一刻，心情就像喷射出来的水花一样激动不已；保护鸡蛋的实验，经过手工制作自己的防冲撞设施，看到试验后的鸡蛋完好无损，再结合老师分发的汽车结构图和讲解，突然就获得了不一样的感悟。通过课堂活动，体会了异国他乡的不一样的课程，不一样的授课方式，让学生更好地开拓了国际视野。

当然，这仅仅是其中一个项目，还有参观博物馆、寄宿在美国家庭一起生活……

（二）“中国心”课程——胸怀爱国心

培养学生的中国情怀和国家认同感是学校开展社会主义核心价值观教育的重要内容。

“中国心”课程着眼于中华传统文化的传承、民族责任感的培育及公民素养的提升，将经典诵读、皮影戏欣赏与制作、国学礼仪、书法、闽南文化等内容融入党史、思政和德育课程，构建“体悟型”德育模式。

例如，学校鼓励教师创新教学形式，打破学科界限，整合教学资源，通过阿卡贝拉无伴奏合唱、朗诵和戏剧等多种艺术形式开展思政课与音乐课的跨学科融合教学，用学生喜闻乐见的方式呈现党和国家的光辉历程。

2021年3月18日上午，厦门六中学生思政宣讲团成立。宣讲团将以生为本，充分发挥学生学习思政理论的主体性，让学生唱主角，以青年的视角、用青年的语言、扬青春激情，来激发思想共鸣，呼唤价值认同。宣讲团创新形式，结合阿卡贝拉、朗诵、戏剧等形式开展丰富多彩的思政宣讲活动，灵活多元，生动活泼地传播思政知识、普及思政理论、提高中学生思政素养，激发上好思政课的强劲动能，引导更多中学生参与新时代党的创新理论的学习宣传实践，全面展示新时代中学生风采，使思政宣讲成为塑造人格的有效载体和培养时代新人的实践平台。

厦门六中思政宣讲团共举办了“读史明智，薪火相传”为主题党史教育思政课、“我心向党百年礼赞”爱国主义大课堂、“青春聚焦党的二十大”博雅思政课以及开展七期的立德讲堂宣讲。

此外，学校引导学生发挥创新潜能，开展“学‘四史’，燃青春”主题艺术创作征集活动，旨在通过活动检验教学效果，并遴选优秀作品在学校的艺术节上进行展演，传递爱国、爱党的正能量，让学生在体悟中成长。

（三）“六中情”课程——树立创新志

多元智能理论提倡多样化的人才观，认为每个学生都有一种或数种优势智能，只要教育得法，每个学生都能成为某个方面的人才。

“六中情”课程关注每个学生的优势智能和个性需求，基于科学（Science）、技术（Technology）、工程（Engineering）、人文艺术（Art）和数学（Mathematics）有机融合的STEAM跨学科教学理念，将创造教育、艺术教育和心理健康教育三大办学特色课程化，开设阿卡贝拉、数学建模、创造思维、素质舞蹈、手工、园艺、心理健康等课程。

学校面向不同层次的学生，构建由数学建模必修课程、研究性学习课程和STEAM校本课程组成的“数模三阶课程”，引导学生以团队合作的形式，运用数学知识和方法解决现实世界的问题，培养学生的数学应用能力、合作精神、创新思维和核心素养，开展数学创新人才早期培养的教学实践。

在此基础上，厦门六中联合厦门市教育科学研究院连续举办三届厦门地区数学建模联合研习活动，通过“直播线上课程—发布活动赛题—开展校内答辩—进行联校答辩”四个阶段实施数学建模教育的普及与推广，促进区域学科育人方式的改革与创新，提升学校办学格局，发挥示范辐射作用。

数学建模教育覆盖多个学科，涉及的领域包含课内和课外，能让学生开拓视野，也切合了学校“博雅”教育中“博”学的要求。进入信息时代，学生从中学就开始在数学建模中感悟信息技术的魅力，感悟科技的魅力，这本身也是在培养一种气质，培养一种感悟前沿知识的高雅气质。厦门六中构建了“三位一体”数学建模“进阶式”校本课程体系，具体是指数学建模必修课程、研究性学习课程、STEAM 课程。为了让不同层次的学生都有学习机会，厦门六中又将课程分为基础、进阶和高阶三个阶段，简称“数模三阶课程”。课程研究成果“多元融合，协同育人——基于创新人才培养的中学数学建模课程体系构建与实施”获得 2020 年福建省基础教育教学成果一等奖。学校不仅在国际数学建模挑战赛中斩获特等奖，还连续举办了三届厦门地区数学建模联合研习活动，并辐射全国，成为福建省中学数学建模教育的引领者。2021 年夏天，厦门六中教师还受邀参加第 14 届国际数学教育大会，向 129 个国家和地区的 2200 多名专家学者展示六中的数学建模课程体系。

(四)“生涯路”课程——开启发展梦

多样化人才的早期培养离不开生涯规划教育。

“生涯路”课程以增进知识、拓展见识和锻炼胆识为目标，包括生涯兴趣唤醒、学科职业体验、生涯实践和生涯决策等系列课程。其中职业体验课涉及建筑、金融、心理、法学、医学、工业设计、航空航天等 12 个专业大类及其所属的专业科目，生涯实践课开发 20 个生涯实践基地和参访线路，形成别具特色的高中生涯教育模式。

学校创新开设“博雅少年中国行”系列生涯实践课程。例如：带领学生到西昌观卫星发射。去上海国际时装周走学霸秀场、赴三沙永兴岛科考等，鼓励学生走出课堂，走出学校，走进现实社会，走进科技创新，开拓学生视野，帮助学生在生涯实践中关注自身的兴趣与体验，了解专业和职业的特征，明确自己的梦想与目标，挖掘自身的发展潜能。

国务院《关于新时代推进普通高中育人方式改革的指导意见》强调要构建德、智、体、美、劳“五育”融合发展的全面培养体系。“五育融合”不是德育、智育、美育、体育和劳动教育的简单拼凑和叠加，而是要将各育融入课堂教学、学科活动和社会实践之中，相互渗透，实施“以生为本”的校本化融合。

现在的家庭大多能让孩子衣食无忧，但是家庭教育仍存在很多不足，导致有的孩子会出现心理问题。比如有的家长忙于工作无暇顾及孩子，有的家长教育的方式简单粗暴。不少父母的确是发自内心地关注孩子，但是关注的方式方法往往不是孩子想要的，比如打骂、讽刺。孩子在这个家庭中不能得到足够的温暖和支持，导致孩子的内心比较消极。

改善方法主要有三。第一，家长个别座谈。在发现学生的心理或情绪上的突出问题后，确实需要家长介入的，心理老师则联合班主任、年段长、德育处一起邀约家长到心理会谈室就孩子的个性化问题进行探讨，有针对性地与家长沟通。特别是有的家长不认为自己的亲子沟通有问题，也不能理解学生有生命方面的危机的时候，学校则要进一步宣传心理和亲子沟通知识，引导家长走出教育理念的误区。第二，“家校论坛—家长学校”家长宣讲会。当意识到亲子沟通不是个别问题、学生的心理问题不是偶发的问题后，学校积极通过“家校论坛－家长学校”活动，开展各类讲座，或者通过各年年段家长会之前的几分钟进行心理知识、家校沟通的培训，向更多的家长传递亲子教育的好方法，并且特别注重邀请专业的嘉宾到校演讲。在各类的讲座、家长培训中学校特别重视提醒家长注意亲子陪伴，重视依恋情感的发展。智慧地经营亲子关系，适当地调整自己的语言和行为，正如李玫瑾教授所说的：“大人们好好学习，孩子们才能天天向上。”第三，面向家长的亲子沟通心理画报。为了让心理宣讲更有针对性，也能够让更多的家长接触到。还向每一位家长发放心理画报，用精美的图片、简短的文字，让家长只付出一点点读报的时间，就能够高效地收获到心理知识。

无论是家校论坛讲座，还是家长个别座谈，学校的付出都得到了家长的认可。这些努力让家长们更好地理解了青春期孩子的内心世界的同时，也掌握了一些与孩子沟通的技巧。正是基于这样的认知，厦门六中创新

“体悟型”五育融合模式，通过开展跨学科教学活动和“家、校、社”协同育人等方式，让学生投身到学习和生活实践中，促进学生在体验中感悟学习和生活的真谛，形成正确价值观念，必备品格和关键能力。提升学生核心素养，从而推进高中育人方式改革。

二、德智融合，铸魂启智

德育是学校教育教学的灵魂，教学质量是学校发展的生命线。厦门六中以“德育工作与教学质量两翼齐飞”为工作主线，发挥思政教师的德育引领作用，增强其立德树人的使命感与责任感。思政教师在落实思政国家课程的同时，充分挖掘具有时代特色的教育素材，开展思政与现实生活、其他学科有机融合的行为与社会科学类创新活动。

学校“体悟型”德育主要是指为学生提供符合学生学习实际的体验实践活动，发挥启悟与导向作用，指导学生主动投入到体验实践活动当中，在主体参与和认知、体验、感悟、实践当中，树立良好的情感态度与价值观，提升学生在政治认同、科学精神、法治意识、公共参与四个方面的核心素养。按照这些要求，近年来，学校将办学特色变资源，全面规划“体悟型”德育。

（一）打造“体悟型”德育课程体系，让学生在“识悟”中提高核心素养

坚持“立德树人”，全力打造以“立德讲堂”“后浪微课堂”“立德树人”德育论坛为主要阵地的“立德树人”德育新体系，以青年讲师团、班主任成长共同体、学生理论轻骑兵团队、学生思政宣讲团、学生讲师团为主体，优化“陈述·讨论·共识”“讲授·实践·反思”“主动·展示·榜样”三级德育课程形式，打通“师领师”“师领生”“生领生”三个维度的“立德树人”德育通道，深化全员德育，延伸“立德”教育课程的内涵。

（二）营造“体悟型”文化艺术氛围，让学生在“感悟”中寻获“真”知，涵育“善”情，养成“美”行

厦门六中建有厦门市首个校园朗读亭、音乐广场，并随处可见校园图书角，全力打造“书香校园”，处处格调高雅。抓住学生人生重要关口，举

办成人礼、毕业典礼、团代会，引导学生“体悟”成长的责任与担当。

（三）开展“体悟型”德育特色活动，让学生在“才悟”中感受自己的独特价值

以“学生发展指导中心”为阵地，成立学生成长发展学院，开展“学生成长发展学院”论坛。学生可以开设主题讲座、作品展览、社团排练、沙龙论坛，也可以通过中心的软件，做线上心理测评、职业规划，引导学生在自主管理、自觉成长中构建具有学习办学特色的学生发展指导体系，从而完成“体悟”。

学校秉持“学生能走多远，学校就把路铺多元”的理念，推出“百社十节”，拥有话剧社、微电影社、青藤书社、街舞社、新知模联社、吉他社等众多社团，鼓励学生培养特长，发展志趣，洋溢青春；还设立了戏剧节、科技节、诗歌节、读书节、文化艺术节、孝亲节、体育节等德育十大节日，给予学生发挥才艺的大舞台，“体悟”自身存在的价值与意义。

（四）锻造“体悟型”德育实践品牌项目，让学生在“行悟”中增强社会责任感、创新精神和实践能力

以生涯规划劳动教育为载体，让学生在劳动中“体悟”职业。在高一阶段为学生安排了生涯必修课、生涯测评课，并开展研究性学习、朋辈峰会等课程活动。同时，在高二年级，打造“筑梦”研学品牌活动，让学生在“生涯探索”中“体悟”。学校还举办“校企参访日”生涯研学活动，通过步入真实职场，和职场人士深度交流，开展职业劳动，让学生在真实的环境中“体悟”职业，做好人生规划。

值得一提的是，六中打造“居家养老”劳动实践志愿服务特色品牌活动，拍摄“居家养老”劳动志愿服务品牌活动宣传片，传播并辐射学校“居家养老”志愿服务活动优秀经验，从引导六中学子到引导全社会学子、青年人体悟“孝亲敬老，尊老爱老”“老吾老以及人之老，幼吾幼以及人之幼”。

（五）搭建“体悟型”家校社协同育人平台，让家长、学校、社区在“帮悟”中同向而行

办好家校论坛，畅通家校共育“立交桥”，目前六中入选“福建省家庭教育特色学校”。学校德育团队自 2015 年 10 月开办家长学校，以家校论坛为主阵地，开办近 30 期家校论坛主题讲座，引导、帮助家长“体悟”如何有效进行亲子沟通等亲子矛盾中最常见、最棘手的问题。同时，开展家长读书会、亲子运动会、亲子社会实践、亲子志愿服务、亲子游学等活动，引导家长“体悟”良好亲子关系的重要性，更加积极且有方法地参与到孩子的成长中去。

（六）以心理健康教育为切口，创造具有六中特色的“阳光心理，解忧为你”的“家校社”联合育人机制

围绕“阳光心理，协同育人”主题，举行心理特色凸显的家长会公开课、家长课堂、心理健康讲座；心理发展中心创建心理创意栏目《解忧杂货铺》，在铺子里设有解忧信箱、解忧便签、回音廊等等，供学生、家长随时投递、取阅，及时解答学习、生活、教育中的困惑，并定期为家长推送公众号文章，推出心理音乐剧，如《最近比较烦》《我相信》，帮助家长“体悟”亲子矛盾存在的原因，以及正确的教育方法。此外，加强心理健康教育德育辐射作用，对周边社区开展心理援助志愿服务、心理援助热线、录制电视台心理公开课等，帮助社区居民“体悟”形成健康心态，积极面对生活的方法。

三、德美融合，树人润心

美育注重培养学生发现美、表现美和创造美的能力，提高学生追求美好人生和崇高理想的志趣和境界。

美育为德育的实施提供有感染力、吸引力的支持性环境，以美育人，提升德育的效果。

厦门六中合唱团享誉全国。厦门六中博雅合唱团始建于 1994 年，均由热爱合唱的 12—15 岁在校生组成，是一支朝气蓬勃的年轻团队。合唱团团员品学兼优，秉承厦门六中“博雅”办学内涵，内外兼修。合唱团坚持净心、诚心、爱心的合唱教育理念，广泛涉猎不同语言、不同风格的优秀合唱作品，向光前行。截至 2023 年 5 月 1 日，厦门六中合唱团已 38 次登上央视，37 次登上“人民日报”公众号和微博，成为名副其实的福建名片。

2022年9月，第十九届群星奖获奖名单公布，该合唱团获群众合唱团队群星奖，全国仅有五支合唱团队获此殊荣。群星奖是国家设立的全国群众文化艺术政府奖，是群文系统的最高奖项，其权威性、艺术性和广泛性得到各级政府、文化部门、专家评委和广大群众的充分肯定和认可，影响深远。这也是全国性文艺评奖制度改革以来，我省首次获得这项全国群众文化艺术的政府最高奖。在第十九届群星奖比赛中，厦门六中博雅合唱团演唱了两首歌曲。其中，《我和我的祖国》是由中国台湾作曲家余忠元改编的同声合唱，采用抒情和激情相结合的笔调，将优美动人的旋律与朴实真挚的歌词结合起来，表达了青少年对伟大祖国的衷心依恋和真诚歌颂。另一首《彩色锦鲤》由作曲家温雨川作曲，是难度极大的九声部交织的无伴奏合唱。作品中充满了鱼儿自由活泼的节奏律动和大胆新奇的声响，透过富有张力的力度变化及不断变换的拍子，将池中锦鲤鱼跃翻腾、吞吐泡泡、追逐嬉戏的动静水墨画卷展现得淋漓尽致。

与此同时，厦门六中群舞《与妻书》将代表福建省唯一一支舞蹈队伍出征群星奖决赛。厦门六中舞蹈作品《与妻书》，创作于2021年5月，作品讲述了黄花岗七十二烈士之一、生于福州三坊七巷的林觉民，笃定“为天下人谋永福”、为革命牺牲的理想信念，在英勇赴死的诀别前夕，写给怀孕妻子一封绝笔信。信中，林觉民表达了自己对爱妻陈意映和饱经患难和沧桑的国家的深沉爱意。舞蹈还创新地用舞剧的形式进行表达，并把朗诵融入舞蹈中，讲述家庭幸福、国家前途、人民命运连为一体的意涵，讲述没有国家这个“大家”的幸福，就没有“小家”的 真正幸福。

2021年8月，在福建省第七届中小学艺术节，厦门六中艺术团在艺术表演类五大项目：声乐、器乐、舞蹈、戏剧、朗诵中荣获七个一等奖，另外还有两个优秀创作奖锦上添花，是福建省唯一一所“大满贯”学校，这也是自1995年六中艺术团建团以来取得的最好成绩。福建省第七届中小学艺术节（以下简称“七艺节”）每三年举办一次，也是福建省举办的中小学生最高等级艺术盛宴，素有中学生艺术界“奥斯卡”之称。此次全省共报送2000余份作品，经专家两次遴选，六中选送的七个作品均荣获一等奖，其中朗诵、戏剧作品双双受邀参加了在福州举办的现场展演活动。

校园剧《破晓》的创作源于《觉醒年代》的热播。它再一次让人回到那个激荡人心的年代，也更让人深入地认识了陈延年、陈乔年这对兄弟，“去时少年身，归来英雄魂”。如今的和平、幸福生活来之不易，这是用无数英雄的鲜血换来的盛世，即便他们离开了，我们都应该时刻铭记着英雄带给我们的幸福生活。合唱团精彩演绎了无伴奏合唱《我们的田野》以及西班牙语、拉丁语、英语作品 *THE WATER DANCE OF LLUVIA*，无伴奏合唱的音准、节奏把握，外文作品的多语言多织体多变化，语言发音准确度，声势动作的配合，指挥与钢琴、倍大提琴、团员之间的默契程度等等，无不在考量着合唱团中的每一个人。这是我校初中部合唱团第一次挑战同时参加三个组别的比赛，也是同组别参赛团队中年龄最小的参赛团队。呈现在舞台上的短短几分钟，是每一位合唱团员和老师一起认真排练的结果。管乐团作为一支年轻的队伍，以一曲《海门序曲》首次参加市赛、省赛，均荣获一等奖。取得这般成绩，实属不易。三年的蜕变，如今破茧成蝶、华丽绽放。因为热爱，合唱团的团员们聚在一起，身负学习重任的乐团选手们腾出了自己宝贵的周末与放假时间。无论阴雨或艳阳，寒冬或酷暑，每周坚持排练，成就了乐团的荣耀。在建党百年之际，舞蹈团谨以此部舞蹈作品，为党的生日献礼。创新性地用舞剧的形式进行表达，并且把朗诵融入舞蹈当中，讲述家庭幸福、国家前途、人民命运连为一体的意涵，讲述没有国家这个“大家”的幸福，就没有“小家”的真正幸福。朗诵团的《大江颂》也值得一提。长江源远流长，和黄河一齐被称作中华文明的“母亲河”，长江代表了中华民族历久弥新的坚韧气质，见证了伟大祖国筚路蓝缕的光辉历程。尤其在抗疫斗争中，无数青年医务工作者主动请缨，驰援武汉，谱写了一曲曲众志成城、勇于担当的壮丽之歌，长江也记录着湖北人民与全国人民同呼吸、共命运，绘就的时代画卷。这首作品把思绪汇入历史的长河，探寻长江所镌刻的精神基因。继古开今，在“两个一百年”奋斗目标的历史交汇点上，以长江精神来激励一代又一代的中华儿女，激励着他们继续在中华民族伟大复兴的征程上奋勇前进。此次五大项目，七个一等奖的优异成绩正是“博雅”少年们践行《贯彻全面加强和改进新时代学校美育工作》的最好答卷。

厦门六中发挥艺术教育的示范辐射作用，创立学生思政宣讲团。通过舞蹈、美术、合唱、朗诵和戏剧等形式推动宣讲活动的多元化开展，旨在以美育立德树人，用文化浸润心灵，促进德育活动与美育特色创新融合。

例如，厦门六中开设党史音乐团课，通过诗朗诵《红船从南湖启航》，再现了1921年中国共产党第一次全国代表大会在嘉兴南湖游船上召开的情景，重温了1921年嘉兴南湖创党业的艰辛，重温了共产党“逢山开路、遇水架桥”的非凡勇气和“敢于战胜一切困难而不被任何困难所压倒”的大无畏英雄气概。情景朗诵《鼓浪飞歌》，重现了1950年厦门解放战役中我党指挥的鼓浪屿战役，感悟共产党员们“天下兴亡、匹夫有责”的爱国情怀和“视死如归、宁死不屈”的民族气节。厦门六中合唱团演唱阿卡贝拉版《我的祖国》，唤起了1953年抗美援朝时共产党党员们“不畏强敌，英勇斗争”的英雄主义和紧密团结、共同御侮的民族精神。朗诵《我宣誓》，通过讴歌江姐、雷锋、刘洋的先进事迹，鞭策新时代的“博雅”少年不忘初心、牢记使命，奋勇向前。台上台下同学们一起宣誓，重温入团誓词。最后，场上场下师生、来宾齐唱《唱支山歌给党听》，表达了对党的深深祝福。节目精心设计，巧妙选材，听者仿佛置身其中，深刻感受到心灵的沁润，共产党人的精神丰碑牢牢立于学生心中。

2021年5月4日上午，厦门六中举办了一场别开生面的音乐团课，并在团课上发布了厦门六中合唱团的新歌《燃烧》。音乐团课在《没有共产党就没有新中国》的合唱中开启，配乐诗朗诵《红船从南湖启航》，讲述了建党的故事；音乐情景剧《鼓浪飞歌》演绎了厦门本地革命者为理想抗争的情景；阿卡贝拉合唱《我的祖国》，回顾抗美援朝战争的历史。团课的高潮部分，被革命故事感染的厦门六中同学们满怀深情，献上了一首自己原创的新歌《燃烧》，表达了对党的热爱和继承革命意志的决心。音乐团课上，著名表演艺术家田华老师特地给热爱艺术的厦门六中孩子们带来视频寄语。将党史学习教育和音乐结合，用学生们喜闻乐见的方式讲好党的故事、革命的故事、英雄的故事，在孩子们心中厚植爱党、爱国、爱社会主义的情感，让红色基因、革命薪火代代传承。

2022年10月31日下午，在中共厦门市委宣传部、厦门市文化和旅游局和厦门市教育局的指导下，厦门六中在厦门广电1000平方米的演播厅，举办了“青春聚焦党的二十大”音乐思政课暨爱国主义大课堂活动，活动受到了人民网、学习强国、《福建日报》、《厦门日报》、厦视新闻等媒体的高度关注并进行了深入报道。这种以“小故事”诠释“大道理”的生动形式，使德育和思政宣讲更具亲和力和感染力，是学校实施“德美融合”的一个创新举措。“青春聚焦党的二十大”音乐思政课暨厦门六中爱国主义大课堂分为《无悔的青春》《无畏的勇气》《无上的荣光》《无憾的奋斗》四个篇章。第一篇章中的话剧《破晓》、朗诵《照片的故事》、舞蹈《与妻书》，一个个革命志士把个人的青春奋斗融入党和人民的事业中，才让中华民族真正地屹立于世界民族之林。第二篇章宣讲团讲述了习近平总书记在厦门的故事，让人身临其境，走进那段激情燃烧的岁月，回顾当年总书记与广大经济特区建设者并肩奋斗的故事。逐梦路上，没有捷径可走！“衣食无忧而不忘艰苦，岁月静好而不丢奋斗。”习近平总书记的奋斗故事，启示着青年们当树立正确理想，坚定崇高信念，冲锋在前，经受磨砺。合唱《彩色锦鲤》中的活力与生机也寓意着十八大以来的厦门人收获的幸福和荣光，令人为之振奋。第三篇章思政宣讲《非凡十年中国维度》，讲述了党的十八大以来取得的辉煌成就。这是因为有习近平总书记的掌舵领航、党的坚强领导、全国人民的团结奋斗。青年，从来都是祖国建设的生力军。我们既要怀抱梦想又要脚踏实地，既要敢想敢为又要善作善成，让青春在火热的实践中绽放绚丽之花。新时代的中学生应有只争朝夕的紧迫感、时不我待的使命感、责无旁贷的责任感。第四篇章情景剧《追光》是由厦门大学马克思主义学院、红领巾宣讲团与厦门六中博雅学生思政宣讲团共同演绎的。《追光》讲述了一代人有一代人的征途，一代人有一代人的担当，而新时代正芳华的鹭岛少年、青年，用中国故事传递责任、毅力、无畏与热爱的特区精神。表演学生齐诵《请党放心，强国有我》，一声声铿锵的誓言铭刻着青少年怀着使命与激情努力成为中国特色社会主义伟大事业的优秀接班人的目标。实现中华民族伟大复兴，是一场接力长跑。而少年们，终将昂首阔步接过接力棒，风雨无阻，勇毅前行！这是一堂生动且别开生面的音乐思政课，一次穿越百年历程触碰火红基因的爱国主义大课堂。在历史的荣光中感受燃烧的激情，在历史的变迁中见证前进的力量，在逐梦的征程中坚定奋进新征程的信心，系好人生的第一粒扣子！努力成长为堪当民族复兴重任的时代新人！

四、德劳融合，培根悟理

传统“说教型”德育空洞乏味，缺乏体验感和感召力，而在劳动实践中发挥劳动教育的德育功能，让学生在体验与感悟中成长，则有“润物细无声”的效果。

厦门六中将劳动教育纳入学校“体悟型”德育范畴，制定《厦门六中关于开展新时代劳动教育的实施方案》，发挥劳动教育树德、增智、强体、育美的综合育人价值，将劳动教育贯穿人才培养全过程，常态化开展劳动教育活动。例如，学校与社区构建校社协同育人机制，组织学生志愿者深入社区为居家养老的老年人服务。

六中志愿者协会带领校内“居家养老服务志愿者”，在社区工作人员的引领下，前往边检宿舍、港务小区和滨海森林小区的老人家中进行垃圾分类的宣传。学生们将志愿者分为三个小队，向老人解释垃圾分类的益处，讲解垃圾分类的方法，并且实地演示给老人家看，使老人对垃圾分类的方法了解得更为直观；志愿者们还通过问答的方式使老人家对各类生活中常见的垃圾更加了解如何分类处理。在与老人的交谈中，志愿者们感受到了社区对垃圾分类的重视以及对垃圾分类这一活动的广泛推广普及，其中包括家家户户进行垃圾分类评比，还有向住户发放积分券，并且向垃圾分类活动积极参与并表现突出的住户加以表扬，以鼓励更多的住户积极参与到垃圾分类中。

2020年志愿服务队开展了“不忘初心，助力慈善”和通社区居家养老帮扶志愿活动。活动主要目的在于帮助一些行动不便的老人可以安全、准确地到达社区活动场地，同时陪伴这些老人们聊聊天。这样的志愿服务活动让六中志愿者们受益良多，让志愿者们认识到在我们周围，常有老年人体弱多病、行动不便，这给他们带来的心理影响，可能和生活不便同样严重。从精神层面关爱老人，难在无意，易在有心。需要家人的细心照料和关心，也需要让老人找到自我存在感和生活的意义。所谓“老有所为、老有所乐”，正指向这样的精神诉求。

对于六中志愿者们来说，老人们既是服务对象，同时也是学习对象。随着社区实践经验的不断积累，社区敬老志愿者协会目前已经形成了一整套服务老人的活动方案，以心理健康为最终关切、以核心志愿者为活动中坚，丰富多彩的活动开展得越来越热闹。

学生以孤寡老人作为服务对象，由社区事先做好老人的思想工作，再由学校志愿者协会安排志愿者为社区需要帮助的老人提供每周 1 小时的上门劳动服务。志愿劳动能使学生在劳动实践中体悟孝老爱亲、服务社会的快乐，培养学生优良的道德品质，实现劳动教育与德育深度融合。

值得一提的是，学校还拍摄了“居家养老”志愿服务的活动宣传片，传播“孝亲敬老，尊老爱老”“老吾老以及人之老，幼吾幼以及人之幼”的美德。

五、智劳融合，善思创新

新时代的劳动教育并不只是组织学生开展体力劳动，还应把对创造性脑力劳动的认识列入劳动教育的核心内容，推动研究性学习、项目式学习等能挖掘学生创新潜质的活动形式成为新时代劳动教育的主流教学形式，开辟创新人才早期培养的新途径。

近年来，厦门六中在数学建模教育上持续发力，学生在各类比赛中取得骄人成绩的同时，也为他们的素养发展打下了坚实的基础。现在，依托数学建模课程的学习，育“博雅”型科技人才，已经成为厦门六中又一张崭新的名片。

第一，素养为本，课程面向全体学生。在厦门六中，数学建模的学习并非只针对少数数学成绩优秀的学生，作为一种素质教育的载体，这已经成为一门“大众化”的课程。2016 年，厦门六中就开始筹划数学建模教学活动。苏圣奎与邱锦泉、蓝华彬、邹玲平三名教师组成数学建模指导教师团队，吸引了五六十名学生参加学习。经过几年发展，参与数学建模学习的学生越来越多，最近的一次培训会，吸引了数百名学生参加。近五年来，厦门六中参加数学建模活动的学生有1500多人。在学校数学建模教学团队的眼里，进行数学建模学习，不只是单纯地解决数学问题，而是要进行涉及多个学科的学习，是对学生进行综合素养教育的有效载体。其实，数学建模教学既能传承数学文化底蕴，又跳出纯数学知识背景的局限，将触角延伸到多个学科，通过拓宽应用数学解决现实问题的领域和渠道，成为实施STEAM教育的跨学科融通工具。从事建模学习的学生，以小组形式，共同研究现实生活中的热点问题，通过建立数学模型进行分析，最终形成研究报告，实现学习目标。

第二，校企合作，“体悟”科技创新。从20世纪80年代开始，厦门六中就开始实施科技创新教育，让学生“玩”起了小发明、小创造。到20世纪90年代初，中青年教师的加入使学校的创新与创造教育队伍壮大起来，活动渐成规模，再加上各种配套竞赛和奖励机制，更多学生的参与热情被激发出来，学校将创新与创造教育引入课堂。从刚进入21世纪到现在，创新与创造教育始终在厦门六中弦歌不辍，并被不断发扬光大，而数学建模则为学校的创新与创造教育插上了腾飞的翅膀。现在，厦门六中学生通过三个阶段数学建模课程的学习，学会了在关注知识的同时，还关注技能的应用。学校则以激发学生兴趣和创新潜质为导向，构建中学数学建模综合活动平台，包括数学建模实验室、数学建模社团、校企合作（大学—中学—企业）创新实践基地等多个具体载体。这个平台汇集教学、实验、交流、竞赛与成果展示等多样化功能，让学生在社团活动中交流合作，在实验室探究实验，在实践基地应用创新，从而满足不同层次、不同阶段、不同特点学生的学习需求。学校的数学建模社团，利用每周的社团活动时间，将厦门大学教授、联想集团工程师请进校园，开设TRIZ（发明式的问题解决理论）入门、人工智能应用、企业产品创意风暴等内容的系列讲座。此外，厦门六中还是北京师范大学“京师数学建模教育中心实践基地”，并在科技谷（厦门）信息技术有限公司建立“生涯规划教育实践基地”，通过组织学生走进高校和企业，开展数学建模实践教学和生涯规划教育，让学生的奇思妙想在学校和企业的协助下转化为创新成果。学校与伞具生产企业建立校企合作创新实践基地，组织数学建模社团的学生到企业开展社会实践活动。学生在企业亲身体验伞具的组装流程，与企业工程师交流多功能雨伞的创意设计，如伞巢优化、太阳能风扇、储电充电、紫外线监测、实时定位等，并融合数学、物理、信息、工程等学科知识开展综合建模活动，并在企业的帮助下将研究成果转化为产品。

第三，强学术素养，育“博雅”型人才。数学建模活动一般由二至四名学生组成数学建模小组，通过合作来解决问题，最终以研究报告的形式呈现团队的研究成果。研究报告是对整个研究过程的学术表达，这对团队成员的文字功底和学术规范提出了要求，需要团队成员分工协作、取长补短，并在有限的时间内完成既定任务。在这个过程中，学生要学会综合运用各种知识，这就需要学生做到涉猎广泛，这也与学校博雅教育中的“博”不谋而合。学生经过“数模三阶课程”的学习和“数学建模综合活动平台”的磨炼，体验了数学建模活动的全过程，成绩比较优异的学生，则可以在更大的交流平台进行交流和展示，而这些又与学校博雅教育中的“雅”相吻合，因为学生需要在交流和展示过程中，展示出优雅的气质。

普及与分层教育为厦门六中数学建模打下了坚实的基础，学生在各类竞赛中频频获奖。厦门六中组队参加由清华大学主办的第二届“登峰杯”全国中学生数学建模竞赛，获得多个一等奖和二等奖，并作为福建省仅有的获得参加全国总决赛资格的学校，代表福建省赴北京参赛。厦门六中学生再次参加第三届“登峰杯”全国中学生学术创新大赛，晋级北京总决赛，并斩获两个一等奖、两个二等奖及三个三等奖。在厦门六中获得的众多奖项中，获得第五届国际数学建模挑战赛（IMMC2019）大中华区决赛特等奖是较为亮眼的一个。经过答辩评审及复核，厦门六中高二学生组成的四人团队，以“探究在网络游戏中设置的自我控制机制”为参赛主题，获得了决赛特等奖。该大赛历时半年，并通过了严格的论文评审，厦门六中从586支团队中脱颖而出，并与中国人民大学附属中学等20支团队共同获奖。厦门六中也是当年福建省仅有的进入IMMC中华赛及国际赛的学校。这也标志着厦门六中的数学建模教育水平已经达到福建省前列。

厦门六中将数学建模活动融入传统的创造教育，引导学生以现实生活中热点问题为研究对象，组建研究团队进行合作探究，共同寻求解决问题的最优化方案。数学建模活动使学生在实践活动中亲身体验应用数学进行创新、创造的乐趣，培养学生热爱劳动、团结协作和勇于创新的精神，实现智育与劳动教育互相渗透。

讲到科技创新，六中开展“创造教育”已有40年左右的历史。截至2022年，六中获得国际和国家级科技创新比赛奖项达176项，国家专利75项，是全国中小学创造教育先进集体。近年来，学校大力营造浓厚的校园科技文化氛围，构建多元科技校本课程和实践活动平台，在早期创新人才培养方面开展课题研究和教学实践，组织学生参加科技创新活动和比赛，检验学生综合素养，助力学生全面发展。例如，在第23届全国发明展览会·一带一路暨金砖国家技能发展与技术创新大赛中，由苏圣奎、郑伟志和陈宙锋三位指导老师带着六个学生科技创新项目参加本次展会，在三天的展会时间里，三位老师向公众和评审专家展示发明项目的使用功能和创新优势，其中智能训练机、多功能雨伞、自动水面垃圾回收装置和移动充电插座等四个项目在前瞻性、实用性、科学性和创新性方面的表现抢眼，获得评审专家关注和认可，从众多参展项目中脱颖而出，荣获金奖，并将极具含金量的中国宝武青少年发明奖专项奖收入囊中。据悉，这是厦门市，乃至福建省取得成绩最好的学校。再如，第32届全国青少年科技创新大赛中，陈佳玺同学的“可移动遥控三角警示牌”荣获青少年科技创新成果竞赛的铜牌。校避难救生社的项目《学会心肺复苏，拯救美丽生命——我校以CPR为核心技术的生命教育实践活动》荣获青少年科技实践活动比赛的二等奖。

厦门六中作为福建省首批示范性普通高中校，以强化学校内涵发展为己任，广泛开展研究性学习、生涯规划和数学建模等多样化课程及科技创新活动，彰显办学特色，不断发挥示范辐射作用。学校关注学生的科学兴趣和创新潜能，在课程和活动中遴选、发掘科创人才，推动科技创新教育工作朝着人本、务实、唯新、高质方向发展。

六、体美融合，强身益心

体育能提高学生身体机能，促进身心发育，培养热爱运动的心理和“为祖国健康工作五十年”的志向，形成自觉锻炼的习惯。

美育在体育中的渗透，有利于丰富和创新体育活动的形式，提高学生身心素质。厦门六中将学生身心健康放在教育目标的首位，重视将美育融入体育活动之中，在促进学生强身健体的同时，陶冶情操，浸润心灵。例如，学校师生共同创作的体美融合作品《亲爱的足球》作为第六届全国中小学艺术展演的开场节目，该作品的创作灵感来源于学校女子足球队的真实故事，讲述了一位花季少女在球赛中受伤，医生惋惜地告诉她可能再也不能踢足球了。面对突如其来的噩耗，少女一度难以释怀，但在队友的鼓励与帮助下，她不气不馁，重新站起来，回到了心驰神往的球场。

作品将体育元素融入艺术表演项目，推动学校特色教育协同发展的同时，充分展现了厦门六中女足运动员勇敢逐梦的优秀品质。

评价是教育活动的关键环节，是反馈教育教学成效的核心工具。厦门六中秉持“以综合素质评价激励学生发展”的评价理念，发挥评价的激励功能和导向作用，挖掘学生多元智能，促进学生主动发展。综合素质评价指标体系的构建依据《加强和改进普通高中学生综合素质评价的意见》和《福建省普通高中学生综合素质评价实施办法》，并结合《中国学生发展核心素养》的制定评价指标，评价指标包含“思想品德”“学业水平”“身心健康”“艺术素养”“社会实践”“劳动素养”等 6 个一级指标，以及相对应的 18 个二级指标和 3 个水平划分（见下图）。

评价应用过程关注学生在课堂和活动中的综合表现，利用天蛙学生综合素质评价管理系统校园网络平台收集相关信息和数据，组织高校专家、社会实践单位人员、家长和学校多学科教师成立评审小组，开展过程性评价与总结性评价、定量评价与定性评价、他人评价与个人自评相结合的综合评价。在此基础上，通过区块链技术构建学生综合评价征信体系，建立学生信用档案，确保综合评价的信度和效度。

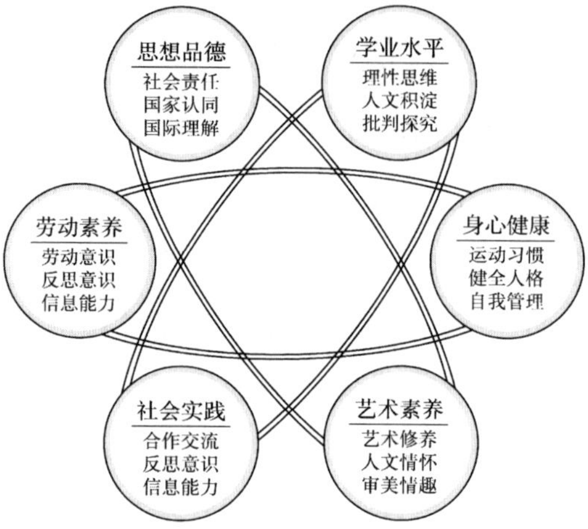

综合素质评价指标体系

在推进新时代育人方式改革的时代背景下，厦门六中以培养学博德厚、气雅身强的新时代中学生为己任，重视多样化人才培养的教育科研工作，将人才培养的理论应用于教学实践，总结提出以创造教育培根启智，用艺术教育、心理健康教育铸魂润心，构建“博雅”五育融合育人体系的理论架构与实施路径，生成独具特色的教育教学成果。

例如，学校重视对办学特色的传承和创新，积淀特色教学成果，并在教学实践中进行检验和推广，形成良好的示范辐射作用和社会影响力。其中艺术教育成果“音乐启迪梦想，艺术滋养人生——厦门六中艺术教育育人体系的构建与创新”和创造教育成果“多元融合，协同育人——基于创新人才培养的中学数学建模课程体系构建与实施”分别获得 2020 年福建省基础教育教学成果特等奖和一等奖。这两项多样化办学的教学成果聚焦人才培养，创新育人方式，彰显学校显著的育人成效。

七、思考与展望

展望学校多样化发展的未来，改革与创新是大势所趋。

（一）坚持立德树人，夯实办学基础

习近平总书记在全国教育大会上强调：“要把立德树人融入思想道德教育、文化知识教育、社会实践教育各环节。”德育是教育教学的根本，也是

学校高质量、多样化发展的基石。

学校多样化办学应围绕立德树人的根本任务，融合中华优秀传统文化，放眼世界教育发展潮流，挖掘各学科文化内涵，将“立德树人、以文化人”理念渗透到教育教学的全过程、全领域中，重视把中外名家、名著、学科史融入学校课程体系，创造性地打造富有育人价值的校园文化氛围，培养学生的爱国主义精神、民族文化认同感和自信心，办多“样”之学，育有“德”之才。

（二）整合教育资源，促进多元发展

《普通高中课程方案（2017 年版 2020 年修订）》中强调学校要统筹各方力量，联合大中小学校、科研院所、企事业单位开发课程资源，为课程实施创设条件，为学生提供实践机会。

学校应以满足学生发展需求为导向，构建家、校、社三方共育多样化人才的协作体，让学生在家庭、学校、企业和其他社会机构提供的科技、文化、卫生等领域的实践活动中发现自我、悦纳自我、提升自我，亲身体验知识的发生、发展、生成、应用和服务于社会发展的过程，从课堂中的被动接受者，转变为实践中的主动参与者、探索者，并成长为创新者、创造者，最终成为学校多样化发展的受益者。

（三）强化师资力量，保障发展动力

教育经验告诉我们，教师的知识结构、生活经验和价值观念直接影响着学生的未来发展，进而影响到学校的教育质量。教师是教育的第一资源，优质师资力量是建设高质量教育体系、推动学校多样化发展的根本动力。学校应构建适合时代要求的教师培养体系，实施“名师培养—学历提升—引进人才”三管齐下的师资提升策略，拓宽教师教育教学视野，唤醒教师终身学习意识，加强教育理论与跨学科综合性实践教学的融合培训。

学校应鼓励教师主动优化知识结构，学习先进教育教学技术，创新专业成长路径，推动教师多元发展，合作发展和跨学科发展，培养教师具备面向新时代教育的核心竞争力。从而形成学校、教师、学生高质量、多样化、可持续协同发展的良性教育生态。[①]

福建省厦门第六中学强化学校多样化发展与育人体系的顶层设计，深入推进课程改革和育人方式改革，构建“博雅”五育课程，致力于培养多样化创新人才，促进学生全面性、多样化发展。我们相信，更多的学博德厚、气雅身强的“博雅”新时代全面发展人才将从这里走向世界走向未来。

思考点：阅读本文，思考怎么把自己培养成为学博气雅的“博雅”少年。

第三节　启智润心勇担使命，思政宣讲少年践行

厦门六中学生思政宣讲团是福建省首个以学生为主体的思政宣讲团。宣讲团结合阿卡贝拉、朗诵、戏剧等多种形式开展丰富多彩的思政宣讲活动。

一、思政有我，未来可期——厦门六中学生思政宣讲团成立

2021 年 3 月 18 日，厦门六中学生思政宣讲团正式成立。

宣讲团旨在以生为本，充分发挥学生学习思政理论的主体性，让学生唱主角，以青年的视角，用青年的语言，扬青春激情，来激发思想共鸣，呼唤价值认同。宣讲团将创新形式，结合阿卡贝拉、朗诵、戏剧等形式开展丰富多彩的思政宣讲活动，灵活多元，生动活泼地传播思政知识、普及思政理论，提高中学生思政素养，激发上好思政课的强劲动能，引导更多中学生参与新时代党的创新理论的学习宣传实践，全面展示新时代中学生

① 本节转自厦门六中现任校长姚育青：《构建“博雅”育人体系，促进学校特色发展——厦门第六中学多样化办学的实践与思考》，《福建教育》2022 年第 24 期。

风采，使思政宣讲成为塑造人格的有效载体和培养时代新人的实践平台。在宣讲团成立大会上，厦门六中校长姚育青阐释了宣讲团的工作目标：以吃透理论的核心要义，深刻把握思政宣讲工作重大意义，深入推动思政宣讲工作做实做优。以新思想引领新风尚，推动党的创新理论“飞入寻常百姓家”，让革命薪火代代传承；宣讲团要挖掘身边的典型事例，用“小角度”彰显“大方向”，用“小故事”诠释“大道理”，传播有深度、有温度、有精度、有韧度的思政课，让思政宣讲充满亲和力、感染力和实效性。宣讲团践行青年的时代使命，珍惜当下，放眼未来，将知国之理、爱国之情、报国之行相贯通，为筑就中国梦和建设美丽厦门做出青年应有的贡献！

厦门六中学生思政宣讲团成立仪式

厦门六中学生思政宣讲团的首期宣讲，以中国共产党百年党史作为内容，梳理出百年党史中十个重要事件，创新地把宣讲同阿卡贝拉、朗诵、戏剧等形式结合，生动活泼地传播思政知识、普及思政理论、提高中学生思政素养，全面展示新时代中学生风采，使思政宣讲成为塑造人格的有效载体和培养时代新人的实践平台。

二、央视《新闻联播》报道厦门六中合唱团新歌发布暨党史音乐团课

2021年5月4日，中央电视台《新闻联播》报道厦门六中合唱团新歌发布暨党史音乐团课。厦门六中举办音乐团课，生动宣讲，回顾中国共产党带领人民群众缔造新中国的辉煌历程，表达了继承革命传统，做好党的助手和后备军，弘扬“五四”精神。当晚，中央电视台《新闻联播》报道了本节团课，学习“强国平台”、福建海博TV全程现场直播，网络播放量累计超300万。

三、爱国主义大课堂之“读史明智·薪火相传”厦门六中主题团课

2021年5月16日，适逢建党百年华诞、五四青春华章之际，为引导广大青少年听党话、跟党走、感党恩，坚定不移地做共产主义接班人，从小树立正确的理想、信念、厚植爱国情怀，为实现中华民族伟大复兴的中华梦接续奋斗，厦门广电集团举办《我心向党百年礼赞——爱国主义大课堂》第三季系列活动。第一场活动是由厦门六中学生思想宣讲团于5月16日下午4点在厦门广电中心开展的一次特殊的团课。本次团课由六中学生思政宣讲团串讲，校艺术团配合演绎，同时120名新团员在家长和老师们的见证下，光荣宣誓入团。

本节团课从南湖启航开始，学生朗诵《红船从南湖启航》，重温了1921年嘉兴南湖创党业的艰辛，重温了共产党“逢山开路，遇水架桥”的非凡勇气和“敢于战胜一切困难而不被任何困难所压倒”的大无畏英雄气概。情景剧《鼓浪飞歌》，重现了1950年厦门解放战役中我党指挥的鼓浪屿战役，感悟共产党员们“天下兴亡，匹夫有责”的爱国情怀和“视死如归，

宁死不屈”的民族气节。合唱团演唱阿卡贝拉版《我的祖国》，唤起了1953年抗美援朝时中国共产党党员们“不畏强敌，英勇斗争”的英雄主义和紧密团结共同御侮的民族精神。诗朗诵《北方》演绎了抗战期间，北方民众的悲苦，还有那悲苦后凝结的中华民族顽强不屈的生存意志和保家卫国的决心。歌曲《唱支山歌给党听》取材于雷锋日记，将新中国青年对祖国的热爱化作音符，将中华民族艰苦朴素、勤劳肯干的奋斗精神永远传唱下去。校合唱团演唱新曲《燃烧》，表达了改革开放新时代以来，青年一代奋勇拼搏、昂扬上进的时代精神。

四、讲党史，话担当

学生思政宣讲团通过学校“立德讲堂”讲党史，话担当，举办了《读史明智，薪火相传》《“00后”的马克思主义观》《喜迎二十大，奋进新征程——习近平总书记在厦门》第三季思政宣讲，成为学校思政德育体系重要一环。

（一）南湖红船，开创伟业

2021年3月22日上午，厦门六中开展立德讲堂第十九期暨“读史明智，薪火相传”系列第一期——南湖红船，开创伟业。初中部李郑轩、高中部程岑两位厦门六中学生思政宣讲团成员向同学们宣讲了南湖红船上中国共产党的建党故事。

宣讲内容

1921年7月23日，中国共产党第一次全国代表大会在上海秘密举行。因遭到上海法租界巡捕袭扰，会议被迫中断。8月2日上午，“一大”代表毛泽东、董必武、陈潭秋、王尽美等，由李达的夫人王会悟做向导，从上海乘火车转移到嘉兴。上午11点左右，在南湖的一艘小船上，一大南湖会议正式开始。会议首先审议并通过了中国共产党的第一个纲领《中国共产党党纲》和中国共产党的第一个决议《关于当前实际工作的决议》。经过无记名投票，选举陈独秀、张国焘、李达三人组成党的全国领导机构——中央局。下午6点多钟，会议完成了全部议程，庄严宣告中国共产党成立。

这次会议结束后，代表们先后悄悄离船，当夜分别离开了嘉兴，把革命的火种带向全国各地。从此，中国革命的航船从南湖扬帆启航，中国的历史开启了崭新的篇章。

南湖红船是“开天辟地”之举，它讲述了鸦片战争以后世界资本主义的兴起和对外侵略，中国逐步沦为半殖民地半封建社会，中华民族的苦难、抗争，志士仁人救国图存的艰辛探索，主要展示中国共产党早期领导人和“一大”代表们的经历及会议概况，使广大党员、人民群众、社会各界明白中国共产党的诞生和发展壮大是中国近现代史发展的必然结果。

南湖红船是一段光辉历程，以中国共产党建党以后的重要史实为节点，展示党带领全国各族人民艰苦奋斗取得的光辉成就。让广大参观者能迅即饱览我党波澜壮阔、气势磅礴的革命、建设、改革历程，让参观者深刻感受到社会主义基本政治制度，中国特色社会主义道路就是中国各族人民的正确选择，是实现民族复兴的必由之路。

从 1921 年到 2021 年，我们伟大的中国共产党已经经历了百年的沧桑巨变，中国共产党一路引领着中国革命、建设和改革的航船，乘风破浪，奋勇向前。

2017 年 10 月 31 日，在党的十九大胜利闭幕一周之际，习近平总书记带领中共中央政治局常委专程赶赴这里，沿着早期共产党人的足迹，探寻我们党的精神密码。从中共第一个纲领、第一份决议，到党的十九大报告，中国共产党带领人民一步接一步，从蓝图到现实，前所未有地接近实现中华民族伟大复兴的梦想。“不忘初心、牢记使命、永远奋斗”，这是中国共产党人永葆青春活力的秘诀，这是一个肩负历史重托的政党对人民的承诺。

随着中国共产党的诞生，红船由此得名并名扬天下。南湖从此成为党的诞生地，全国人民向往的革命圣地，中国红色旅游之源。

我们作为新时代的少年要牢牢记住，没有中国共产党就没有新中国，也就没有我们今天和平幸福的美好生活。我们要立志做一个热爱祖国，热爱中国共产党，热爱人民的好孩子。从今天起，树立远大的理想，好好学习科学文化知识，将来掌握本领报效祖国，发扬“红船精神”。

（二）井冈山上辟新径

2021 年 3 月 29 日上午，厦门六中举行第二十期立德讲堂暨“读史明智，薪火相传”系列第二期——井冈山上辟新径。初中部孙垟容、高中部何可两位厦门六中学生思政宣讲团成员向同学们宣讲了井冈山上的红色故事与井冈山精神。

宣讲内容

农村包围城市，最后夺取全国胜利的革命道路，是以毛泽东为代表的中国共产党人摸索出来的一条具有中国特色的发展道路和总战略。

1927 年大革命失败后，国内政治局势急剧逆转。蒋介石在南京建立政权后，对外实行反苏亲帝的政策，对内竭力维护资产阶级和封建地主阶级的利益，残酷地镇压、屠杀共产党人和革命群众。

1927 年，毛泽东率领秋收起义部队到达井冈山，开始了“工农武装割据”。1928 年 2 月新城战斗胜利后，以宁冈为中心的井冈山根据地初步形成。

井冈山革命根据地的创建，点燃了中国革命的星星之火，开辟了“农村包围城市、武装夺取政权”的道路，成为中国革命不断走向胜利的光辉起点。

2016 年 2 月习近平总书记指出：“井冈山是中国革命的摇篮。井冈山时期留给我们最为宝贵的财富，就是跨越时空的井冈山精神。”

坚定信念艰苦奋斗，是井冈山精神的灵魂。正是因为有了崇高的理想信念，才会产生在艰难困苦环境中战胜一切困难的超凡勇气，才能经受住血雨腥风的洗礼和考验。

实事求是敢闯新路，是井冈山精神的核心。井冈山斗争始于革命低潮时期。在这一历史关键时刻，中国共产党坚持实事求是，开创了以农村包围城市、武装夺取政权的中国革命独特道路，引领中国革命不断走向胜利。“依靠群众、勇于胜利”，是井冈山精神的基石。在井冈山革命斗争中，中国共产党始终相信和依靠群众，关心和帮助群众，同广大人民群众结下了鱼水深情，才赢得了广大人民群众的拥护和支持，从而使井冈山革命根据地得到巩固和扩大。

井冈山是一座英雄的山、革命的山，井冈山精神是党领导中国革命走向胜利的重要精神源头，是中华民族精神一座不朽丰碑。我们要紧密结合时代发展，结合改革开放和社会主义现代化建设的新实践，大力弘扬井冈山精神并不断赋予其新内涵，使之放射出更加璀璨夺目的光芒。

（三）红军长征存火种

2021年4月12日上午，厦门六中开展立德讲堂第二十一期，暨“读史明智，薪火相传系列”第三期——红军长征存火种。初中部谢诗涵、高中部阮煜恒两位厦门六中学生思政宣讲团成员向同学们进行宣讲了漫漫长征路上的红色故事与长征精神。

宣讲内容

江西赣州，于都河畔，中央红军长征出发纪念碑巍然矗立。1934年10月，第五次反“围剿”失败后，中央主力红军为摆脱国民党军队的包围追击，被迫实行战略性转移，退出中央根据地，进行长征。长征期间红军共击溃国民党军数百个团，四渡赤水，巧渡金沙江，强渡大渡河，激战腊子口，翻越终年积雪的崇山峻岭，穿过人迹罕至的茫茫草地，纵横十余省。1936年10月，红一、红二、红四方面军到达甘肃会宁地区，胜利会师，标志着万里长征的胜利结束。

红军长征胜利，是中国共产党人和红军将士弘扬伟大革命精神的胜利。红军长征不仅创造了可歌可泣的战争史诗，而且谱写了豪情万丈的精神史诗，铸就了伟大的长征精神。长征精神是中华民族百折不挠、自强不息的民族精神的最高表现，是保证我们革命和建设事业走向胜利的强大精神力量。

正如习近平总书记在纪念红军长征胜利80周年大会上的强调：“伟大长征精神，就是把全国人民和中华民族的根本利益看得高于一切，坚定革命的理想和信念，坚信正义事业必然胜利的精神；就是为了救国救民，不怕任何艰难险阻，不惜付出一切牺牲的精神；就是坚持独立自主、实事求是，一切从实际出发的精神；就是顾全大局、严守纪律、紧密团结的精神；就是紧紧依靠人民群众，同人民群众生死相依、患难与共、艰苦奋斗的精神。”

习近平总书记说过，“每一代人有每一代人的长征路，每一代人都要走好自己的长征路”。“我们这一代人的长征路，就是要实现‘两个一百年’奋斗目标、实现中华民族伟大复兴的中国梦”。“一个不记得来路的民族，是没有出路的民族。”

同学们，铭记长征精神，弘扬长征精神，践行长征精神，不忘初心、牢记使命，凝心聚力、砥砺前行，树立不怕吃苦、顽强拼搏的奋斗精神，努力学习文化知识，以自己的知识和能力去做一个对社会对国家有贡献的人，让我们一起走好新时代的长征路，在中华民族伟大复兴的奋斗中书写历史新篇章！

（四）百炼成钢促胜利

2021年4月12日，厦门六中开展立德讲堂第二十二期，暨“读史明智，薪火相传系列”第四期——百炼成钢促胜利。杨雅淇、梁嘉颖两位厦门六中学生思政宣讲团成员向同学们进行宣讲了抗战历史的伟大诗篇。

《百炼成钢促胜利》宣讲活动图

宣讲内容

当时间的巨轮，随着钟摆的摇晃，进至到1931年9月18日，祖国大地上，一场长达14年之久的“战争灾难”，如饿虎下山，来势汹汹。日本以“谎言”为借口，炮轰沈阳北大营，发动了震惊中外的九一八事变。那刻起，日本帝国主义的铁蹄肆意践踏我祖国大好河山，置我同胞于苦难、丧心病狂的烧杀抢掠，对中国人民犯下了令人发指的滔天大罪。

南京大屠杀，在六个星期之内，中国同胞被它们枪杀和活埋的就达三十万人！在中华民族生死存亡的危急时刻，为赶走日本侵略者，求得民族的解放，多少中华热血儿女毅然奔赴抗日前线，不惜抛头颅、洒热血，在枪林弹雨中谱写了惊天地、泣鬼神的壮丽篇章。赵一曼、吉鸿昌、左权、彭雪枫……一个个抗日英雄的事迹此时此刻涌现在我们心中。

在血与火的淬炼中，中华民族达到了空前的觉醒、空前的团结。正如习近平总书记在纪念中国人民抗日战争暨世界反法西斯战争胜利69周年座谈会上的讲话中，全面、准确地揭示了抗战精神的深刻内涵：“在中国人民抗日战争的壮阔进程中，形成了伟大的抗战精神，中国人民向世界展示了天下兴亡、匹夫有责的爱国情怀，视死如归、宁死不屈的民族气节，不畏强暴、血战到底的英雄气概，百折不挠、坚忍不拔的必胜信念。伟大的抗战精神，是中国人民弥足珍贵的精神财富，永远是激励中国人民克服一切艰难险阻、为实现中华民族伟大复兴而奋斗的强大精神动力。”

伟大的抗战精神，坚定了中华人民追求独立与自由的意志，开启了古老中国凤凰涅槃、浴火重生的历史新篇章。伟大的抗战精神，永远是激励中国人民克服一切艰难险阻，为实现中华民族伟大复兴而奋斗的强大动力。伟大的抗战精神，向世界展示了“天下兴亡、匹夫有责”的爱国情怀和“视死如归、宁死不屈”的民族气节。这一伟大精神，是中华人民弥足珍贵的精神财富。抗战精神对世界各国人民夺取反法西斯战争的胜利、维护世界和平的伟大事业产生了巨大影响，为中国在世界上的大国地位奠定了精神基础。

正是凭借这种精神，中国走向民族意识觉醒，并由此开启了由衰弱走向复兴的伟大征程。前事不忘，后事之师。人无精神不立，国无精神不强。一个国家、一个民族只有精神上强大，才是真正的强大。伟大抗战精神不仅属于那段血与火交织的不屈岁月，而且历久弥新、超越时空，不断激励我们砥砺前行，为实现中华民族伟大复兴的道路上提供强大精神动力。

（五）陕西延安铸党魂

2021 年 4 月 26 日上午，厦门六中开展立德讲堂第二十三期，暨“读史明智，薪火相传系列”第五期——陕西延安铸党魂。初中部郑杰明、高中部黄子祺两位厦门六中学生思政宣讲团成员向同学们宣讲了红色延安精神。

宣讲内容

延安，是中国共产党成就伟业的革命圣地。从 1935 年到 1948 年，以延安为中心的陕甘宁边区，是中共中央的所在地，是中国工农红军长征的落脚点，是夺取全国胜利的出发点，是新民主主义的模范试验区，是中国革命的指导中心和中国人民解放斗争的总后方。

还记得宝塔山的革命誓言、田间地头的现场教学、枣园槐花的清香、杨家岭讲话的会场、梁家河小村庄的发展进步……在延安，一处遗址一段故事，一处辉煌一种精神。

坚定正确的政治方向，解放思想实事求是的思想路线，全心全意为人民服务的根本宗旨，自力更生艰苦奋斗的创业精神，都是延安精神的精神内涵。

习近平总书记于 2020 年 4 月在陕西考察时的讲话强调：“伟大的延安精神是党的性质和宗旨的集中体现，是党的优良传统和作风的集中体现。要结合新的实际大力弘扬延安精神，以求真务实作风切实加强和改进新形势下党的建设，为推动科学发展、促进社会和谐提供强大精神动力和坚强组织保证。”

弘扬延安精神，就要不断坚定马克思主义信仰和共产主义理想。坚持以习近平新时代中国特色社会主义思想为指导，增强“四个意识”、坚定“四个自信”、做到“两个维护”。坚守共产主义远大理想和中国特色社会主义共同理想，立足新发展阶段、贯彻新发展理念、构建新发展格局，开启社会主义现代化建设新征程，为实现“两个一百年”奋斗目标、实现中华民族伟大复兴的中国梦不懈努力。

同学们，新的时代已然没有当年的艰苦条件，但共产党人的精神智慧仍然闪耀着光芒。让我们弘扬延安精神，向英雄模范人物学习，实事求是，不忘初心，砥砺前行，做时代新人，勇于担当时代重任，扬精神之光，铸造民族复兴之魂，赓续绵延新时代的延安精神，一同拼搏奋斗出新时代的伟大篇章。

（六）开天辟地换新颜

2021年5月17日上午，厦门六中开展立德讲堂第二十五期暨“读史明智，薪火相传系列”第六期——开天辟地换新颜。初中部李彦妮、高中部陈雅雯两位厦门六中学生思政宣讲团成员向同学们进行宣讲。

宣讲内容

1921年7月23日，中国共产党第一次全国代表大会在上海召开，各地共产主义小组推举的12名代表出席了这次会议。由于会场受到暗探注意和外国巡捕的搜查，最后一天的会议转移到浙江嘉兴南湖的游船上举行，大会讨论了当时的政治形势、党的基本任务、党的组织原则和组织机构等问题，通过了《中国共产党的第一个纲领》，从此，在中国出现了完全新式的，以共产主义为目的，以马克思列宁主义为行动指南的，统一的工人阶级政党——中国共产党。中国共产党的诞生，开辟了中国历史的新纪元，从此，中国革命的面貌为之焕然一新。

时光记载着久远，历史印证了变迁。建国70年以来，尤其是改革开放40年以来，中国正日新月异地改变着面貌，突飞猛进，这正是“厉害了我的国”的真实体现。今天，我们伟大的祖国，经济发展，政治稳定，社会进步，民族团结，各项事业兴旺发达，实现了从“站起来”到“富起来”再到“强起来”的跨越。“嫦娥”奔月、北斗组网，高铁奔驰；雄安新区设立，粤港澳大湾区破题；京津冀协同发展方兴未艾，长江经济带建设开创新篇；脱贫攻坚创造我国减贫史上最好成绩，“大众创业，万众创新”点燃人生出彩梦想……中华大地欣欣向荣，春潮涌动，一派生机。

现如今，当我们看到冉冉升起的五星红旗时，仍会想起那段屈辱的历史，会想起我们现在的幸福生活，是由无数革命先辈的热血换来的，他们用热血谱写了中国璀璨的诗篇，撑起了我们民族的脊梁。

那些苦难已经过去，但先驱的热血始终没有消散！今天的祖国，繁荣昌盛，变得越来越强大，迎来了新中国成立的70周年，辉煌的今天在告诉着全世界："中国人民不是东亚病夫！"

正如毛主席所说："俱往矣，数风流人物，还看今朝。"现在，作为祖国花朵的我们，挑起了未来建设祖国的重担，如今，我们要时刻铭记自己的责任，好好学习，将来成为建设祖国的栋梁之材！

（七）抗美援朝守家乡

2021年5月24日上午，厦门六中开展立德讲堂第二十六期，暨"读史明智，薪火相传系列"第七期——抗美援朝守家乡。初中部和高中部的黄之皓、曾宪钧两位厦门六中学生思政宣讲团成员向同学们进行宣讲。

宣讲内容

1950年6月25日朝鲜内战爆发后，美国迅即操纵联合国通过了诬称朝鲜为"侵略者"的决议案，纠集15国组成"联合国军"，宣布出兵朝鲜，直逼中朝边境的鸭绿江和图们江，出动飞机轰炸我国东北边境城市和乡村，把战火烧到了我国国土。与此同时，美国海军第七舰队侵入台湾海峡，侵占中国领土台湾。美国日益猖狂的侵略行径，不仅严重威胁我国领土和主权完整，还打断了我国原定的国民经济恢复计划。从1840年以来，中国屡遭列强欺侮，鸦片战争使中国割地赔款，两万八国联军就能长驱进入北京，60万日军就能占领大半个中国，新中国刚刚成立，我们绝不能让过去屈辱的历史重演。面对美军步步紧逼，党中央反复斟酌、科学权衡，认为"应当参战，必须参战。参战利益极大，不参战损害极大"。

"雄赳赳、气昂昂，跨过鸭绿江！"1950年10月19日，中国人民志愿军奔赴抗美援朝战场，在志愿军出国作战的同时，全国掀起了声势浩大的"抗美援朝、保家卫国"的伟大的爱国群众运动，人民群众表现出空前高涨的爱国热情。

在抗美援朝战争中，志愿军官兵以苦为乐，以苦为荣。长津湖、龙源里、松骨峰、大同江、上甘岭……志愿军战士们冒着零下30多摄氏度的严寒，在白雪皑皑的崇山峻岭中纵横驰骋、浴血奋战，以劣势装备进行殊死搏斗，面对敌人飞机的密集轰炸，志愿军坚守阵地，决不后退一步。罗盛教、黄继光、邱少云……正是这些人民英雄用自己的血肉之躯将世界头号强国击退，同时也锻造了敢于压倒一切困难而不被任何困难所压倒的自强品格和必胜信念。

抗美援朝战争，弘扬和光大了中国共产党和人民军队的革命精神。抗美援朝战争不仅奏响了一曲曲可歌可泣的凯歌，而且锻造出伟大的抗美援朝精神。这就是：祖国和人民利益高于一切、为了祖国和民族的尊严而奋不顾身的爱国主义精神，英勇顽强、舍生忘死的革命英雄主义精神，不畏艰难困苦、始终保持高昂士气的革命乐观主义精神，为完成祖国和人民赋予的使命、慷慨奉献自己一切的革命忠诚精神，以及为了人类和平与正义事业而奋斗的国际主义精神。

铭记历史，缅怀英雄，是为了更好地前行。坚持祖国利益高于一切，直面挑战，勇于创新，脚踏实地，努力学习，在新的起点上，为推进党和国家事业进一步发展、实现中华民族伟大复兴作出应有贡献。

（八）《第一颗原子弹爆炸背后的故事》，开启“00后”的思政宣讲第二章

2021年12月27日上午，厦门六中思政宣讲团宣讲员赵伯伦、张楚柯、徐君可、范涵钰分别在厦禾、东渡校区进行宣讲。

宣讲内容

我是一名“00后”。今天我要分享的是这张照片的故事，以及关于“00后”的马克思主义观。

1964年10月16日，东方一声巨响，震惊整个世界。在新疆罗布泊的上空，中国第一颗原子弹爆炸成功，中国成为世界上第五个拥有核武器的国家。消息传来，无数群众拥上街头，如同庆祝盛大的节日，居住在海外的炎黄子孙，心中也腾起了无限自豪感。

然而，在新中国成立初期，美国在全世界大搞“核讹诈”。在经济基础还很薄弱的时候，深语马克思主义真谛的毛泽东主席就高屋建瓴，作出了“我们一定要有原子弹”的指示。马克思主义认为：国防是国家生存和发展的重要保障。国防，意味着一个国家的话语权以及和平的生存与发展环境。中国作为一个大国，自立于世界民族之林的地位和尊严，只有靠实力和勇气才能打出来。

正是原子弹、氢弹的研制成功，让新中国挺直了腰杆。核实力带来的安全保证让中国再也不怕外部势力的威胁，能够安心搞建设以及后来的改革开放。感谢当年那些隐姓埋名艰苦创业的科技工作者，感谢党和政府的正确决策，让我们这些今天的“00后”，可以平视这个世界，更有勇气发出“犯我中华者，虽远必诛”的铮铮誓言。

(九) 厦门六中思政宣讲第三季开讲

本季思政主题：“奋进新征程　喜迎二十大”《习近平在厦门》

第一期：“习近平总书记来厦门是要‘立志做大事’”。

第二期：“这个年轻的副市长与众不同”。

初中部学生宣讲

在《习近平在厦门》一书中，那些曾经与习近平同志共事或交往过的亲历者以口述回忆的形式，为读者真实呈现了习近平总书记的成长历程，让我们真切感受到了总书记青年时代的胸怀、格局与担当。

六中积极探索同学们深度参与思政课的有效路径，主张思政课不仅要让学生“听进去”，也鼓励同学们“讲出来”“唱出来”“演出来”，展现有理想、有信仰、有担当的当代青年学生的精神风貌。

五、厦门六中“青春聚焦党的二十大”音乐思政课

伴随着厦门六中合唱团的歌声，“青春聚焦党的二十大”音乐思政课暨厦门六中爱国主义大课堂于2022年10月31下午在厦门广电集团开讲。这是思政课与音乐艺术的跨界结合，也是厦门六中创新开展思政教育的生动实践。

音乐思政课暨厦门六中爱国主义大课堂开讲

“青春聚焦党的二十大”音乐思政课暨厦门六中爱国主义大课堂分为《无悔的青春》《无畏的勇气》《无上的荣光》《无憾的奋斗》四个篇章。在一段段动人乐章的推动下，音乐思政课结合歌舞、朗诵、舞台剧等丰富形式，以青年视角、青年语言生动讲述红色故事、弘扬伟大建党精神，用

"小角度"彰显"大方向"，用"小故事"诠释"大道理"，激励广大青年学子坚定不移听党话、跟党走。

形式新颖的音乐思政课很快就抓住了现场观众的耳朵。在座师生纷纷表示，用艺术的方式传达思想政治教育内容，提高了思政课的亲和力、趣味性，能让大家沉浸其中，更好达到入脑入心的传播效果。"我们希望发挥音乐以文化人、以美育人的独特作用，让音乐课、思政课融合，用广大青少年喜闻乐见的形式，聚焦党的二十大精神，引导他们立志投身全面建设社会主义现代化国家、全面推进中华民族伟大复兴的历史伟业。"厦门六中课外辅导员、厦门"学习强国"运行中心主任秦学表示，"音乐是厦门的一张名片，期待更多学校结合音乐教育优势，探索开办更多优质的音乐思政课程，提升思政课铸魂育人实效。"

六、"把青春华章写在祖国大地上"大思政课网络主题宣传活动

2022年11月25日，由中央网信办、教育部、人民日报社、共青团中央、福建省委网信委、中国载人航天工程新闻宣传办公室共同主办的"把青春华章写在祖国大地上"大思政课网络主题宣传和互动引导活动在厦门大学举办。厦门六中博雅合唱团、厦门六中博雅学生思政宣讲团受邀参加本次活动。

厦门六中博雅学生思政宣讲团、厦门市青少年宫红领巾讲习团受邀登台，同学们挖掘和运用厦门的红色资源，用"音乐思政课"的创新形式，展现了家喻户晓的少先队队歌《我们是共产主义接班人》是如何在厦门诞生，并与80多岁的"英雄小八路"何明全爷爷共同演绎了当年"英雄小八路"的故事。

此番走进大思政课，同学们表示，我们要"听党话、感党恩、跟党走"，传承红色精神，让自己的青春之花吐露芬芳，永做党的红孩子。

厦门六中博雅合唱团受邀演唱《夜空中最亮的星》，用歌声向"星星"们致敬。他们初心之纯、信仰之坚、理想之美，把个人的青春奋斗融入党和人民的事业中，让青春在火热的实践中绽放绚丽之花；他们为我们青年

人指明了前进的方向，告诉我们要珍惜韶华、坚守初心、踔厉奋发，努力成为中国特色社会主义伟大事业的优秀接班人。从人生找寻目标，奔向它，拥抱它。让它成为生命中的一颗星，这就是青春追梦的足迹，思政有我，未来可期！

七、中共福建省厦门第六中学第十支部委员会党建品牌“厦门六中音乐思政”获评厦门市教育系统“优秀党建品牌”

“厦门六中音乐思政”品牌

品牌理念：艺术教育是厦门六中的品牌。学校发挥音乐以文化人、以美育人的独特作用和普惠式音乐艺术教育优势，让音乐课、思政课融合，打造优质音乐思政课程，提升铸魂育人实效。厦门六中音乐思政让学生成为主角，用广大青少年喜闻乐见的形式，聚焦学习习近平新时代中国特色社会主义思想，引导广大青年立志投身全面建设社会主义现代化国家、全面推进中华民族伟大复兴的历史伟业。

品牌建设有两大亮点。首先是创新思政课模式。以音乐演绎的创新形式，构建思政教育的具体化、形象化。

艺术作为厦门六中重要特色，享誉全国。“厦门六中音乐思政”围绕习近平新时代中国特色社会主义思想，结合时政热点先进人物事迹、百年党史、党的二十大精神等内容，通过线下为主、线上同步的展演模式开展主题活动。音乐思政作品以校园为主阵地，以学生为主角，以服务基层、辐射社会为着力点，寻求厦门红色资源为增长点，创新排演出更多体现时代气息的思政艺术作品，充分发挥艺术的宣传教育、熏陶感染的作用，引导学生树立正确的国家观、历史观、民族观、文化观，切实增强“四个自信”，厚植爱党爱国爱人民思想情怀，体会思政教育的真谛。

其次是巧用品牌助力。用阿卡贝拉唱党史、发布新歌《燃烧》传承“五四”精神、参加庆祝中国共产党成立 100 周年歌咏展演……厦门六中合唱团用多种方式传播正能量，也使合唱团广受社会关注。

作为音乐思政课团队中知名度最高、辐射面最广的阿卡贝拉宣讲团也是厦门市作为艺术之城的名片。团队多次登上央视、人民日报等主流媒体。在第十九届群星奖上，通过对《我和我的祖国》《彩色锦鲤》的精彩演绎，厦门六中合唱团喜获群众合唱团队群星奖，此为福建省近十年来唯一的群星大奖。以厦门六中合唱团和赖以成名的阿卡贝拉演唱形式，助力“厦门六中音乐思政”的出彩和“出圈”。

经过持续探索与实践，厦门六中音乐思政取得了显著的教学效果和社会效果。

首先，以“厦门六中音乐思政”为品牌，将党建工作有效融入学校教育教学、思想政治教育等各项工作中，有效提升了学校教学及管理工作的高质量发展。

其次，以“厦门六中音乐思政”为品牌，显著增强了思政课程与课程思政的协同发展。为思政课教师与其他学科专业课教师搭建了共同学习的平台，思政课教师和专业教师通过研讨、交流、学习、创作等方式，实现了政治素质和综合水平的共同提高；在形式新颖、入脑入心的音乐思政课程中，学生们深入理解习近平新时代中国特色社会主义思想，将对党、对祖国、对人民的热爱化作奋发学习、担负时代重任的强大动力，提升“大德育”效果。

最后，以“厦门六中音乐思政”为品牌，结合新理念、新思路、新视野，以“有意义又有意思”为原则创新内容形式。借助新兴的媒体直播等互联网媒介，使“厦门六中音乐思政”内容出彩、宣传出新、影响“出圈”，成为当地教育系统、宣传系统的一张亮丽名片。

厦门六中博雅学生思政宣讲团用小角度彰显大方向，用小故事诠释大道理，传播有深度、有温度、有精度、有韧度的博雅思政课。新时代的六中博雅少年们必将以热情之心点燃激昂青春，以奋斗之姿成就最美风景，争做实现中华民族伟大复兴的逐梦人和践行者。

思考点：通过本节的阅读，请你围绕《习近平在厦门》一书的内容，撰写一篇思政宣讲稿，不少于600字。

第七章 博雅育人课程的思政风采

第一节 凝心聚力“大思政”，立德树人践行之

全面推进“大思政课”建设，建设“大课堂”、搭建“大课堂”、建好“大师资”，厦门六中初中思政团队给出了自己的优秀答卷。

思政课是落实立德树人根本任务的关键课程。我们党历来高度重视思政课的建设，并对思政课建设作了重要部署。党的十八大以来，习近平同志高度重视并多次强调过思政课建设。2022 年 8 月教育部印发的《全面推进“大思政课”建设的工作方案》中提出，要坚持开门办思政课，强化问题意识、突出实践导向，充分调动全社会力量和资源，建设“大课堂”、搭建“大平台”、建好“大师资”。“大思政课”的显著特点之一，是课堂容量大。课堂是思政课教学的主渠道主阵地，“大思政课”教学需要拓展并将之延伸至社会生活之中。要推进和实现“在课堂上讲”与“在社会中讲”的紧密结合，还要充分实现教育教学的线上线下联动，构建协同育人格局，实现学校、家庭、社会、网络的全面覆盖，为“大思政课”创造良好的教学环境。

大思政课，六中践行之。厦门第六中学初中道德与法治团队，是福建省第三批初中道德与法治学科教研基地校培育单位，是厦门市“多元目标多元策略”研究基地，也是市“工人先锋号”。这是一支只有 11 个人的团队，这也是一支有战斗力的队伍。团队拥有 6 位市级骨干专家：厦门市政治学科中考指导组成员杜益老师、厦门市政治科学科带头人李朝仙老师、厦门市政治科市级骨干教师，即陈浩昌老师、赖永森老师、吕冬旭老师、张丽

琴老师（在培）。近年来，初中道德与法治教研组积极践行“大思政”理念，面向全体学生，充分调动教研组老师的积极性，凝心聚力，群策群力，大力推进教育创新，促进学生全面发展，推动核心素养落地，取得了一定成绩。

一、立德树人，建设“大课堂”

人无德不立，国无德不兴。思政课是落实立德树人根本任务的关键课程，旨在提升学生思想政治素养、道德修养、法治素养和人格修养等，为党育人，为国育才。团队牢记立德树人，遵循育人规律和学生成长规律，立足课堂，推动核心素养落地。团队坚持以学生为主体，开展课堂5分钟时政宣讲活动，通过生教育生，广泛宣传时政，把思政小课堂融入社会大课堂，培养家国情怀，增强责任感。“生活即教育”厦门六中初中道德与法治组擅长将社会热点通过情境创设融入课堂的教育教学：2019年12月，简韡琦老师的省级公开课“活出生命的精彩”，深挖校本素材，指导学生将已故本校全国名师高至凡的事迹制作成图文并茂的绘本故事，并运用于课堂教学，深受省内专家及全省各地省学科带头人的好评，该课例中的绘本教学片段入选全国思政成果汇报大会；2018年11月，李朝仙老师开设省级公开课“共筑美好家园”，通过小品、视频等创设情境引导学生关注关爱我们生活的家园，学生的道德修养、政治认同得到了提升，懂得了环保从身边小事做起，受到省内同行的好评；2019年5月，郭金潇老师开设省级公开课“法律为我们护航”，生动活泼的学生课堂活动，学生自编自导的小品寓教于乐，在玩中学，在学中提升了法治素养；2020年3月，新冠疫情期间，杜益老师登入厦视三套名师课堂，向全市初三教师及学生讲授“初三道德与法治七年级下册第一单元‘青春时光复习课’”，运用疫情时政创设情境，并命题练习，得到全市同仁的高度评价，老师们说这是为学生减负也是为老师减负。吕冬旭老师为帮扶宁夏闽宁二中开设了线上公开课“在集体中成长”，闽宁二中教研组长张方群如此评：“温度课堂有真情，深度课堂有思辨，厚度课堂有素养，教师创设情境，以润物细无声的方式实现了初中道德与法治学科的核心素养中的责任意识的落地，这也正是培养有理想有本领有担当的时代新人要求。”叶美珠老师的省内“三地四校”线上教研公开课“在集体中成长复习”，不仅在组内起到精准示范、精准引领的作用，也进一步影响了省内外的帮扶校诏安四都中学、宁夏闽宁二中。实体课线上课，团队立足课堂实现教育教学的线上线下联动，同时也见证了厦门六中的道德与法治学科的“大课堂”。

二、教育科研，建好“大师资”

近年来，初中道德与法治组共有八个省市级教育科研课题依次开展进行中，如：省课题“初中道德与法治学科学生关键能力培养”（2020 年 12 月结题，主持人：李朝仙老师），市重点课题“大数据学业分析技术在思品课教学的应用研究”（2019 年 8 月结题，主持人：张丽琴老师），市课题“基于学科核心素养培育的多元目标多元策略研究——以国学经典在初中道德与法治应用为例”（2019 年 12 月结题，主持人：吕冬旭老师），市课题“绘本教学在初中道德与法治课的运用研究——以七年级道德与法治教学为例”（2020 年 12 月结题，主持人：简韡琦老师），区课题“初中道德与法治学科学生实践能力培养的研究”（2020 年 10 月结题，主持人：李朝仙老师），市课题“厦门红色文化资源融入初中思政课的教学研究”（2021 年 9 月开题，主持人：张丽琴老师）。其中李朝仙老师主持的省课题，为团队搭建了一个与省级国家级名师面对面学习与提高的机会。教师工作的特殊性需要教师不断地学习和不断地充实自己，提高自身的教育教学水平。初中道德与法治是一门综合性的人文学科，需要教师与时俱进不断学习。针对团队的现实情况，在理论学习的基础上，教师研究学科知识体系和课程标准，以教科研促教育教学质量提升，用自己不断的学习和探索去追求课堂教学效率的提高，推动核心素养落地。教育科研成果异彩纷呈，近三年来，共发表论文 16 篇，论文市汇编 16 篇。开设省公开课（示范课、讲座）8 节（次）；市公开课示范课讲座 12 节（次）；区公开课示范课讲座 12 节；共有 14 人次在全国、省、市教师技能大赛、五育融合教学设计，基本功比赛、校本作业设计，微课程比赛，一师一优课，三优联评等各类业务竞赛中摘金夺银。

三、五育融合，创建“好品牌”

六中坚持教师价值引导和学生主体建构相统一，建立校内与校外相结合的育人机制。丰富多彩的第二课堂活动，是学生学习生活的延伸，有利于学生学会认知，学会做事，学会共同生活，学会生存，帮助学生形成正确的价值观，培养学生优秀的品格。多项课题研究的开展无疑对于学科核心素养的落地开辟了一个新的窗口。每年的学年科技节活动，三个年段的不同主题手绘作品学科竞赛，市省科技创新活动，初中道德与法治组都有优异的表现。在全市教研组长会上，王如新老师特别肯定了厦门六中道德与法治组的国学课题做得特别踏实特别出色，已做出了自己的品牌。在2020年4月的福建省科技创新大赛上，六中的社科类作品《鼓浪屿》项目一路过关斩将，与厦门的另一项目一起勇夺省赛一等奖（指导老师：郭金潇、吕冬旭、杜益）。有关专家指出，这是厦门近两年来社科类的最好成绩。近年来，厦门第六中学的阿卡贝拉合唱团已然成长为厦门的一张城市名片，借力学校开发的厦门六中博雅学生思政宣讲团，多次创新形式用“音乐思政”的形式演绎红色故事，获主流媒体的好评。

四、思政一体，搭建“大平台”

2021年5月，六中与厦门大学马克思主义学院（以下简称“厦大马院”）、厦门市故宫小学举行三方教育合作签约仪式，挂牌厦门大学马克思主义学院教学实践基地，正式成为“思政大中小一体化”教育合作伙伴。从此，六中上有厦大马院的理论引领，下能做好初小衔接研究，努力在“教学目标分类推进”上做深做专；在“思政资源共享”上做优做广；在“教师能力”上做精做强；通过“协同机制”做通做实，强化课程一体化设计。《习近平新时代中国特色社会主义思想——学生读本（初中）》（以下简称《读本》）是学习习近平新时代中国特色社会主义思想的重要教材。2021年9月，该教材进入初中道德与法治课堂。在姚育青书记、校长的统一部署下，学校党委高度重视并切实抓好思政教育工作。在初二年段的大力支持下，初二年备课组组长叶美珠老师精心策划并开展了《读本》多彩活动，推动《读本》学习入脑入心。在全年段举行“中国梦，我们的梦”主题宣讲，在各班举行“课前时政演讲”“课前新闻播报”“人物故事”主题宣讲、“撰写小论文”“建党百年成就”主题手抄报、2 分钟时政速评等活动，理论联系实际，五育融合，见行见效。在校初二备课组的指导和把关下，厦门大学马克思主义学院陈小芳和闫旭杰同学为初二年全体学生量身打造“五位一体”和“四个全面”两课教学。厦大研究生带来的“高大上”理论课，受到学生们的欢迎和好评。寒假期间，在厦门六中李志东副校长的指导和推动下，学校携手“大中小”“思政一体”化合作伙伴，共同推进“思政一体”化活动走向实践领域，进行了大胆的创新，引导学生过一个积极向上有意义的充实寒假。从“假期规划”，到“虎虎生威迎新春，传承家风好少年”过年的传统文化，再到“大中小伙伴带你走进绿生活”等三期大中小寒假实践活动，掀起“大中小”思政一体化实践活动的高潮，引起了一定的社会反响。通过“思政大中小一体化”合作，努力在省内率先打通壁垒，拆除藩篱，落实立德树人的根本任务，统筹推进大中小学思政课一体化建设，推动学校思政课建设内涵式发展。

大思政课，六中践行之，笃行之。路漫漫，其修远兮……冬去春来夏又至，凝心聚力，道法自“燃”。

思考点：通过本节阅读，谈谈“大思政”课给你带来的积极影响。

第二节　劳动创造筑梦想，职业规划向未来

厦门六中围绕“立德树人”根本任务，立足学校办学特色，开展劳动育人，以“筑梦”为指向；开展职业规划，挖掘学生潜力，促进学生全面发展。

一、劳动创造篇

2020年3月，中共中央、国务院印发《关于全面加强新时代大中小学劳动教育的意见》，提出劳动教育是中国特色社会主义教育的重要内容。劳动教育决定青少年的劳动精神面貌、劳动价值取向与劳动技能水准。实现“以劳树德、以劳增智、以劳强体、以劳育美”，对于全面提升青少年的综合素养、实现健康发展具有重要作用。中学阶段是人生的“拔节孕穗期”，将劳动教育融入教学，对于引导学生崇尚、尊重、热爱劳动及树立劳动最光荣的观念具有重要作用。[①]

劳动教育作为学校德育教育的重要组成部分，学校没有必要的劳动教育，学生就不可能得到真正的成长。党的教育方针明确指出教育必须同生产劳动相结合。《苏霍姆林斯基论劳动教育》指出“生产劳动是教育学生热爱劳动和在道德上成熟起来的重要途径”。教育部职业技术教育的专家也指出，劳动教育的价值主要体现在生活、生存教育上，劳动培养了集体主义精神，体现了分工合作精神，所以劳动教育不是可有可无的，它包含了深刻的育人价值。把劳动教育纳入人才培养全过程，贯通大中小学各学段，贯穿家庭、学校、社会各方面，与德育、智育、体育、美育相融合，紧密结合经济社会发展变化和学生生活实际，积极探索具有中国特色的劳动教育模式，创新体制机制，注重教育实效，实现知行合一，促进学生形成正确的世界观、人生观、价值观。

然而，部分学校劳动教育只停留在表面，有其名无其实，且多数家庭对孩子溺爱，娇生惯养。孩子饭来张口、衣来伸手，丧失了基本的劳动教育，使他们在学校表现怕苦怕累，偷懒取巧，甚至有害怕劳动、厌恶劳动的偏异心理，导致出现以自我为中心、同学关系冷漠等现状。这对学生教育及成长极为不利。同时，枯燥的说教，会令学生极易产生逆反心理，难以达到良好的效果。

---

① 侯亚楠、韩飞：《劳动教育融入中学思政课教学多维探讨》，《中学政治教学参考》，2022年第31期。

基于以上原因，福建省厦门第六中学在姚育青校长的领导下，围绕“立德树人”根本任务，立足学校办学特色，创新“体悟型”德育模式，开展特色劳动教育，培养“学博气雅”的新时代英才。立德树人，以“体悟”为路径，引导学生博雅成长。学校打造“六中情”“中国心”“国际眼”“生涯路”“思政体”的“体悟型”德育课程体系，设立“立德讲堂”“后浪微讲堂”“体悟型育人”德育论坛等特色德育阵地，创立福建省首个学生“演党史”的“学生思政宣讲团”，让学生在体悟中增强政治认同和责任担当。同时，学校秉持“让每名学生与美相遇”的理念，创建书香校园，构建艺术培养特色机制，引导学生在与书为友、艺术表演、音乐创作欣赏中，体悟健康乐群、实践创新的成长之美。另外，学校以“学生发展指导中心”为阵地，成立“学生成长发展学院”，开展以学生为主体的论坛、讲座、创作展示等活动，给予学生发挥才艺、实现价值的大舞台，促进学生在主动参与中“体悟”自身成长的价值与意义。

劳动育人，以“筑梦”为指向，促进学生全面发展。学校开展“文化心、课程路、劳动行”的特色劳动教育项目。首先，注重培育劳动精神，通过劳动文化选修课、学科教学渗透等形式，引导学生体悟劳动精神，以“文化心”促“劳动行”。其次，建构劳动课程，搭建“日常生活劳动”“服务性劳动”“生产劳动”“生活妙招”四大劳动课程模块，并开展生涯规划三年一体化教育，通过职业体验课、劳动实践、朋辈峰会、生涯规划主题工作坊等形式，帮助学生发掘潜力，明晰职业方向。值得一提的是，学校坚持开展“居家养老”志愿服务劳动十余载，让学生不仅学会了劳动，还养成了孝老爱亲、服务社会的优良品质。

2020 年 10 月，六中将劳动教育纳入学校“体悟型”德育范畴，研究、制定了《厦门六中关于开展新时代劳动教育的实施方案》，将劳动教育纳入人才培养全过程，常态化开展劳动教育活动，形成了厦门六中劳动教育新品牌。

（一）立足学校特色，形成劳动创新特色文化

厦门六中将科技教育与劳动教育的融合发展，发挥劳动教育“树德、增智、创新”的育人作用。2019 年 3 月，《海峡导报》报道六中学生发明了

水上漂机器人，能够把水中的垃圾“吃”进去。这是学校鼓励学生参与劳动，在劳动中发明有利于提高劳动效率设备的一次实践成果，是“以劳动激创新、以创新促劳动”的典型案例。

六中教师积极开展劳动教育实践研究，姚育青书记、校长主持的福建省教育科学“十四五”规划2021年度课题“基于创新人才培养的中学劳动教育课程开发与实践研究”获得立项。此外，姚育青书记、校长的《党建推动发展，发挥劳育立德树人作用》一文在《中国教育报》发表。

近五年来，厦门六中劳动科技教育成效显著，在各级各类的科技比赛中获奖总数达212项，获奖总人次达252人次。

学校获评全国青少年科技创新大赛基层赛事优秀组织单位、福建省大学生创新创业大赛集体奖、福建省卢嘉锡科技教育奖等多个省级以上荣誉，并连续三年获得厦门市青少年科技创新大赛优秀组织奖，2020年学校被福建省推荐参评“全国十佳科技创新教育学校”。

（二）围绕学生发展，建立劳动教育评价体系

厦门六中践行劳动教育，并在实践中摸索对学生的评价激励方式，以学校的综合素质评价平台（“天蛙”平台）为抓手，建立了劳动教育评价体系。

在劳动教育的评价研究中，厦门六中以研促教，在推进教育部重点课题“基于区块链技术的中学生综合素质评价征信体系构建及应用研究”、市级课题“普通高中生综合素质评价方式与平台建设研究”、市级课题“厦门市中学生环保与低碳生活教育研究”等课题的研究的同时，促进了劳动教育落实。

（三）劳动实践教育开展情况

1. 劳动教育融入校本课程实施

劳动课程校本化。学校针对不同学段的需要，围绕日常生活劳动、生产劳动、生活妙招、自选劳动等方面编写《劳动教育与实践指导手册》、课程教案，录制系列劳动教育与实践指导课程视频等。开发了劳动教育校本课程，初中阶段开设《手工》《园艺》《皮影戏》等课程，高中阶段开发《建筑学》《环境工程》《金融学》《工业设计》《航空航天》等12门校本课程，并将校本课程的完成情况纳入评价体系。

推动劳动教育课程化。学校重在“课程·教育”，实现学校劳动课程教育、科技劳动课程、学科劳动教育渗透。学校有劳动实践教育教师专职 18 人，兼职 198 人，开设了劳动与技术（包括木工、金工、电工设计制作、电子控制机器人设计制作等）、手工、园艺、剪纸、皮影制作等六门劳动课程。同时，开足开齐科技课程，开设通用技术、创造思维等综合实践课程，包括《3D 基础打印》《工程制图》《电子技术设计》等，并将数学建模、大数据与人工智能等多门实用性强的选修课程引入教学，通过学科小课题研究，让学生体悟科学劳动研究过程。

学生绘脸谱

手工校本课组织同学绘脸谱和皮影校本课程。2018 年，厦门六中皮影工作坊在厦门市中小学艺术节学生艺术实践工作坊评比中，获一等奖。此外，六中皮影戏、剪纸等校本课程让传统文化技艺走进学生生活。新冠疫情期间，六中学子还采用剪纸等手工艺来居家创作，为武汉助力！

学科渗透常态化。坚持劳动教育学科渗透，要求各学科针对性地选择本学科中适合开展劳动教育的内容进行教学设计和实践，每学年定期开展劳动教育学科渗透专项主题教研及课堂展示活动。坚持学科教师参与劳动教育与实践指导，提升学科教师劳动课程实施能力，使劳动教育真正地融合到学校教育教学的各个方面，真正发挥劳动课程育人效果。

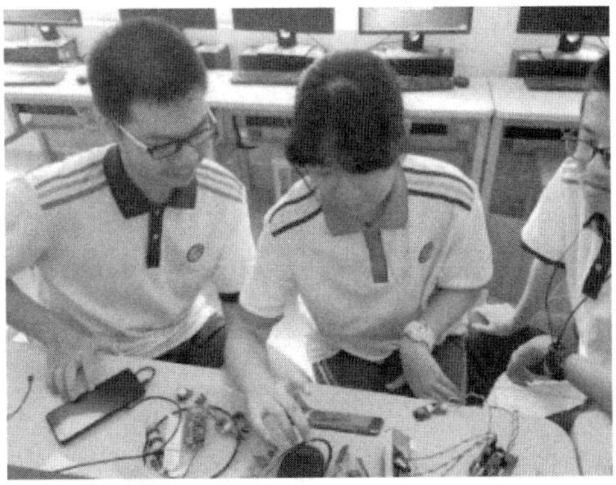

学生在体验：“Arduino 创客体验”项目

学生创意台灯作品、学生进行承重抗结构设计接触木工，手工制作相框在通用技术课上接触“Arduino 创客体验”项目。

2. 劳动教育融入文化建设

校园文化建设渗透劳动教育。学校将学生创造发明的劳动作品（如标尺教具、特色鼠标、自制眼镜等）以雕塑形式在校内予以展示，同时通过学校宣传栏、微信公众号、校刊等载体，展示学生参与劳动的照片，宣扬热爱劳动的精神。学校重视在校园文化建设中渗透劳动教育，注重发挥隐性教育功效。

校园文化活动突显劳动教育。学校开展劳动主题的诗歌创作、征文比赛、文艺表演、手抄报比赛、劳动诗歌诵读会、劳动成果展示、劳动职业生涯峰会等活动，在积极有益的校园文化活动中给学生积极的劳动教育引导。

学生在给奶奶揉肩

校园文化制度规范劳动教育。学校在课程规范上，明确地规定了劳动教育的课时、课程内容安排；学校的社会实践指导手册，涵盖了劳动教育的项目和实践要求；学校的综合素质评价融入了劳动教育的评价项目和评价标准。

3. 劳动教育融入实践活动

（1）劳动教育日常化

学校重在“现在·落实”，实现家庭日常劳动、学校日常劳动、社会志愿日常劳动服务三合一。学生除了日常教室劳动外，学校还设立劳动物业日，学生在该日将代替物业人员负责全校卫生保洁劳动；同时，学校还组织学生积极参加“居家养老”“垃圾分类”等志愿活动。每年参与家庭、学校劳动服务5000多人次，参与社会志愿服务近790人次。

在劳动中，学生以劳养德，涵养品质，自主独立，孝顺父母，关心家人。常言道：“百善孝为先，孝为德之本。”尊敬长辈、孝敬父母是中华民族的传统美德。在弘扬美德、促进家庭和睦、社会和谐的今天，孝敬长辈不是抽象的而是具体的。假期时段，学校分发了特色好儿女卡、家务劳动登记卡，开展了“居家美食制作”“心怀感恩练厨艺，宅家抗疫享亲情”“家务小能手”“孝敬长辈，从身边事做起”等“爱家人”家庭劳动德育活动，帮助我们树立起崇尚劳动的良好家风。

在劳动中，学生拥有了勤劳、奋斗、奉献的劳动精神，用勤劳的双手创造校园美丽环境，在社会志愿劳动中培养了主动服务社会的情怀。

学校实行日常常规评比，如最美图书角评比、黑板报设计评比、日常班级卫生评比、星级班级评比、教室垃圾分类效果评比、卫生包干区劳动情况评比、班级文化建设之班级教室文化布置走访评比等，并组织常规督导队、节粮志愿者、学生会灯光组、摄影组，定期评选出劳动之星、垃圾分类之星，培养学生热爱劳动的良好习惯与劳动自立意识，体悟了劳动的光荣。同时，学校还开展了丰富多彩的“爱学校”校园劳动志愿服务活动，“图书馆志愿服务活动”“校园小导游活动”“校史馆解说活动”等。同学们都纷纷报名，乐在其中。

在丰富有趣的日常校园劳动特色文化活动中，学校用劳动来激发灵感，碰撞智慧火花，提高观察力与专注力；学生们创造美，陶冶情操，发掘劳动中比吃苦耐劳和出力流汗更丰富的东西。

在“垃圾分类在指尖，绿色物品创新艺”劳动环保手工创意设计大赛中，学生们变废为宝，每一份作品都设计精巧，更增添绿色。学校还举行了“劳动礼赞”深秋诗歌朗诵会，在诗歌中表达对劳动者崇高的敬意。不仅如此，学生们还积极参加学校科技节游园活动，近距离观察操作人工智能机器人，亲身感受飞机驾驶舱真实场景，动手体验水火箭试验，展示社团创意活动成果二百余件。

劳动激发创造力，引领科技创新。2016—2020 年，学校在科技类竞赛中屡创佳绩，其中，获国际金奖 5 人、国家级奖项 28 人、省级奖项 47 人、市级奖项 115 人。先后获得“厦门市中小学知识产权教育示范学校”“全国青少年人工智能活动特色单位”“‘网龙杯’第五届福建省‘互联网+’大学生创新创业大赛集体奖”等荣誉，2020 年，学校还被福建省推荐参评“全国十佳科技教育创新学校”。

【案例一】劳动教育　“烹”然心动，“饪”我发挥——厦门六中高一年假期家庭厨艺大比拼

中共中央、国务院印发的《关于全面加强新时代大中小学劳动教育的意见》指出，学校要发挥在劳动教育中的主导作用，激发学生劳动的内在需求和动力。

当前劳动教育重点是在系统的文化知识学习之外，让学生动手实践，出力流汗，在劳动实践中进行教育。为强化劳动教育，弘扬劳动精神，把孝敬长辈的正确价值观念内化于心，外化于行。他们从力所能及的身边事做起，真真切切地帮助父母减轻家务的负担，用实际行动关爱祖父母，给他们送上自己最真诚的爱。

厦门六中高一年级举办了假期劳动教育——家庭厨艺大比拼。活动期间，年段制定家庭厨艺劳动方案，引导学生查找菜谱、洗菜、切菜、配菜、炒菜，最终独立完成一道菜肴。待制作结束，孩子们还写了烹饪感悟，记录烹制一道菜肴的经历与感受。本次活动通过“家庭厨艺大比拼”的综合实践活动，让孩子们体验了劳动的乐趣，也为他们提供了一个展示自我的平台。

学生在烹饪美食

高一（1）班的同学们看着自己亲手做的美食后禁不住感慨：平时看着父母煮菜那么轻松自如，当自己亲手做的时候却手忙脚乱。看来自己要多锻炼下厨房，这样，当自己一个人在家的时候也不至于饿肚子了。自己在做美食中的过程不仅学会了各种材料的搭配，更提高了对食材的认识、动脑思考和动手操作的能力，这种体验更可以迁移到学习上来，是一种美的享受。

就像高一（10）班刘青彤同学说的，幸福存在于生活之中，而生活存在于劳动之中。她用自己的双手熬煮了一碗腊八粥，慰劳了辛劳一年的家人。同样来自高一（10）班的杨毓涵同学说：“距离上一次正式给家人做一顿晚餐已经是很久很久了，依稀记得还是中考之前。上高中以后我常常没有那么多时间能够在厨房帮上点儿忙，对于煮饭既熟悉却又有些陌生。重新拿起锅铲，在‘咕嘟咕嘟’的水声中忙碌，有一种朴实无华的能为家人做点儿什么的幸福。外婆和妈妈夸张的惊叹总是让我不好意思又有点儿小骄傲，希望可以多为家人做些什么，守住平平淡淡的日子中的幸福。”

中国人善于在平淡的生活中创造美食，美食也是人们超越困境的心灵慰藉。人们用食物将家人凝聚在一起，慰藉家人。

高一（9）班汪涵宇同学写道：“春节本该是归乡寻根的火红佳节，但疫情这位不速之客，打断了游子们返乡的旅途。在冷清的城市怎样过出家乡的年味？家乡的风物美食艾粿，可谓一绝。洗米，碾馅，包粿，再烘烤，是最简单不过的制作过程，却能让全家人一起动手，暖洋洋地聚在一起。一碗酽油，两方矮几，三屉蒸笼，四方风味，小小的艾粿，聚拢了漂泊的人情味。在家里做艾粿，终是有些用料的赘余，孩子们一提议，妈妈一拍板，再做些水饺，便又碾了菠菜汁和胡萝卜汁，和面做成饺子皮，猪肉韭菜馅的，虾仁蛋黄馅的，还被秘密地藏了一枚硬币。居家劳动的美食，有家人暖意洋洋的气息。”

高一（16）班叶桐彤同学写道：“趁着爸爸生日做了芝士焗红薯和海盐蛋糕给他，在姐姐回老家的那一天做了雪媚娘和牛奶小方给她送行。弟弟生日，我和哥哥一起做千层蛋糕和奶油蛋糕为弟弟庆生，还附加了其他小甜品。做甜点是我们家我这一辈小孩的特色，在父母辛忙的晚餐后端上一两叠自制的饭后甜点，或在充满阳光的午后一家人在阳台支个桌子吃上下午茶。美食带给我们的不仅是味蕾的享受，更有亲情的温暖，制作过程中的耐心和艰辛都化在每一口甜点里面，是劳动过后带来的快乐。”

“厨房里的烟火气，藏着最大的幸福。锅碗瓢盆，油盐酱醋，在手中翻转，一羹一饭皆手作。看着父母的笑，心里特别有成就感，这就是劳动带来的快乐吧。”似乎谈起美食，我们总有说不完道不尽的向往和期待。俗话说，民以食为天。在这次的美食制作过程中，我感受到了中国美食文化的魅力，也体会到了耐心的重要性，正可谓“世上无难事，只怕有心人”。这分别是来自高一（15）班的叶思婷同学和王垚同学的分享，看着她们劳动的照片和那色香味俱全的美食，不禁让我们感叹，极致的美食，只留给最勤劳的人们。没有劳动，就没有收获。当品尝到自己所做的美食的时候，那种感觉是无与伦比的。

【案例二】抗疫时光，倾心相伴，“疫”同成长——厦门六中初二年级线上亲子活动

2021 年的国庆节，只因生活的魔方被随机拧了一把，生活被按下了暂停键。为了让同学们感受一个不一样的假期，度过一段温馨的亲子时光。厦门六中初二年级利用网课期间开展了家庭劳动教育活动，让同学们通过承担适当的家务，体验劳动的甘苦，体会父母的不易，从而培养孩子负责任的人生态度和感恩之心。

学生在洗碗

学生在制作美食

每日和我们朝夕相处，为我们付出最多的劳动者，都是我们的父母。让同学们通过自己力所能及的身边事做起，做饭、打扫、洗衣等，帮助父母减轻家务的负担，体验劳动的甘苦，体会父母的不易，从而培养孩子负责任的人生态度和感恩之心。

(2) 劳动实践社会化

学校需要联合多方力量，如家长、社区等，通过建立实践基地，共同设计劳动教育内容，为学生创造不同劳动的体验机会，培养学生的劳动意识，提升学生的劳动能力。

推动劳动教育实践化，六中重在“知行·合一”，打造六中劳动教育的第二课堂。每年，学校都有近3500名学生到研学基地、企业、高校等15个实践场所进行劳动实践活动，每年参与劳动实践教育基地同安竹坝新村研学实践5100人次。此外，学校还推进社会实践劳动指向化，组织学生在寒暑假期进行劳动主题社会实践。

【案例一】与自然同行，共实践成长——记厦门六中初一学子劳动实践研学活动

六月初的微风伴随着六一儿童节的步伐送来了夏日的暖阳，同时也迎来了初一学子们期盼已久的竹坝社会实践活动。2021年5月31日—6月4日，厦门六中初一年级分两批次来到竹坝农场实践基地，开展为期三天的研学实践活动。在这三天两夜的学习实践中，同学们在游戏互动、训练挑战中收获了成功的喜悦，增强了团队的凝聚力。在与老师和教官的共同相处下学会了感恩。基地的军事化管理也让同学们学会做一名自立、自信、自强的好少年。

(1) 一粥一饭当思来之不易——插秧体验

在正式的开营仪式之后，在基地教官和老师的带领下，同学们投身并沉浸于绿色的田野中，体验真实的插秧和戽水过程。同学们弯腰劳作、卖力前行的身影体现了初一学子们不怕苦、不怕累的精神。

同学们捧着秧苗，赤着脚踏入了农田，在烈日的照射下弯着腰，在土地中栽下了宝贵的粮食。同学们看着自己亲手种下的秧苗，无一不从中感到了无比的自豪。在这次宝贵的实践中，同学们深刻地体会到了农民们劳动的艰辛，同时对“谁知盘中餐，粒粒皆辛苦”这一通俗易懂的诗句有了更加深刻的理解与体会。

当天晚上，同学们还集体观看了电影《袁隆平》，袁隆平爷爷的毕生追求与甘于奉献的精神永远地停留在我们心中。

学生在插秧体验

(2) 吃苦耐劳留下青春足迹——野外拉练

第二天下午，同学们伴随着响亮的口号、整齐的步伐、青春的脸庞，顶着炎炎烈日开启了八公里的野外拉练。

一路上，响亮的口号印证了我们的活力四射与斗志昂扬，挺拔的身影彰显了少年们的意气风发与坚韧不拔。尽管同学们汗流浃背，尽管困难重重，没有一个同学临阵退出轻言放弃。同学们互相加油打气，互相关心帮助，发扬团队精神。一路上我们流下的汗水如同青春的种子洒遍天涯海角，绽放属于青春的热情与活力。

学生在野外拉练

(3) 风俗舞蹈体验南洋特色——竹竿舞

同学们身着南洋服饰、伴着南洋音乐切身体验南洋风情竹竿舞。在欢快的音乐中，同学们随着节奏在竹竿之间蹦跳着，笑声洒满了整片场地。通过跳竹竿舞，同学们不仅锻炼了肢体的协调配合，还培养了团结协作的精神。

（4）实践课程学习急救知识——心肺复苏

基地教官的细致讲解让同学们领悟了做心肺复苏的方法要领，同学们还通过动手实践，让每一名同学都能体验心肺复苏的过程，收获许多急救小知识。

（5）舞动青春绽放青春光彩——基地晚会

研学之旅的第二天晚上，初一年段的全体师生在基地内举行了隆重的基地晚会。同学们尽情施展才华，有搞笑动感、活力满满的舞蹈，有旋律悠扬的南洋乐曲，有温情感人的集体合唱，还有老师们带来的精彩节目《旗袍秀及课间舞》。除此之外，基地还邀请到了两位基地老师为我们演唱经典歌曲《小白船》，大家透过南洋乐曲领略南洋文化。晚会期间，同学们卖力地呐喊，其热烈的鼓掌和欢快的笑声一次又一次地将晚会推向了高潮，台下波动着五彩斑斓的光，伴着同学们的热情和喜悦，照亮了黑夜。

（6）“最强大脑”增强团队协作——翻牌游戏、动力圈

乐趣无限的翻牌游戏与动力圈检验着同学们的谋略计策与团队协作，是对脑力、体力与团队协作力的三重考验。同学们在动力圈的一次次挥动中，在一次次整齐的口号中挥洒着自己的汗水，同学们从游戏中汲取成功的秘诀和失败的经验，反复磨炼，展现了青春的拼搏精神。

本次社会实践活动，为同学们提供了一次回归自然、共同拼搏的机会，锻炼了同学们的劳动实践能力，借助宿舍内务的比拼培养同学们的自理能力，通过严苛的军事化训练和班级竞争也塑造了同学们吃苦耐劳、团结一致的精神品质、公共参与感和班级荣誉感。在这个丰富多彩的“六一”儿童节里，同学们收获喜悦、磨炼意志、共同成长！

劳动实践活动的扎实开展，不仅增强了学生的劳动观念，更增强了学生的劳动意识和团结协作的精神，锻炼了学生的意志品质，提升学生道德素养，让他们懂得了珍惜每个人的劳动成果，尊重别人的劳动。每次活动都使学生发生了明显变化，百分之百的学生参与家校日常生活劳动，学生的自理自立能力明显提高。学生懂得关爱他人，关心社会，学生的综合素养明显提升。

【案例二】踏歌而起，博雅少年在田野间拥抱天光

2022年12月5—9日，厦门六中初二年段全体同学来到了厦门市中小学综合实践基地，开启为期五天的社会实践活动。

红旗长卷，微风穿林。六中学子的青春肆意铺展在农场的田野间，步伐整齐，行如疾风。他们在自然天地里轻嗅泥土的芳香，在十公里的山路上磨炼坚韧意志。

晚间军训，笔挺的军姿和坚定的目光，诠释着同学们不断突破自我、挑战自己的精神。从身体到心智，一步一步，用他们坚实的脚步踏出成长的足迹。

学生在学耕地

农场的耕地里似乎有草木的钟情和光阴的偏爱。同学们头顶艳阳，田旁小渠水声泠泠；同学们两人合作，用惯性一次又一次地舀起水，将硕大的桶一遍遍注满，脸上无一不在惊叹古代劳动人民的智慧。花生地里，一株株花生被同学们仔细地连根拔起，可爱的嫩花生让同学们学会了珍惜。在田间，同学们在晨风暖阳中感受农耕文化，让辛勤的种子在心中埋下，用实际行动践行着德智体美劳全面发展的博雅六中少年的追求。

学生在展示拔好的花生

“脚步执着，向前不再徘徊，身体飞舞腾跃不怕失败……”学校阿卡贝拉班同学们清越的歌声萦绕在竹坝的田野间，身后的花生地里满载丰收的金黄，肢体配合打出轻灵的节拍，学子们面向太阳，怀揣梦想，目光里的星火一敲一打间乘着歌声飘向远方。

以劳锻造时代新人，以劳创造美好人生。从“课程·教育”“现在·落实”到“将来·体验”，再到“知行·合一”，这就是厦门六中“体悟劳之美”劳动教育故事。在劳动中，始终践行厦门六中“体悟型德育”，不断增长才干与智慧，陶冶美的情操，树立好的品行，寻找更鲜活的生命，追逐着更有意义的青春！

二、生涯规划篇

学博气雅的厦门六中自 2017 年 9 月开始全面实施生涯规划系列课程。职业生涯探索是贯穿一生的漫长旅程，生涯唤醒课目的是传授给学生思考方式，让他们从容面对未来挑战。每名高一新生入学时，可以通过生涯测评系统获得一份测评报告并以此为依托，选择自己感兴趣的学科职业体验课。

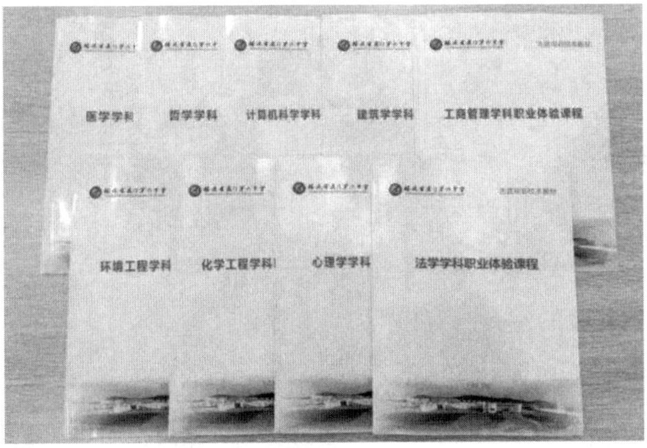

厦门六中生涯规划体验系列本课程

在推动生涯规划教育上，学校重在“将来·体验”，实行学校三年生涯教育一体化，重视职业规划教育和创新创业教育，发掘潜力、兴趣，明晰职业方向。为此，生涯规划课程包括生涯兴趣唤醒课、学科职业体验课、生涯实践和生涯决策等系列课程，并通过校企合作的方式，开发厦门六中企业生涯劳动教育实践基地，举行劳动职业生涯峰会、企业参访暨劳动教育生涯体验日活动，“筑梦研学”职场体验劳动实践研学活动等，聆听职场人士、专业老师、学长、学姐讲座，完成生涯人物访谈报告，组队参访信息技术、新闻传播等共十种职业劳动类型对应的企业和高校院系，并进行学科应用思考。

该课程包含戏剧与影视、金融学、法律、航天工程、机械制造、艺术设计、新闻传播、计算机与电子信息、历史与教育、工商管理、医学等，开发了20个生涯实践基地和参访路线。同时，学校还指派生涯指导师进行兴趣与路径的辅导与建议，指导学生完成生涯规划自我评估表、个人生涯清单、学习策略与专业导向，进一步规划未来，创造价值，实现梦想！

每位学生在高一年级有两次“抢课”机会进行学科职业体验，翻看厦门六中的高一课表，就会发现12门生涯规划职业体验课赫然在目。不同于传统说教，六中的生涯体验课采用的是PBL（问题驱动教学法）项目体验式的课程模式，让学生真正走近专业和职业。课堂上学生成为主角，通常会以完成一个真实项目为目的，带着任务学习，迎接挑战，体会自己的兴趣和感受，明确自己的梦想与方向。

学生在中交三航（厦门）工程有限公司参观

高二年段通过高校专家入校讲座，高校和职场参访、生涯主题分享活动和职场精英讲座等多种途径，为学生提供真实的职场体验，拓展生涯探索的途径。在生涯探索上，学生依旧通过提前抢课的方式选择自己感兴趣的职业开展体验。但不同于高一的是，高二的生涯规划课程不再局限于课堂，而是走出了校门，让学生直面社会，直接参与实践。全年段分为20支队伍，对接20个单位和大学所在的专业院系，进行半天高效院系体验，半天单位参访。在真实的工作情境中，进一步帮助学生发现他们热爱的学科，探索职业方向，更好地规划未来。

高三年段则开展实用性讲座来提升学生生涯适应能力。学生面临高考，主要以主题工作坊的形式，为学生提供帮助。比如开设时间管理讲座，职业分享会、自主招生面试模拟、志愿填报等形式，全面提升学生的生涯适应能力，形成了独具特色的高中生涯教育模式。

近五年来，学校开展职业实践教育教科研活动取得了一系列成功案例。

（一）省级生涯规划职业体验课

2018 年 12 月 6 日，主题为“推进核心素养落地，对接初高中学考变革”的省级教学开放活动在厦门六中隆重举行。有 101 所中学报名参加，不仅吸引了省内 1000 多名教师，还吸引了浙江、广东、新疆、河北等地的老师。

当天下午，厦门六中高一 11 个班级的生涯规划职业体验课程公开展示。生涯规划职业体验课课程丰富，包含了戏剧与影视、哲学、金融学、法学、心理学、建筑学、环境工程、医学、工商管理、航空航天、工业设计等十几门学科。生涯规划课采用 PBL 项目体验的课程模式，让学生真正走近专业和职业，走进他们的思维模式和工作环境；在科学性与趣味性并存的课堂上，让学生成为主角，在任务的学习和挑战中体会自己的兴趣和感受，明确自己的梦想与方向。课程通过项目体验、学科地图和生涯反思三个环节，带领学生在深入体验的基础上进一步开展内在的自我反思。

生涯规划职业体验课公开展示

职业体验课引导学生将目标成为成长的动力，从而突破障碍，开发自己的潜能，有力促进个性发展和综合素质提升，希望能够帮助中学生发现自己热爱的学科、探索职业方向、更好地规划未来。

（二）企业参访暨生涯体验活动

企业生涯体验活动，是为了满足学生在进行生涯探索的过程中对于真实职场、行业环境的体验需求而设计的大型生涯探索实践活动。

企业生涯体验日是六中实行三年一贯制生涯教育体系的重要环节之一。继高一学科职业体验课程体验，学生对于专业、行业有了初步的了解与体验，通过对自己的内部探索与外部体验，唤醒了学生的生涯规划意识，学会对自己的未来选择作规划。企业生涯体验日，则是带领学生前往真实的企业进行参访，学生感受到不同行业的不同工作环境与氛围，获得与企业人员面对面交流的机会，进一步加深学生对于该职业与行业的认识，通过这样积极的外部探索，引发学生思考，帮助学生明确自己的未来发展方向，明确自己的目标。

学生出发参加企业生涯体验活动前

2020 年 12 月 4 日，2019 级学生参加了“企业参访暨劳动教育生涯体验日”活动。本次活动采用“职业参观＋劳动体验模式”，学生通过系统在备选的 21 条不同专业主题路线中选择符合自己选科方向的路线，在真实的社会场景中，感受劳动的意义、体验劳动的艰辛快乐；了解各行业领域知识，为点亮未来发展方向，设立专业目标奠定基础。

1. 对话企业，探索未来发展方向

什么是“融媒体”？他们的办公环境是什么样子？一档节目或者一条新闻是怎样做出来的？同学们在工作人员的带领下，走进思明区融媒体中心，参观了指挥调度中心大屏触媒区、资料室、舆情办公室、媒资工作区等区间，了解各模块分区的工作和配合，学习融媒体日常新闻产品采编工作的流程。同学们与工作人员进行面对面的交流，增进了对融媒体行业基本情况和发展前景的了解，帮助同学们明确未来的职业发展方向。

同学们走进厦门六中优秀校友企业——科技谷（厦门）信息技术有限公司。在参观、问谈中，同学们对大数据的管理和分析、信息检索技术有了更深刻的了解。先进的科技让大家开阔了眼界，同学们深刻感受到了大数据管理分析在加强社会服务推动社会管理方面的强大功能。

在导师的带领下，同学们走进了中国人寿（集团）公司，在中国人寿展厅近距离了解保险公司的业务范围，各部门基本架构和职能。同学们增强了保险知识和风险意识，也加深了对保险行业、金融行业的理解。

学生参观思明区融媒体中心

同学们在走进世纪海航（厦门）科技有限公司。趣味十足的编程小游戏，不仅让同学们了解编程知识，体验编程乐趣，也加深了对人工智能的认识。同学们感受到了人工智能领域在教学领域的应用与融合，不仅开阔了视野，也启发了同学们对人工智能在未来教育应用中的思考。

2. 体验农庄，感受劳动美

农业作为人类的衣食之源、生存之本、生产之基，与人民群众的生活联系得最为紧密。走进鑫美园农场的高科技农业展示馆，同学们见到了各式各样的蔬菜，挂在空中的、生长在管道的，令人目不暇接。同学们在研学导师讲解、研学手册的引导下，认识航空蔬菜、探索现代化农业的奥秘，了解现代化无土种植技术。

学生走进鑫美园农场增长见识

职业生涯体验日活动，不仅是学生了解社会、开拓视野的重要途径，更是帮助学生提早培养职业兴趣和职业意识的重要渠道。研学活动通过多样的职业体验和生产劳动课程，让学生收获了一份难得的劳动体验，也让学生对各种职业和专业有了更加深入的了解。学生也在研学活动中认清了自己的位置，从自身价值的客观评价出发，树立正确的人生价值观和劳动观，尽早规划自己未来的职业生涯，寻找自己的未来发展方向。

（三）保送生职业生涯体验活动

读万卷书，行万里路，走出课堂，走出校园，在真实职场情境中近距离接触和探索职业世界，践行立德树人的目标和本质。2021 年 7 月 2 日至 7 月 3 日，厦门六中直升班 50 位学生在学校和科研团队的组织下，分别前往厦门风云科技股份有限公司、福建省自由贸易试验区厦门片区、厦门天语舟气象科技园开展主题为“专业探索筑梦想，职业体验赢未来”两日的研学实践活动。

厦门六中直升班同学参加职业体验活动

同学们首站参访了厦门风云科技股份有限公司。同学们在那了解了该公司曾获得“中国国际文化创意产业博览会最佳视觉特效奖及动画奖”“全国高科技动漫游戏峰会 2010 国产动漫最佳视觉效果奖及动画奖”“厦门文化企业 30 强”“福建省游戏动漫协会行业突出贡献奖”“福建省十佳影视机构”等荣誉。同学们聚精会神地听着，并对此充满敬意。随后，同学们近距离接触了 AI 智能眼镜等尖端高科技展品。他们对风云科技的办公环境、氛围、娱乐休息设施都表示赞叹。最后，工作人员带领同学们来到影视产业中心，为同学们讲解工作技巧，同学们进行尝试，从理论联系实际，摄影技术及拍照技巧突飞猛进。紧接着，同学们开始了

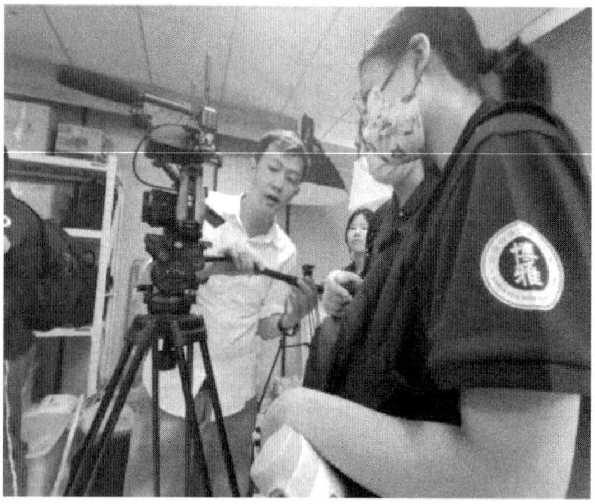

学生参观厦门风云科技股份有限公司

自己的创作之路，按照前期的讨论和研究，制定好剧本的撰写与角色的分工方案，进行拍摄场地的踩点等等，一场大戏就开始了。随着导演的一声令下，同学们的年度大戏拉开序幕，大家团结协作，共同学习，创作出属于自己的宏伟巨作，为青春的画卷留下灿烂的一笔。

第二站，大家聆听了大国少年的励志讲座。研学老师为大家讲述着大国少年的梦想与担当。“继往开来，吾少年之责任，不忘初心，吾少年之责任，继续奋斗，吾少年之责任，故今日之责任，不在他人，而全在我少年。让我们扛起民族的责任，继续前进，振我泱泱华夏，兴我浩浩神州！”

学生聆听大国少年的励志讲座

第三站参访了福建省自由贸易区厦门片区。同学们参观厦门自贸区规划馆，听取了工作人员对前海自贸区在改革创新、城市规划、产业发展等领域的情况介绍。从介绍中，同学们了解到前海的主要功能定位是深港合作先导区、体制机制创新区、现代服务业集聚区、结构调整引领区，未来将被打造成为集创新金融、现代物流、信息服务、科技与专业服务等现代服务业的高端集聚区，成为“特区中的特区”。展厅简约时尚大气的设计、丰富的展览内容和高度信息化的展陈方式给同学们留下了深刻的印象，丰富了大家对于自贸区的认知，彻底激发了同学们对于国家经济发展的自豪感与民族的骄傲感。参观厦门自贸区，在结合同学们对科技兴趣的前提下，通过这次参观、拓宽了同学们的知识面，让大家走近日新月异的科技发展元素，更好地认识和了解厦门自贸区。

第四站参访了厦门天语舟气象科技园。同学们在工作人员的带领下，开始了神秘的气象科技探索之旅。同学们依次参观了园区内的台风探秘、台风来袭、台风预测等多个展厅。同学们对这些新奇的科技互动装置非常感兴趣，探头探脑地围着它们东看西看，跃跃欲试，忍不住要动手尝试，想要亲身感受下操作这些装置是种什么样的感觉。在“台风来袭”展厅，同学们不光看到了海上航行模拟互动设施，模拟了海上台风来袭实况，还看到了模拟“莫兰蒂”台风来袭后的环境；行走在玻璃地面上，两旁是造景和光效带来的台风来袭视觉感受，厚厚的玻璃地面下则是泥泞的地面和横七竖八的树木断枝，不由得让人心生怯意。最后大家观摩了一场心肺复苏术（CPR）的现场演示，志愿者耐心地讲解着一个个步骤的顺序和重要性，也邀请大家勇敢体验，一起学习急救手势和动作规范。同学们体验了红十字防灾急救项目，一比一的真人模型让同学们一显身手。同学们学会了心肺复苏，当别人需要时，可以提供力所能及的帮助。

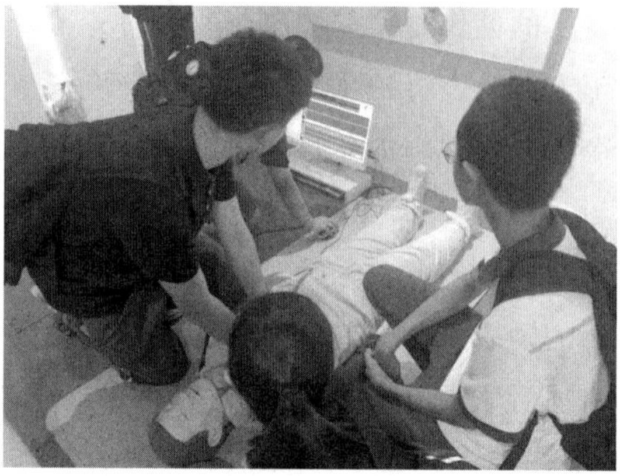

学生观摩、体验了一场心肺复苏术（CPR）

（四）星际生涯游园活动及职业体验课唤醒学生学习内驱力

1.“体悟育人于生涯，寻找成长之宝藏”活动

高中是人生中一段青春美好的时光，也是学生树立远大理想和崇高追求，形成正确的世界观、人生观、价值观的重要阶段。2021 年 5 月，厦门六中围绕“体悟型”育人模式，为全体高一学生举办了一场为期三天的星际生涯游园会活动。通过六个体悟型的生涯游戏，引导学生充分了解自我潜能和优势的同时，探索自己的兴趣和价值观，培养同学们生涯规划的意识，帮助他们找到人生的方向，并为之努力。

在活动开始前，生涯导师们为每个班的同学开展了活动宣讲，发放了特制的旅行胶囊，并详细给同学们讲解了活动的规则与意义，让同学们熟悉胶囊的使用方法。了解了本次游园会的内容后，同学们在领队的引导下进入到活动场地，开启了自己的星际探索之旅。

生涯空间站 1：生命故事矩阵。在生命故事矩阵中，同学们回顾自己从小学到高中各个阶段的重要事件，通过对于开心和难过的经历，在生命回忆中重构自我。

生涯空间站 2：价值燃料基地。价值观是影响生涯选择的重要因素。在价值燃料基地，同学们可以审视自己的生涯价值观，思考与父母的价值观的异同，在 12 种价值观选择中搭建自己的价值框架。

学生在生命回忆中重构自我

生涯空间站 3：霍兰德导航。兴趣是最好的老师。霍兰德空间站是依托霍兰德理论设计的游戏环节，学生通过测评了解自己的职业兴趣，通过分享自己“有趣的故事”和“核心竞争力”与六种兴趣类型产生更深的联结，大胆开启畅想与规划。

学生在 12 种价值观选择中搭建自己的价值

生涯空间站 4：学科门类定位仪。在这个空间站中，运用可视化的方式，引导学生将兴趣和能力与学科联系起来，帮助同学们客观评估自己的学科优势，找到最感兴趣的专业，做出理性的取舍。

学生客观评估自己的学科优势

生涯空间站 5：星际探险链路。条条大路通罗马，同学们通过升学星球地贴，了解高中阶段不同的升学路径，并借助生涯人物故事，设想自己未来的发展方向，提炼人生轨迹。

学生体验生涯星际探险活动

生涯空间站 6：生涯星际宝藏。这是一个小组互动的空间站，在这里，学生们体验了一把生涯“大富翁”的刺激，考验自己对院校、专业和职业的信息储备，感受同伴间的交流与思维碰撞。

学生每完成一个空间站的任务，都会获得一枚星际印章，搜集到四个以上的印章，就可以在梦想值机处办理值机，领取宇航员徽章，记录下自己的旅行感悟。

一直以来，厦门六中都很关注学生的个体成长，重视对学生品德与理想的培育，不断推进体悟型的育人模式，建立了“金字塔式”的三级指导体系，三年一贯培养“追求梦想、用于创新、扎实学力、全面发展”的六中人。未来，学校也会开展更多样化的生涯活动，提供丰富的资源，从基础的学习与体验，到学以致用的实践，助力学生明确自己的发展目标，完成高中阶段的发展任务。

2. 未来探索之旅

2021 年 11 月 16 日，六中 2021 级高一学子开启了一场“沉浸式”未来探索之旅，该旅途覆盖了 9 个大学一级学科、60 余个职业。

学生参加“沉浸式”未来探索之旅

本次课程设计为了不局限同学们对于未来无限可能的想象，共设计了机械与自动化、计算机与电子信息、经济金融、新闻传播、法律等九个一级学科，包括车身结构工程师、Web前端工程、城市规划设计师等新兴职业。此外，还有记者、检察官、医生、设计师等传统行业方向的65个职业方向，并将选择权交给同学们，由他们根据自己的兴趣与优势，自主选择各自的梦想职业意向。

本次课程，不仅点亮了同学们对于心仪职业的浅层认知，也通过四次理论与实操结合的沉浸式职业体验课，让同学们对各自选择的职业有一次真实且生动的体验，让同学们深度了解各行各业的工作流程与工作内容。

本次职业体验活动中，同学们的梦想职业意向主要集中在计算机与电子信息、临床医学与护理、新闻传播与艺术设计四个学科门类，其中以临床医学与护理最为热门，意向选择人数最多，成班数也是最多的，新闻传播与艺术设计这两个门类次之。

临床医学与护理备受追捧，是后疫情时代下，同学们对时代趋势的一种天然且敏锐的洞察，或许也是朦胧的使命感与责任心使然，促使他们渴望能成为一名白衣天使，救死扶伤、为改写人类命运贡献自己的一份力。计算机与电子信息人才是当下时代变革发展的刚需，正是这个学科的人才们夜以继日地不断付出，大大助力社会的发展繁荣。现在，他们仍在奋力书写着未来的无限种可能。新闻传媒与艺术设计，承载了表达者们不断寻找自己，也为他人发声的使命；法律，探索法与情、理与义、光与影的边界，也为大众、为正义呼喊发声；地理与环境科学，关注人居、环境与人类发展的未来……这些学科与职业属于务实的当下，也可能属于前途无量的未来。

未来将如何定义？如何书写？如何描绘？那支能绘制未来蓝图的神奇画笔，正在同学们的手中；为了实现梦想，同学们必定需要做好基本功，激发自己的学习内驱力，并朝着自己的梦想一步步靠近，让我们静候一幅幅心怀梦想与信念的不凡佳作。

3. 向内生长，向外探知

当同学们产生独立思考的意识开始，这些关于人生的议题，便自然而然地占据同学们的思绪一角。为了帮助同学们更好地理解职业，更深刻地理解社会发展，六中2022级高一年段开启了一场旨在启蒙同学们职业意识，养成职业规划习惯的职业体验选修课。

24个班级参与到这场别开生面的职业体验中，近1400名同学进行了兴趣测评，以测评结果为依据，从机械制造、航天工程、法律、金融、艺术设计、工商管理、临床医学、历史与教育、计算机与电子信息、新闻传播等10门课程中，选择心仪的，也更适合他们的课程。

10个门类，30个工作坊，垂直而精细化的职业场景塑造，让同学们可以在更为真实的场景中完成体验、观察、主动尝试、概念化等认知闭环，加深同学们的对世界的体验、认知与体悟的思考过程，让同学们对自我、对环境都能有一个深度思考。

学生参加职业生涯体验课（一）

学生参加职业生涯体验课（二）

学生参加职业生涯体验课（三）

学生参加职业生涯体验课（四）

理工科的浪漫——机械制造。对于理工科的同学们来讲，从理论到实践，从原理图、流程图到落地组装、生产测试，这种从无到有的创造，是一种理性却浪漫的孕育。而放到真实场景中，负责绘制电控机械臂原理图和流程图的机械设计师们不但要有理论知识支撑，更要有创造力与想象力的迸发。负责组装液压机械臂的机械工程师们在能看懂图纸的理论之下，拥有超强的行动力与变通能力，使他们可以平衡图纸与现实间的差异。负责测试液压机械臂的工程监测员们，眼睛不能只是盯着各种参数细节，在数以万计的检测、实验中，他们更需要顾全大局，确保机械产品的安全、正常的运行。

星尘与大海的征途——航天工程。航天梦想是诗意且梦幻的，而它的追梦者们则是十分“接地气”的理性主义者。同学们需要化身空气动力工程师，读懂细节，深谙航天工程力学才能让火箭在微小的细节优化中找到更强大的动力，让梦想飞向更远的星途。出发，只是我们开启征途的第一步，探索，才是这场征途开始的意义！在未知的宇宙环境中，如何保证探测器的正常运作？信号接发、电源的续航力与履带的正常运行……每一个细节都是机械工程师们需要解决的难题。火箭的返程、回收如何着陆？变身地面指挥员的同学们，不只要看着天上的航天器，还要根据雷达显示器上的信号，发出正确的着陆信号。这需要的不只是专业知识，更要求果敢的判断。

法与情的交融——法律。当道德与伦理无法审判一个人时，法律成了守住底线的最后一道防线。而作为这道防线上的工作者们，如何透过案件中千丝万缕的线索捋清情理与法理，还当事双方公平公正呢？这就是化身检察官的同学们该思考的问题了。

资本永不眠——金融。都说资本是疯狂的，但疯狂的常常是人性。金融自成生态体系，有一套逻辑自洽的运行、监管体制。保险规划师，着眼当下，却需从环境与社会的运行规律中找到对抗未来未知风险的模型。在资本的世界里，对未来资本的预支是普遍的，授信普查员的存在，则为这些预支的行为划分风险等级，为资本运行保驾护航。投资行为，或许是离同学们最近的一种金融行为，就像同学们的学习，以时间为资本进行投资。投资经理们的投资不只是抓准时机的投机，更是利用数学模型对未来发展趋势的投资与风险控制。

线条与色彩的“舞蹈”——艺术设计。艺术与时代的碰撞，给了艺术家们更多发挥美感天赋的空间。一方小小的手机屏幕中，不只有UI（用户界面）设计师们的独特审美，更有行为与心理学的知识投射。产品设计师们也能从艺术与生活中找到每个平凡事物的独特趣味，去变形，去放大，去设计出多元丰富的文创产品，让我们的生活变得更缤纷有趣。生活不只眼前的苟且，还有诗与远方，但不必所有的美好都在远方。景观设计师们对美的理解与看法，即让生活的目之所及皆为美好。

商业的本质——工商管理。商业自有一套严谨的生态体系。而这套体系的运转需要日复一日的细节审查、执行、反思与优化，商业体系中财务是最紧要的关节长期与数字、规章制度打交道，这造就了每个财务基因里的严谨，即使是购物节的狂欢氛围里，财务们仍在冷静核对每一个环节的预算。如果说财务是克制、冷静的话，那么营销则是被放大的欲望。在营销策划的每个环节中，策划专员们都将从人性的底色中抓住隐藏其中的欲望并将之催化成购物的冲动与行为。而人力资源专员的工作，也不仅限于招兵买马，还在于员工激励。驱动员工发挥最大效能是一个优秀人力资源该有的技能。

学生参加职业生涯体验课（五）

平凡的“孤勇者”——临床医学。如果说生命是上帝随机掷下的骰子，那医学就是人类对抗这个随机命运的证据。医学从业者的每个环节都自带孤独的英雄底色，仅仅完成心内科的药方开具这样的任务，就需要将近十年的医学知识支撑。血管外科血液模型的制作，需要记住繁复的身体器官、血管、肌肉，再根据记忆，去复原，去修复，去治愈，这仅是医学从业者的入门级基本功。影像学，是新兴的医学技术，它让现代医学变得更精准，更高效，而这个变化的前提是从业者对机器与人体，都是熟练且精准的。

学生参加职业生涯体验课（六）

尘土下的“述说者”——历史与教育。历史随着时间化成尘土，而以史为鉴可以知兴替。于是，一代代考古研究员忍住时代的诱惑，埋首历史的尘烟之中精进文物的挖掘、探测技术，探索文物背后的史实；一位位历史研究员，热衷于探索文物背后的史实，穿梭于逝去的历史时光中用所学串联历史的碎片。而他们探索发现的史实，需要一名专业的讲述人——历史教师，进行专业有趣的教学环节设计、丰富多元的教学资料补充。历史，在一代代炎黄子孙中不断传承。

时代的“脉动”——计算机与电子信息。这是一个信息时代，而未来的一段时间内，计算机仍将把控时代脉动。前端开发工程师是计算机与用户的“翻译官”，通过前端架构的开发设计搭起普通人对话计算机的载体，让计算变成了人人都可以使用的工具，而当人人都在互联网上表达自己、展现自己时，这些庞杂而详尽的信息既是一个高效的工具，也能成为破坏者们手中的“核武器”。信息安全员们的信息加密则给这些“核武器”上了一道安全锁。计算机庞杂且巨大的计算，需要一套行之有效的硬件搭载才能发挥百分百的效能。这时候，就是电子工程师们大展身手的时候了。

社会的“第四权力”——新闻传播。新闻传媒，是公众的发声媒介在社会舆论中新闻传媒的声量，不可小觑。作为传媒人，采访是基本功。采访，不仅是从问与答中学会聆听，更重要的是从语言中发现问题，洞察影响事态发展的本质。编辑，是基于事实的加工，而非偏离事实的编造，这是作为传媒人的底线，用观点与编辑，让事实变得更具声量，是每个传媒人精进的目标。新闻事实，是客观的事实而基于新闻进行评论，是洞见；立场，也是面对客观事实的格局。

职业体验课程，让同学们在现实中与理想撞了个满怀。他们对理想职业的憧憬不再停留于表面的憧憬，而是因为有了这次主动的尝试，让他们对理想、对职业有了情感、态度及价值层面上的思考。

（五）职业生涯峰会在传承中助力学子成长

学生参加“情系六中”职业生涯峰会

“情系六中”劳动职业生涯峰会系列活动，是学校生涯规划教育、劳动教育的重要组成部分。该活动是厦门六中学长学姐为学弟学妹们规划劳动职业生涯、分享自己学习经验、讲述大学精彩生活的平台。峰会内容包括优秀学子线上宣讲，“共话成长”经验谈等内容，包括南京大学、南开大学、东南大学、中山大学、厦门大学、湖南大学等31所高校，百余名毕业生参加。经过优秀毕业生的精心打磨，经学校德育处、团委、高三年段认真审核下，多个高品质的视频发布于线上。在视频中，各位学长、学姐从学习、生活、个人发展等方面为同学们答疑解惑，并应学弟学妹们的要求，提供了线上交流平台，让同学们对专业、大学信息有更多的了解，也让六中精神得以传递。不仅如此，作为经历高考、考研的六中学子，毕业生们还将自己的高中学习经验进行分享，希望能帮助更多的学弟学妹。

此活动的开展，增强了同学们的生涯规划意识，提高学生对劳动、职业性质等的认知，增进了他们对大学的了解，引导他们坚定目标、砥砺奋进，实现自身更好的发展。

厦门六中围绕“立德树人”根本任务，立足学校办学特色，以“体悟”为路径，开展了特色劳动教育，给予了学生发挥才艺、实现价值的大舞台，促进学生在主动参与中“体悟”自身成长的价值与意义，培养“学博气雅”的新时代英才。

思考点：通过本节阅读，感悟劳动的意义和价值；结合自身兴趣及实际，撰写自己的职业规划及说明实现的途径，畅想自己的美好未来。

第三节　大社会与小课堂，生活创新育素养

创新是一个民族进步的灵魂。习近平总书记在党的二十大报告中再次强调加快建设教育强国、科技强国、人才强国，办好人民满意的教育，这为当前教育发展进一步指明了奋进方向、提供了根本遵循。自建校以来，厦门第六中学牢固树立“人人有潜力，人人能发展，人人能成功”的教育理念，以德育为先，以科技、人文为翼，扎实学力，建设和谐校园，不断谋求新的发展，形成了创造教育、艺术教育等鲜明的办学特色。思政学科是综合性的学科，如何引导学生在生活中进行生活创新的探索，学校开展了行之有效的尝试。

核心素养是课程育人价值的集中体现，是学生通过课程学习逐步形成的正确价值观、必备品格和关键能力。道德与法治课程要培养的核心素养，主要包括政治认同、道德修养、法治观念、健全人格、责任意识。政治认同是社会主义建设者和接班人必须具备的思想前提，道德修养是立身成人之本，法治观念是行为的指引，健全人格是身心健康的体现，责任意识是担当民族复兴大任时代新人的内在要求。[①]“创新”原意有三层含义：第一，更新；第二，创造新的东西；第三，改变。“风声雨声读书声，声声入耳。”在道德与法治课堂上，教师引导学生关注新事物，关注社会的发展，关心家乡的变化。运用所学知识，尽己所能，在生活中发现问题解决问题，小小初中生也有大大的能量，能让家乡更美更好，能增强责任意识、厚植家国情怀、增强政治认同。

① 《义务教育道德与法治课程标准（2022年版）》，北京师范大学出版社，2022，第5页。

一、推陈出新，唤醒历史认识，培养创造思维

创新源于生活。在初中学段，学生的生活实践范围相对小学有了一定的扩展，综合知识有了一定的积累，思维认识也有了一定的发展。六中利用课堂教学，积极引导学生去认识和发展社会生活中的美，也引导学生去透过事物现象认识事物的本质，学会理论联系实际，辩证地认识事物，更新原有的旧认识、旧印象，打破事物的刻板印象，推陈出新，并提出解决的方法和策略。例如，社会科学类《鼓浪屿申遗别墅的精美与悲壮——申遗别墅文化中民族精神的弘扬与传播研究》项目，聚焦六中学子的家乡厦门，地标性打卡网红点——鼓浪屿。鼓浪屿于2017年被确定为我国第52个世界遗产项目，在全社会具有广泛的知名度。鼓浪屿于近代遗留下了大批很有特色的建筑（以别墅为主），是近代社会经济文化发展历程的见证。这些申遗别墅造型精美壮观，吸引着国内外各地千千万万的游客前来参观。厦门六中的学生也喜欢上岛参观。在老师的指导下，学生查找了大量的历史资料，经过走访和问卷调查后，提出不仅要欣赏鼓浪屿别墅的外在精美建筑艺术，也要辩证客观地看待它们所蕴含的精神文化内核。通过对申遗别墅的分类，感受其精美；追溯历史，感悟其悲壮。在对申遗别墅文化的内涵作出界定后，经过调查分析申遗后别墅文化的传播现状，从新的视角策划鼓浪屿申遗别墅文化传播的策略，引导大众在欣赏鼓浪屿申遗别墅外在精美的同时，去追寻它历史的悲壮，唤醒人们对苦难民族历史的认知，珍惜今天来之不易的和平，厚植家国情怀。中学生在老师与家长的带领下，走出了家门，走出了课堂，走进了社会，去和市民游客交流，感受到了不同于课堂的学习热情及途径。他们碰到了很多困难，比如在进行申遗别墅实地考察时，吃了闭门羹；比如进行了大量的网上搜索后，还是找不到相应的材料来论述证明观点；比如，下雨天上鼓浪屿湿了一身……但是所幸在家人和老师的鼓励和陪伴下，学生们都坚持下来了。当研究结束时，学生们的心中充满了骄傲与自豪：理论联系实际的能力得到了提升，口头表达能力得到了提升，视野更加开阔，对生养他们的这片故土更加热爱。这

是他们最大的收获。本项目荣获福建省青少年科技创新大赛一等奖。[①]

【案例一】鼓浪屿申遗别墅的精美与悲壮——申遗别墅文化中的民族精神弘扬与传播研究

一、欣赏鼓浪屿申遗别墅之精美，探讨其分类和与特征

鼓浪屿，是厦门岛西南隅一座面积1.84平方公里的小岛。2017年7月8日，“鼓浪屿：历史国际社区”列入《世界遗产名录》，成为我国第52个世界遗产项目。“鼓浪屿：历史国际社区”包括51组代表性历史建筑及宅园、4组历史道路、7处代表性自然景观与2处代表性文化遗迹，它们与岛上现存的900余栋历史风貌建筑，共同构成了鼓浪屿自然有机的空间结构和内涵丰富的城市历史景观。

申遗的目的，是为了更好的保护和传承本土文化。笔者采访厦门市鼓浪屿历史研究学者、参与鼓浪屿申遗并十几年来致力于其文化研究的知名学者吴永奇时，他提到“鼓浪屿是解读中国近代史最好的实物范例”。笔者通过走访厦门市鼓浪屿管委会与实地考察，按51处历史建筑和宅园历史功能划分，对它们进行分类，分成“外国领事馆及娱乐别墅”“教堂、医院、学校类别墅”“经济、商务、社会事务类别墅”“私家宅园”“景点、民间信仰类”五类精美申遗别墅，并以其中四类作为典型。[②]

（一）外国领事馆及娱乐类别墅

据统计，至少有17个国家曾在鼓浪屿上设置过领事馆或派驻领事。其中除了现存的日本、美国、英国等领事馆之外，还有西班牙领事馆、比利时领事馆、荷兰领事馆。其中，属美国领事馆最精美。从一览表不难看出这些领事馆，建筑面积动辄上千平方米。殖民入侵也使各类高档娱乐场所建筑兴起，如万国俱乐部是供当时鼓浪屿的外国人及华人显贵、洋行高级

---

① 本项目已获得第38届福建省青少年科技创新大赛一等奖［作者：2018级初三（1）班赵晨霖、陈杜佳。指导老师：初中道德与法治组郭金潇、吕冬旭、杜益。］项目书入选本书案例时略有改动。

② 因本书篇幅有限，项目书中介绍鼓浪屿申遗别墅名称、地址、建筑面积、建筑用途及特点的一览表从略。

华人雇员娱乐交际的场所，普通百姓是进不了的。这些别墅，规模宏大，选址造型讲究，装饰特别精美。

（二）教堂、医院、学校类别墅

西方基督教传教士们几乎与英国的军舰同时抵达鼓浪屿。至19世纪后半叶，鼓浪屿已是教堂林立了。正是漂洋过海的基督教会带来的信仰以及传教士开办的学校、医院、书局让鼓浪屿发生了巨大的改变。它们与领事馆和各医院一起，逐渐取代了小岛原本闽南大厝、庙宇为主体的建筑轮廓。西方殖民者在建这些建筑时，刚好西方古典复兴。所以这些建筑都讲究比例均衡，注重纯形式美。而这让近百年间的鼓浪屿，成了这两种欧美建筑时尚潮流的试验场。

（三）经济、商务、社会事务类别墅

从一览表我们不难看出，鼓浪屿申遗经济、商务、社会事务类别墅虽只是作为经济社会发展用途，且造型简洁一些，但也不失精美秀丽。既有哥特式建筑风格，也有殖民建筑的外廊设计，依然重视外墙的装饰，甚至连外驻高级职员宿舍也盖成了外廊式建筑中的精品。

（四）私家宅园

鼓浪屿的私家宅园大部分是南洋华侨、富商归国建造的，从一览表中我们可以看出闽南华侨别墅既保留了中国园林追求的意境美，又融合了西方艺术追求的形式美。中国式古香古色的经典檐顶，装在西式柱廊建筑上，也就是厦门人称的“嘉庚式建筑”，穿西装戴斗笠。庄严中显现着中西结合的精致与高雅。

二、追溯历史，感悟建造别墅之悲壮

一个半世纪以来，中西文化交融，战火硝烟，……鼓浪屿深深地感应着时代的脉搏……深深陶冶出了鼓浪屿独有的精神气质：高尚、优雅、精致，同时又带着婉转低回的感伤。

（一）精美别墅，凝聚着劳苦大众的悲苦血汗

当我们今天欣赏着这精美的申遗别墅群时，也不禁要去感伤：这么精美的建筑，在生产力很有限的100多年前，在机械化落后与不足的近代，在交通运输很不方便的小岛上，人们又是怎么靠肩挑手扛建出来的？笔者阅

读了大量鼓浪屿申遗文献，下面，我们来看两个典型的案例。

第一个是八卦楼。八卦楼成为鼓浪屿的标志性建筑之一，很大程度上是因为它那个巨大的圆顶。有人称八卦楼的建筑风格“雄伟刚劲，各部分比例得当”，同时细部装饰也很丰富，“散发着一种理性美”。这样的设计不但结构复杂，而且极其奢华，所用石料、木料、红砖等都是上乘材料，在市面上无法直接采购，需要特别加工从国外运来，耗资自然巨大；且集合了多国建筑风格的新颖概念，实现难度太大。事实上，八卦楼建了十年，一直都没有真正完工。其主人林鹤寿财力后继难以支持，最终被迫宣告破产。八卦楼不但内部没有完工，连屋顶也没有完成，现存的是后来政府加盖的。

第二个是汇丰公馆。清同治十二年（1873），英国香港上海汇丰银行在厦门开设分行，为厦门最早的近代银行。1876 年前后，汇丰银行在鼓浪屿笔架山东北端山崖顶建此建筑作为银行的行长住所。从远处看，汇丰公馆其实是一座悬崖上的建筑，它选址在笔架山的断崖顶上，基桩打入岩石，非常牢固。公馆结构呈丁字形，三面回廊，多边钝角，主人推窗就能观赏远山海景。

从以上案例中我们可以看出，这些规模宏大的奢华别墅耗材太多，特别讲究排场和奢华，设计图纸请外国专家绘制，甚至建造用材都需从国外运回；耗时长久，有的是十几年甚至几十年。选址有的竟然是在悬崖上，建造很艰难，且耗资巨大甚至破产。我们查无史料记载，但其间兴用的民工数量之多，从中可以想象得到。我们走访时就有了解到，有的工人石匠来自漳州，专门从事石头的雕刻打磨，还有的从上海特请专业团队来建造别墅。能工巧匠齐聚，长年累月，不停地工作。综上，一栋栋精美的别墅的落成，带有强烈的殖民文化精美的外表，但饱含着劳动人民的艰辛劳动和创造，饱含着劳动人民的血汗和智慧。一栋栋精美的别墅，就是劳苦大众的辛勤创造史，也是劳动人民的悲苦辛酸血泪史。

（二）精美别墅，印刻着革命志士的悲壮惨烈

据《防海纪略》描述，敌军登陆，一昼夜地用大炮攻打厦门，街市与府衙都被摧毁了，厦门即被攻陷。在这样的时代背景下，鼓浪屿的别墅文化也染上了悲壮的色彩。

以位于鼓浪屿鹿礁路24号的日本领事馆为例，1894年甲午中日战争爆发，次年清政府战败，与日本签订了丧权辱国的《马关条约》，将台湾割让给了日本。与台湾近在咫尺的闽南沿海，尤其是厦门，成为日本大陆梦想的最理想跳板，于是，日本强迫清政府允许他们在厦门设立领事馆。鼓浪屿鹿礁路便成为最佳选址。1898年，日本领事馆落成。

厦门文史专家彭一万说："厦门是一个重要的海港城市，日本也是岛国，对海军、军舰非常重视，台湾在它手上，它看中厦门，将厦门和台湾串起来，台湾海峡变成它在掌控。日本人以此来作为残害中国人的一个据点。1962年我大学毕业的时候，曾经带学生去那边参观过，那个地方当时血迹斑斑。阴森恐怖，窗门都小，房间也小，抗战期间，里面聚集了不少被抓的中国人，很多人被残杀而死了。"

1928年，日本领事馆扩建，在侧面增建两栋红砖楼。一栋位于鹿礁路28号，是日本警察署本部。一栋位于鹿礁路26号，作为他们的宿舍楼。其中，在日本警察署本部的地下室，隐藏着一个关押中国爱国人士的秘密监狱，抗战期间，这里是日寇拘禁、刑讯、迫害中国人的场所。据了解，至今，地下室的墙壁上仍留有被囚者用指甲或木片刻画的进出狱日期、被囚天数、被刑日期以及痛斥日本暴行的遗迹90余处，还有被关押的抗日志士留下的抗日标语和斑斑血迹。其惨烈与悲壮令人发指。①

因此，笔者认为对于人类文化遗产的保护不应仅仅停留在物质层面的欣赏、保护和修缮上，更应注意精神层面。中华文化源远流长、博大精深。在漫漫历史长河中，中华民族形成了以爱国主义为核心的团结统一、爱好和平、勤劳勇敢、自强不息的伟大民族精神。习近平总书记曾深刻阐述了中国人民的伟大创造精神、伟大奋斗精神、伟大团结精神、伟大梦想精神，赋予了伟大民族精神以新的时代内涵。对于鼓浪屿的申遗别墅，我们要辩证客观地看到它的精美与悲壮并存，尤其是对其所蕴含的民族精神应大力加以弘扬与传播。

---

① 以上内容主要参考"思明文旅"公众号：《文物传奇：痛！鼓浪屿日本领事馆旧址背后的血泪史!!》。

三、发掘申遗别墅的文化内涵，探讨其文化传播策略

（一）鼓浪屿申遗别墅文化内涵界定

1. 别墅

别墅，改善型住宅，在郊区或风景区建造的供休养用的园林住宅。对于别墅的普遍认识是，除居住这个住宅的基本功能以外，更主要是体现生活品质及享用特点的高级住所，现代词义中为独立的园林式居所，都是独立成栋的。

2. 鼓浪屿申遗别墅

2017 年 7 月 8 日，“鼓浪屿：国际历史社区”被列入世界遗产名录，成为中国第 52 项世界遗产项目。鼓浪屿文化遗产的遗产要素主要包括代表性历史建筑、历史道路、自然景观、文化遗迹。本文所探讨的申遗别墅主要是指鼓浪屿历史建筑，以别墅为主。

3. 鼓浪屿申遗别墅文化

鼓浪屿申遗别墅为鼓浪屿申遗别墅文化提供了载体，上文中各类申遗别墅的精美是鼓浪屿申遗别墅文化的外在表现，而其背后反映出的历史的悲壮，人们对苦难民族历史的认知，以及以爱国主义为核心的团结统一、爱好和平、勤劳勇敢、自强不息的伟大民族精神则是鼓浪屿申遗别墅文化的精神内涵。

（二）鼓浪屿申遗别墅文化传承的必要性

鼓浪屿别墅文化作为近代史上中西文化交流的产物和社会经济文化发展历程的见证，不仅是厦门市的财富，更是全体国人和人类的精神财富。情感价值具有象征性，能够满足当今社会人们的情感需求，并具有某种特定的或者普遍性的精神象征意义，包括文化认同感和归属感、历史延续感和精神象征性，并通过记忆载体，起到核心的文化认同作用。

随着鼓浪屿旅游业商业化进程的迈进，原本具有丰富历史文化内涵的申遗别墅，逐渐演变成商业运作的载体，使文化的传承失去了支撑。近几年，鼓浪屿别墅文化所面临的传承危机逐渐受到政府的关注，但仍存在问题。

（三）申遗别墅文化传播存在的问题

笔者针对鼓浪屿申遗别墅的现状，通过以下三个渠道进行调查。首先

我们采取网络问卷调查的方式进行翔实的数据采集，其次我们从“携程”网、“去哪儿”网、“马蜂窝”等主流旅游类手机软件中收集关于鼓浪屿的网络评价，最后我们多次前往实地进行申遗别墅的体验，并与鼓浪屿学者及游客进行面对面的采访与交流。为了解公众对鼓浪屿申遗别墅的情况，笔者发放“关于鼓浪屿51栋申遗别墅文化传播状况的调查”问卷，共计回收651份问卷。其中厦门市民占八成，游客占两成。根据调查结果，发现鼓浪屿别墅文化在宣传之中存在以下问题。

1. 公众对鼓浪屿别墅有所了解，但审美层次尚浅①

第4题 鼓浪屿之所以迷人是因为 [多选题]

选项	小计	比例
岛上风景优美	616	94.62%
地理位置优越	387	59.45%
历史建筑很多	598	91.86%
众多特色美食	296	45.47%
一些网红店铺	160	24.58%
相关人文故事	451	69.28%
申遗知名度大	354	54.38%
本题有效填写人次	651	

第7题 您认为鼓浪屿申遗别墅具有哪些价值？ [多选题]

选项	小计	比例
社会价值	397	60.98%
艺术价值	491	75.42%
文化价值	560	86.02%
经济价值	257	39.48%
历史价值	587	90.17%
人文价值	464	71.27%
没有价值	14	2.15%
本题有效填写人次	651	

① 以下调查结果源于问卷星：“关于鼓浪屿与51栋申遗别墅文化传播状况的调查”。

在“鼓浪屿之所以迷人是因为”问题中，94.62％的人选择风景优美，91.86％的人选择历史建筑很多。地理位置优越、网红店铺、特色美食占近五成。在“您认为鼓浪屿申遗别墅具有哪些价值?”问题中，选择历史价值和文化价值的人最多，分别为 90.17％和 86.02％。从中可以看出，公众对鼓浪屿别墅文化有一定认识，但仍有不少人审美层次尚浅，停留在表层物质，缺乏对内在精神的探索。

2. 公众对鼓浪屿别墅的悲苦悲壮背景了解甚少

第 12 题　您是否听说过鼓浪屿申遗别墅建筑过程中发生的惨案　[单选题]

选项	小计	比例
有	57	8.76%
没有	594	91.24%
本题有效填写人次	651	

第 14 题　您听过的鼓浪屿申遗别墅建设过程中发生的惨案有几起？（不知道的可不做本题）　[单选题]

选项	小计	比例
1	24	3.69%
2	10	1.54%
3	5	0.77%
4	1	0.15%
5	2	0.31%
更多	4	0.61%
0 起	184	28.26%
(空)	421	64.67%
本题有效填写人次	651	

在“您是否听说过鼓浪屿申遗别墅建筑过程中发生的惨案”这一问题中，选择没有的人员比例高达 91.24％，在“您听过的鼓浪屿申遗别墅建设过程中发生的惨案有几起?”这一问题中，选择 0 起或不知道的共占 92.33％。而在“您想了解更多鼓浪屿申遗别墅背后的人文故事吗?”这一问

第 15 题 您想了解更多鼓浪屿申遗别墅背后的人文故事吗？ [单选题]

选项	小计	比例
想	588	90.32%
不想	13	2%
无所谓	50	7.68%
本题有效填写人次	651	

题中，绝大多数人选择了想。这就说明公众对于鼓浪屿别墅的内在文化与精神的探索是渴望而匮乏的，大部分人在游览鼓浪屿时只关注到了其建筑精美，忽略了它极为悲壮的背景与民族精神的内涵。因此积极弘扬与传播鼓浪屿别墅文化中的民族精神是极为必要的。

（四）申遗别墅文化传播策略

1. 创建申遗别墅分类传播的内容体系

笔者通过走访鼓浪屿管委会与实地考察，把 51 处历史建筑和宅园按历史功能划分，划分为：外国领事馆及娱乐别墅，教堂、医院、学校类别墅，经济、商务、社会事务类别墅，私家宅园，景点、民间信仰类五类。本文的第一部分已对这五类建造时的背景与用途做了较为详尽的陈述，在传播鼓浪屿别墅文化时，按类别作为内容体系是极为必要的。

2. 重构申遗别墅文化传播的内容体系

（1）历史价值

自宋代开始有人定居，明代民族英雄郑成功 1646 年开始屯兵鼓浪屿训练师，1661 年以此为基地出兵，次年收复被荷兰殖民者占领 38 年之久的台湾岛。申遗别墅见证了清王朝晚期的中国在全球化早期浪潮冲击下步入近代化的曲折历程，是全球化早期阶段多元文化交流、碰撞与互鉴的典范。对于鼓浪屿申遗别墅文化历史价值的再追寻，就其学术架构的历史地理范畴而言，鼓浪屿在中国的海疆史研究中心具有重要的历史价值。正如厦门市鼓浪屿历史研究学者、参与鼓浪屿申遗并十几年来致力于其文化研究的知名学者吴永奇所说的：“鼓浪屿是解读中国近代史最好的实物范例。”

（2）建筑艺术价值

遗产文化是否具有艺术价值，主要看遗产本体的品质特征是否呈现出一种明显且重要的艺术特征，能充分利用一定时期的艺术规律，较为典型地反映一定时期的建筑艺术风格，并且在艺术效果上具有一定的审美感染力。以位于鼓浪屿港仔后7号的菽庄花园为例，它是由台湾迁居鼓浪屿的富绅林尔嘉于1913年建立的，占地面积14000多平方米。菽庄花园在造园艺术上具有较高的成就，既运用了中国传统园林的造园手法，同时又融合了近代建筑的样式及西方造园的风格，创造出一座独特的滨海近代文人园。

（3）情感价值

情感价值是指通过对文物建筑的认识和了解可追思历史，并激发个人或群体乃至民族记忆及情感，使之成为记忆及情感的物质载体，同时文物建筑作为可观可感可触的物质实体，在其时代精神及情感价值被充分认知的基础上又可提炼成某种民族文化之符号及精神内涵之象征。鼓浪屿申遗别墅则为悲壮的历史，人们对苦难民族记忆的认知和对和平的渴望，以及以爱国主义为核心的团结统一、爱好和平、勤劳勇敢、自强不息的伟大民族精神提供了物质载体与精神象征。

3. 建构科学智能化申遗别墅文化传播手段

（1）录制微视频，介绍岛上人文精神内涵

在智能化方面，鼓浪屿已实现国有核心景点门票电子化；实现53个申遗核心要素（包括工部局遗址、美国领事馆、日光岩寺、种德宫、延平戏院旧址、八卦楼、菽庄花园、番婆楼等）语音导览服务、免费AR地图、720度全景照片和全岛航拍照片；游览区管理处微信公众号语音导览功能上线，实现“音频＋文字＋照片”的全方位介绍，游客可以随时随地欣赏钢琴博物馆和风琴博物馆藏品；增加三大码头、日光岩、菽庄花园、观海园六大区域无线Wi—Fi全覆盖，实现游客对景区智能化的旅游体验。

录制微视频，介绍申遗别墅的建筑特点以及背后蕴藏着的历史故事与民族精神的内核。应将参与别墅建造的人们，主人也好，工人也好，他们身上蕴含的伟大的创造精神和奋斗精神在视频中呈现出来。例如，林氏馆林尔嘉如何不愿当亡国奴实业救国，这样的爱国主义精神值得我们学习。

可在地铁上、候机厅等公共场所滚动播放；另外，可借助自媒体平台，将视频放于微博、微信公众号、QQ空间等平台，让市民、游客在来鼓浪屿之前就对鼓浪屿有一定的了解，带着好奇和期待来参观申遗别墅。

（2）打造吸睛名片，弘扬深厚精神文化底蕴

目前的二维码扫码介绍太过于单调和枯燥、千篇一律，不能很好地突出各个申遗别墅的个性内在文化。建议政府组织专家学者或民间力量，对个性化的别墅进行内在文化与民族精神的挖掘和整理。以日本领事馆为例，曾任厦门市文化局局长的彭一万表示，日本领事馆旧址见证了近百年来我国被侵略被奴役的屈辱历史，对文物进行修缮保护，也是我们面对历史的一种责任。因此，我们更应该侧重于让市民和游客通过该别墅知道那段历史，知道革命志士为抵御外来侵略以及为了民族的图存所做出的努力和牺牲。在为了实现中国梦而努力的今天，我们应该弘扬这样的爱国主义精神。这样个性化的二维码，明显提升了介绍内容的精神传播层次。

（3）培训工作人员，突出人文故事个性特征

导游是一个景区对外宣传的窗口，景区的好与坏，对游客形成什么样的印象，导游起着至关重要的作用。但是在实地走访的过程中，我们发现岛上导游的质量良莠不齐，有的导游能够细致地介绍建筑的前世今生，却未能传播鼓浪屿深厚丰富的文化，有的则敷衍了事，甚至犯下专业性错误。在可开放可供参观的建筑遗产，将管理人员培训成讲解员，或向社会招纳讲解志愿者向游客免费介绍老房子的历史。我们要积极主动地把文化推送出去，提升大众审美精神层次。以菽庄花园为例：台湾富绅林尔嘉先生因怀念儿时在台湾板桥待过的板桥花园，于1913年林尔嘉先生44岁时在厦门鼓浪屿拟建此园。菽庄花园主体有“藏海”和“补山”两组景观。其中采用石头蜿蜒堆砌的十二洞天，将我们一下带进了儿时“躲猫猫”的记忆；用四十四桥来藏海，将园内有限的空间无限放大。园内有数座亭台楼阁，并有命名题词，这与主人满腹的诗情才华相关。主人在建园的同时创建了菽庄吟社，与一批内迁的绅士借诗抒怀，反映了林尔嘉等一批内迁鼓厦的台湾士绅，思念已被日本占领的台湾，以及心怀忧愤的中国传统士大夫的家国情怀。与此同时，林尔嘉先生受外来近代思想的影响，通过积极参政、

兴办实业与推动教育来实现报国理想。

4. 建造申遗别墅文化向教育渗透的传播方向

（1）勾勒精品主题路线，打造别墅研学基地

研学旅行是研究性学习和旅行体验相结合的校外教育活动，是学校教育和校外教育衔接的创新教育形式，是教育教学的重要内容，是综合实践育人的有效途径。鼓浪屿作为厦门旅游业的一张王牌，早已具备了较为成熟完备的旅游体系，单纯的观光游已经不适合这个岛屿的深层发展。如果将目前的观光路线加以改造，添加更多领略鼓浪屿申遗别墅文化的项目，引导大众除了观赏建筑外在艺术美的同时能够更多地感受其文化精神的内核。另外，将鼓浪屿申遗别墅设置为研学基地，带领学生从学校走向自然、走向社会，了解历史，从而更好地传承与弘扬民族精神。

（2）加强教育宣传，列入中小学地方课程

习近平总书记指出，教育是国之大计、党之大计。教育是民族振兴、社会进步的重要基石，决定着中华民族的复兴大业。中小学生是国家和民族的未来和希望。将鼓浪屿申遗别墅文化形成课程体系，列入厦门市中小学地方课程内容之一，把鼓浪屿申遗别墅所体现民族精神、精髓传述给孩子们，让他们通过参观体验感受中国人民伟大创造精神、伟大奋斗精神、伟大团结精神、伟大梦想精神，不仅能感受到别墅的外表美，还能更好地认识内在的精神文化美，让他们体会美、分享美。

四、结束语

（一）课题的社会效益

在调查研究的过程中，很多市民和游客对我们进行“鼓浪屿申遗别墅文化中民族精神的传播”研究给予肯定，认为作为一名中学生能对发生在身边的申遗别墅文化传播、与自己息息相关的社会现象进行观察研究是非常值得肯定和表扬的。我们把研究报告拿给学校领导、老师、长辈、同学阅读，得到他们的肯定和认可。他们认为我们的研究结果不仅选题意义重大，而且具有强烈的地方特色，给社会、政府开展申遗别墅文化传播带来了极好的参考，也给政府有关部门进一步加强对“鼓浪屿申遗别墅文化中民族精神的传播”的管理提供了具体可操作的策略，具有比较好的社会效益。

（二）课题创新点

1. 挖掘了申遗别墅全新的民族精神价值

从另一侧面研究和洞窥申遗别墅背后的中华民族不屈不挠、勇于创造的苦难悲壮历史。那就是其中蕴含着的伟大民族精神即中国人民伟大创造精神、伟大奋斗精神、伟大团结精神、伟大梦想精神的文化内核。通过走访、实地考察、问卷调查等手段对51栋鼓浪屿申遗别墅进行分类整理和描述，分析其精美和背后的悲壮，提出了应该辩证和客观地对待“鼓浪屿申遗别墅文化进行传播”。

2. 申遗别墅的宣传提出了新的传播策略

（1）重建申遗别墅分类传播的内容体系

内容	A	B	C	D	E
建构51处申遗历史建筑和宅园功能体系	外国领事馆及娱乐别墅	教堂、医院、学校类别	经济、商务、社会事务类别墅	私家宅园	景点、民间信仰类

（2）重构申遗别墅文化传播的内容体系

内容	A	B	C
建构申遗别墅文化传播的内容体系	历史价值	建筑艺术价值	情感价值

（3）建构科学智能化申遗别墅文化传播手段

内容	A	B	C
建构科学智能化申遗别墅文化传播手段	录制微视频，介绍岛上人文精神内涵	打造吸睛名片，弘扬深厚精神文化底蕴	培训工作人员，突出人文故事个性特征

二、五育融合，勇于创造，培养实践能力

“五育融合”是“五育并举，融合育人”的简称，旨在德智体美劳“五育”协调发展的基础上，实现各育目标相互之间的深度融合，发挥好德、智、体、美、劳五个方面兼容并蓄、同心同向的作用。那么五育分别的作用功能是什么呢？可以说，德育贯穿于“五育”的各个部分，智育提供智

力支持，体育锻炼身体素质，美育塑造精神涵养，劳育发挥实践效能，五个部分紧密相连，密不可分。简而言之，“五育并举”就是要把五个不同领域的教育目标当作一个整体，通过部分的交织交融，实现整体的统一进步，进而实现人全面且完整的发展。[①] 党的十八大以来，党中央高度重视中华优秀传统文化的传承发展。六中多年来坚持创造教育、艺术教育等鲜明的办学特色，基于此，学校实现了跨学科的合作与开发，通过初中美术组与道德与法治组的携手合作，开发了学生实践活动——有“影”知“影” 耍皮影，旨在通过教师的引领，引导学生认识皮影戏，动手制作作品。新时代中，对单一传统的作品演绎已满足不了学生的需求，学生大胆进行创新，开发出了校本剧本《大脚丫跳芭蕾》等新绘本剧目，制作戏偶演出。透过皮影戏的演出，培养了学生的创新思维，发展了学生的手脑协调能力，提升了艺术鉴赏能力，在潜移默化中启发学生人格与品德的养成。本实践活动深受学生的欢迎，并多次受邀到外校进行交流和演出。本项目获厦门市青少年科技创新大赛社会实践类一等奖。

【案例二】有“影”知“影”耍皮影——以我校皮影工作坊实践活动为例[②]

一、活动背景

党的十八大以来，习近平大力传承中华优秀传统文化。习近平指出：“优秀传统文化是一个国家、一个民族传承和发展的根本，如果丢掉了，就割断了精神命脉。”皮影戏，又称“影子戏”或“灯影戏”，是中国民间古老的传统艺术，是一种用以兽皮或纸板做成的人物剪影来表演故事的民间戏剧。表演时，艺人们在白色幕布后面，一边操纵影人，一边用当地流行的曲调讲述故事，同时配以打击乐器和弦乐，具有浓厚的乡土气息。其流行范围极为广泛。2011 年，中国皮影戏入选人类非物质文化遗产代表作名录。

---

① “五育融合”到底是什么？网易，2022 年 9 月 23 日，https：//www. 163. com/dy/article/HHV5P79L0525CGSH. html，2023 年 2 月 20 日查阅。

② 本项目荣获第 34 届厦门市青少年科技创新大赛一等奖（作者：美术组吴心蓉、初中道德与法治组杜益）。

二、活动目标

我校多年来坚持创造教育、艺术教育等鲜明的办学特色，开发了学生实践活动——有“影”知“影”耍皮影，旨在通过教师的引领，为学生提供展示舞台，挖掘闽南地方皮影戏的资源、学生的兴趣和需要，引导学生认识皮影戏，走近皮影戏，探究皮影戏，从纸偶设计出发，通过剧本创作、角色揣摩、戏偶操作，最后创作出属于自己的皮影戏，实现对皮影戏的传承。在活动中，了解闽南皮影戏的渊源，欣赏皮影戏之美，制作戏偶演出，亲近乡土文化，借由皮影戏故事的视觉符号让学生了解传统文化背后深层内涵，培养学生明辨是非的能力，引导学生树立正确的价值观，启发学生人格与品德的养成。

三、活动过程

本着“以人传艺”“以艺传人”原则，“有‘影’知‘影’耍皮影”实践活动过程可以分为三个阶段。

第一阶段（2017 年 8 月至 2018 年 5 月）：请艺人进校园、对教师进行培训、开发皮影戏校本课程。通过这三个环节做到了“有影，知影”。

1. 艺人进校园，传承闽南皮影戏的知识源头

艺人是源头，利用传承人作为典型可以提升学生的兴趣，可以让孩子深入了解艺人理念，接触传承人的创作过程，汲取知识拓宽视野，从而唤起他们保护、学习、传承传统文化的意识。我们教师先走访了皮影发源地陕西渭南非遗传承人汪天喜夫妇，并请来了闽南皮影传承人庄晏红老师进校园为初一年级的孩子们作报告。只要对这一民间艺术感兴趣的孩子，我们都欢迎。闽南皮影传承人庄晏红老师以演讲、作品展示等方式，把皮影介绍给孩子们，深受学生的欢迎；激发了学生对皮影戏的热爱，为学生亲近皮影戏、探究皮影戏，打下了良好的基础。

2. 教师组团队，传承闽南皮影戏的引领力量

皮影戏的革新与优秀剧目的产生全仰仗全体教师的引导。教师是教育活动的组织者。那么教师队伍如何有效地进行皮影戏的传承呢？

（1）教师团队要形成合力

教学是传承皮影戏的最佳方式。我校的皮影戏工作坊从美术教师的教

学活动开始，结合语文、音乐、英语、物理等领域从五人社发展到十人社。教师尝试团队方式的整合，致力于课程统整。我们团队形成了如下的运作模式：任务的分工，语文老师指导剧本创作，美术老师依据学生剧本角色指导制作戏偶、道具、背景，音乐老师指导配乐、口白、操作，最后完成展演。实施过程中，闽南皮影戏传承人协同合作教学。

(2) 教师要善于引导学生自主参与研究性学习

日本的佐藤学认为教师在自己的每节课中，不应一直讲课，而应该用耳朵、眼睛去接收每个孩子的心声，并且肯定孩子的存在。教师在如何开展教与学的活动之前，先要思考学习要达到什么目的，并关注预期学习结果，这样才能产生适合的教学行为。因此教师在闽南皮影戏课程的教学中，首先，采用问题式的学习，提供实际问题启发学生，让学生从“做中学”来进行解决问题的学习活动，让学生获得成就感。其次，游戏教学。创作故事是最难的环节，学生能力有差异，教师则采用小组合作、故事接龙、趣味调动，增强学生的创作信心。最后，图解教学。引导学生以简单的图像、线条、画出故事结构图。

3. 课程出校本，传承闽南皮影戏的重要依托

皮影戏校本课程是结合闽南地方皮影戏的资源、学生的兴趣和需要，教师自主研发和选用适合本校的课程。校本课程的开发有利于特色校的形成、创建独一无二的特色课堂，有助于教师专业的成长，有助于学生能力的培养；透过课程设计，让学生从剧本创作、角色揣摩、戏偶操作，逐一完成一出属于自己的皮影戏。为此，我们进行了我校的皮影戏的校本课程的开发。

第二阶段（2018 年 5 月）：成立皮影戏工作坊，动手耍皮影。

传统皮影演出需消耗许多乐器、人手、雕工、布景搭配等，在传承上实属不易。在第一阶段的学习准备基础上，我们建立了皮影戏工作坊，这里有制作纸偶的各种所需工具，有投影、幕布等，一应俱全。为提供学生制作展演的舞台和实践的机会，我们面向初一年级的学生，招纳工作坊的成员，总共有成员 600 人；另外特别将拥有舞蹈、音乐、绘画特长的孩子组成工作坊的核心成员。这是工作坊的“星星之火”。

第三阶段（2018 年 5 月至 2018 年 7 月），兄弟校表演，举办夏令营，推广扩大影响力。

厦门六中皮影工作坊渐渐小有名气，于是，我们开展了市级皮影夏令营，迎来了一群喜爱皮影、喜爱传统艺术的孩子来我校，也迎来了一批致力于闽南文化传承的民间艺人，孩子近距离地感受民间传统艺术，丰富孩子的学习生活。同时，我们接到了兄弟学校的邀约，并承办了市级夏令营活动，其影响力扩大，传统文化的传承功能日益深化。

四、收获与体会

（一）创新影偶设计，培养学生创作

传统皮影戏以牛皮为雕刻媒材，价格昂贵，制作过程烦琐、雕刻不易，皮影戏工作坊的孩子们在制作过程中，将它改良为纸影戏。以铜版纸为主，为方便保存，改良塑料覆膜，让纸影不易损坏。孩子们对纸偶的制作充满了兴趣，他们的想象力非常丰富，作品也充满了童趣和创意，为此，我们专门举办了纸偶创作作品展。

学生 DIY（自己动手）皮影戏剧本，改编故事，其核心价值来自传统文化，透过这种活动可培养学生活用素材的应用能力，设计与众不同、富有创意的故事的创造力，克服制作上困难的忍耐力，另外，剧本的内容充满向上向善的正能量，因此学生在创作中践行和培育了社会主义核心价值观。

（二）DIY 表演剧目，探索剧本编制

好的演出一定要有好的剧本，因此剧本要“亲娃”。剧本通常要生动、有趣，贴近孩子们的生活。它可取材自故事，当然也可以改编故事或者自编故事。工作坊的孩子们亲自主挑选喜欢的剧本，有《白雪公主》《三只小猪》《皇帝的新装》《灰姑娘》《青蛙王子》等，并充分发挥想象力，对它们进行改编。他们以四人小组为单位，合作探究。

戏剧从来就有教育功能，纸影戏引导孩子反思，孩子在体验中建立自我，精练地用语言去表达角色的情感，从而提高自我表达能力；在剧情中体会矛盾的前因后果，就能理解生命的定律，了解解决困难的技巧，运用美术、空间去创造舞台，就必定产生创造力。这不正是教育革命新的思潮吗？

（三）推广皮影表演，扩大文化传承

我校皮影工作坊渐渐小有名气。学生们接到了兄弟学校的邀约，并承办了市级夏令营活动，其影响力扩大。

2018 年 5 月 4 日，大同小学的学生们来到了我校的皮影工作坊观摩学习体，参与了皮影工作坊的互动体验。活动内容包含有：了解皮影文化历史发展，了解皮影不同材料的表现方式，皮影 DIY。整个过程中，孩子从刚开始的好奇，到欣赏，再到探索，直到被感动。时间虽短，但我们能感受到孩子眼中的不舍和喜爱。

我校的皮影工作坊，为孩子们更好地学习和了解传统文化提供了一方舞台。通过孩子们喜闻乐见的方式，传播和传承传统文化，培养孩子动手能力，渗透德育。

2018 年 5 月 29 日，我校皮影工作坊团队受邀到厦门音乐学校为音乐学校的孩子和来自新加坡艺术学校师生表演皮影戏。皮影工作坊团队精心准备的两个节目《大脚丫跳芭蕾》《小红帽智斗大灰狼》赢得在场师生热烈的掌声。

展示的我校皮影工作坊的作品获得来自新加坡老师的好评，新加坡的中文老师告诉我们，我们初一学生的作品做得更精细。他们听说我们还有专门的皮影工作坊在分享皮影戏这个传统文化，觉得这点做得非常棒！表演结束后，我校皮影工作坊的学生与在场的其他学生都进行了互动，体验如何操纵影偶，分享经验。希望借助皮影戏这个载体为学生们提供一个展示的舞台，让每一位学生都有一个展示的空间，拥有不一样的传统文化交流互鉴的学习机会。

2018 年 7 月，我校皮影工作坊团队举办了市级夏令营，迎来了来自全市网上报名的 46 个不同年龄段的孩子参与了体验学习，民间艺人也为此活动加持。

我校皮影工作坊通过成员的合作探究体验将皮影耍起来，让皮影戏的文化深植于每个参与孩子的心田，希望能带动更多的孩子以及其他学校的师生了解皮影戏，欣赏皮影戏之美，继而传承皮影戏！

让艺术萌芽于工作坊，扎根于班级，开花于舞台，深化于学校、社区，甚至走出国门，走向世界，让皮影戏在创新中代代相传，借由传统文化的传承让其中蕴含的德育和价值观生生不息！这是我们的未来展望！

通过思政课的“小课堂”引导学生关心家国“大社会”的发展，发现存在的问题，运用所学知识提出了解决问题的对策，丰富了学生的实践经历，培养了学生理论联系实际的能力，提升了学生的实践能力，促进了学生的全面发展。为“学博”“行雅”埋下了创新思维的种子，提供了创造能力培植的沃土。

思考点：看了“博雅”学子的创新实例，你有什么感悟？创新来源于生活，试着寻找一个你感兴趣的创新素材，并记录下来。（不少于500字）

第四节　促进各学段衔接，打造思政一体化

2019年3月18日，习近平总书记在北京主持召开学校思想政治理论课教师座谈会并发表重要讲话，强调“思想政治理论课是落实立德树人根本任务的关键课程”，并特别指出，“在大中小学循序渐进、螺旋上升地开设思想政治理论课非常必要”。为深化新时代学校思政课改革创新，推动新发展阶段学校思政课高质量发展，厦门大学马克思主义学院、福建省厦门第六中学、厦门市故宫小学秉持优势互补、共同发展的原则，探讨中小学与高校思政课共建模式，共同推进思政课大中小一体化建设。

2021年5月，厦门大学马克思主义学院、福建省厦门第六中学、厦门市故宫小学于厦门六中举办“大中小一体化教育合作”签约仪式。签约仪式上，厦门大学马克思主义学院党委书记提道：贯彻党的教育方针，努力培养德智体美劳全面发展的社会主义建设者和接班人，是我国各级各类学

校肩负的共同使命。育人之本，在于立德铸魂。青少年阶段是人生的“拔节孕穗期”，最需要精心引导和栽培。在大中小学开设思政课，是学校落实立德树人根本任务的重要保障。

“大中小一体化教育合作”签约仪式合影

办好思政课，统筹推进大中小学思政课一体化建设，就是要根据思想政治理论教育规律和学生成长规律，针对不同学段学生身心特点，坚持循序渐进、螺旋上升的思路，打通壁垒，拆除藩篱，正确处理好“全程贯通”与“学段差异”之间的关系，抓好教学目标设计、课程设置、教材编写、教学改革、教师培养、考核评价等环节，“既不能揠苗助长、操之过急，又不能刻舟求剑、故步自封”，建立健全思政课跨学段纵向衔接、横向贯通的交流互动机制，科学设置具体教学目标，做到育人主题一以贯之和课程内容互联互通。共建以来，三方发挥特色优势，围绕思政课的宣讲阵地开展尝试，深化课堂，多彩宣讲、多样实践，做出一些系列成效。

一、借力《读本》，开展衔接

《习近平新时代中国特色社会主义思想学生读本（初中）》（以下简称《读本》）是学习习近平新时代中国特色社会主义思想的重要教材，学习《读本》是为了引导同学们不断深化对习近平新时代中国特色社会主义思想的系统认识，逐步形成、增强对拥护党的领导和社会主义制度，坚持和发展中国特色社会主义的认同、自信和自觉。2021 年 9 月，《读本》作为“习近平新时代中国特色社会主义思想”的崭新教材进入初中道德与法治课堂。

“大中小学思政课一体化”要注重课程之间的协同联结，处理好教育内容分段化与整体性的联系。依托《读本》，六中尝试“大中小学思政课一体化”的大学与中学的循序渐进、螺旋上升衔接。六中的合作伙伴厦门大学马克思主义学院派出优秀研究生多次参与六中的研讨和试讲。厦大研究生为初二年全体学生量身打造《五位一体》和《四个全面》两课教学。既有初中生喜闻乐见的教学活动方式，又有丰富精深和高度专业的讲解，他们带来的“高大上”理论课，受到学生们的欢迎和好评。

厦门六中德育处吴家榕副主任、厦门六中初二道法备课组与
厦门大学马克思主义学院的研究生共读《读本》

探讨思政一体化研修模式。不断突破，重建，再打破，再重建的过程，寻求一条解决学的问题、讲的问题、做的问题的方法。探索第一阶段，学校致力解决一体化建设内容离散化问题，以大概念主题式研讨为切入口，开展法治研修实习活动。第二阶段，我们专注提升思政教师技能发展，围绕全国思政教师基本功内容，进行时政述评研训，开展一体化时政述评论

坛，大学生、小学生同台竞技，共学习近平新时代中国特色社会主义思想，形成专业技能与思政理论的紧密结合的一体化专业格局。第三阶段，提升打造“研—训—评”一体化的思政共生体样态。以理论研修、实地培训、评价反馈的实习研讨形式，推进党的二十大精神融入思政一体化建设。

2021年12月，“大中小一体化”三方举办习近平法治思想专题研讨会，该研讨会围绕《读本》展开主题研讨，大力弘扬宪法精神。厦门大学马克思主义学院研究生执教《宪法是根本法》、厦门市故宫小学黄丽菁老师执教《立规矩　讲规矩　守规矩》、厦门大学马克思主义学院章舜钦副教授进行主题讲座，“宪法是国家的根本法，是治国安邦的总章程，是每个公民享有权利、履行义务的根本保证，具有最高的法律地位、法律权威、法律效力。”六中校通过本次“国家宪法日”主题活动，引导学生学习基本法律常识，养成遇事用法的好习惯，从小做“知法、学法、懂法、用法”的宪法小卫士！

2022年5月，为切实加强思政课教师队伍建设，提高思政课教师的教学能力和水平，“大中小一体化”举办厦门市思政课教师基本功展示研讨活动。活动得到厦门市王双莲名师工作室和全国高校思政课石红梅名师工作室的大力支持，活动采用线上直播与现场学习相结合，3400余人次线上观摩。教育部“全国中小学思政基本功展示活动”获奖者厦门市故宫小学刘映辰老师以“夯实基本功　发挥课程立德树人作用”为主题进行交流。刘老师逐一解读了全国中小学思政基本功展示的内容，结合自身经历从“听、说、读、写、赛”五个方面进行分享基本功的养成之路。

厦门大学马克思主义学院硕士研究生陈小芳以“培育担当民族复兴大任的时代新人”为主题进行了示范，厦门市故宫小学五年级学生姬九青同学也带来了《守护“粮”心》的时政述评展示。大学生和小学生同台述评，他们的精彩表现赢得了阵阵掌声。

2022年6月，为喜迎二十大召开，“大中小一体化”联合推出“喜迎二十大，宣讲新思想”思政微宣讲活动。活动围绕厦门红色学习基地、特区建设发展场馆展开，厦门走透透，好看、有趣，且更有意义。“大中小一体化”注重纵向课堂的深度研讨，同时关注横向其他领域的融通合作。为推动“大中小一体化”党史学习教育，传承红色基因，培育时代新人，在中国共产党成立100周年之际，6月11日下午，厦门大学历史系硕士生来到厦门六中初二年段，利用班会课开展“学党史、践承诺、见行动——红色文物故事校园宣讲”主题活动。

支部成员选取了各具特色的革命文物，分为四个小组进入厦门六中初二年段的四个班级进行宣讲，与同学们一起在对红色文物的诉说中感悟中国共产党人的初心和使命，让红色文化资源真正活起来、新起来。宣讲员们深入浅出的讲解，引发了热烈的课堂讨论，赢得了同学们的一致好评。厦大姚秀雅同学为同学们讲述了任远志的故事：作为无产阶级革命家任弼时长女，任志远从小就受到父辈革命精神的影响，孜孜求学，后为中国革命事业作出了巨大贡献。李丙林同学则宣讲了《入城纪律》册子背后的故事，这件文物见证了中国人民解放军严守纪律、不入民宅的史实，强调了铁的纪律性。互动环节中，宣讲员与初二（3）班同学就“任远志与父亲之间的关系”“《入城纪律》在当时是否人手一本”“如何看待《觉醒年代》中辜鸿铭的政治立场”等问题展开了积极讨论。李若凡同学总结道：“人民群众既是历史的‘剧中人’，又是历史的‘剧作者’，时代历史的发展一定是顺应民心、顺应人民需求的发展。”在初二（16）班，徐萱同学以一枚“难忘的子弹”为题，讲述了1936年西路军在河西走廊为建立革命根据地，浴血奋战的革命历史。张晓坤同学则通过一块包袱皮，向大家讲述了红军的军规。这块写有六项注意的包袱皮，正是人民军队开始走向正规化的历史见证。随后，同学们就“生活中应当遵守的纪律”这一主题展开讨论，张晓坤总结道：“生活中，你受到更多的是社会规定给你的纪律，比如过马路要等绿灯等，而我们现在身处这个世界上、坐在这里认真学习就已经代表了我们接受这个世界设定的规则和纪律，物竞天择、适者生存。”谈海彤同学的宣讲题目为《杨匏安手记〈寄小梅〉》，杨匏安为中国人民的解放和共产主义事业献出了宝贵的生命，他的革命事迹和不朽诗文警示我们思考该如何度过灿烂的一生。沈曲同学的宣讲题目为《叶飞子弹头背后的故事》，借此她也教育同学们该如何以积极的心态面对生活。曹心悦同学的宣讲题目为《朱瑞家书》，朱瑞将军在奔赴辽沈战役前线的前夕，给母亲和哥哥写了一封信，信中既阐述了对家人们的思念，也表达了对革命胜利即将到来的喜悦，字词之间体现了他对炮兵事业的一腔热忱，宣扬了高尚的家国情怀。在初二（13）班的班级中，马念怡同学为大家介绍了吉庇巷谢家祠，讲述了谢翔高的革命故事，同时也强调了文物保护的重要性。王璐同学为同学们讲述了杨世宁临行前留给父亲的绝笔书背后的故事，告诉同学们“伟大胜利的背后是无数英雄烈士用鲜血铺就的道路”。

战火纷飞的时代远去，革命先辈浴血奋战的身影却并未远去，他们的精神穿过岁月，在新时代中散发着光芒和力量，始终激励着我们年轻一代。方寸之间的红色文物，从不缺少坚若磐石的力量，传承红色基因，培育时代新人，我们义不容辞。

大思政课融通的价值在于遵循思政教学原理，在学科大概念的基础上，实现跨界知识的迁移，跨界思维的链接，跨界素养的生长，引核心素养落地生根。

二、思政宣讲与社会实践相结合

习近平总书记强调，“大思政课我们要善用之，一定要跟现实结合起来”，“思政课不仅应该在课堂上讲，也应该在社会生活中讲”，“不仅要将社会资源‘引进来’，也要‘走出去’参与社会实践”。思政教师是学生健康成长成才的指导者和引路人，更是做好思想政治工作和理论宣讲的主要力量。共建以来，“一体化”努力从思政宣讲找突破口。然而，大中小学不同学段的思想政治教育的教学目标、内容不同，学情不同，如何发挥思政宣讲的效能？团队可从学生喜闻乐见的形式入手。

厦门市故宫小学基于学生立场，结合生长节点，开发特色一系列思政课程群，一年级“入队立志”政治启蒙课程，四年级“成长有你”责任担当课程，五年级“强国有我”社会参与课程、节气文化“节气小厨房”劳动课程。学校创造性地组建小小思政宣讲团，这是一支由6—12岁的小学生组建的宣讲团，年龄虽小，本领却不小。他们在国旗下宣讲时政新闻，领悟新时代新思想。他们走进一年级进行队前教育宣讲，走进红色研学基地开展红色宣讲，参与承办区委文明办思明区 2021 年秋季“开学第一课”、鹭江街道“我是懂法好少年”法治宣讲、思明教育《思明少年迎冬奥》思政微宣讲、“喜迎二十大，宣讲新思想”主题宣讲，在各级各类平台播出，获得不俗反响。

开发“思政研学”实践活动课程，重视教师层面的指导性工作、家长层面的实践工作，引导学生“走出去”参与社会实践。“红色研学”落实政治认同素养，学生走进厦门总工会旧址、厦门鳌园、厦门破狱斗争旧址等红色基地，传承红色基因。“文明践行”落实责任担当素养，学生走进厦门新文明实践基地，走上街头清扫垃圾、宣传文明行为。“乡村践行”落实社会参与素养，学生走进乡村，学习种植技术，感受农耕文化。

厦门六中与厦门大学马克思主义学院、厦门市故宫小学是“大中小思政一体化”合作伙伴，2022 新春佳节之际，在厦门六中的推动下，推出“大中小一起过寒假活动”“虎虎生威迎新春，传承家风好少年”主题活动。

在“大中小一起过寒假活动”中，厦门大学马克思主义学院研究生陈小芳说道：“我今年研二，现在要开始全面准备毕业论文，寒假也需要劳逸结合，不放松学业。每天早中晚会安排两个小时看文献，写课题开题报告。大致是早上 9：00—11：00，下午 3：00—5：00，晚上 8：00—10：00，这些时间是固定的学习时间，用来看看书、整理资料。其他空闲时间会整理家务、做烘焙、种花……每个人的爱好不一样，希望大家都能过一个充实快乐有意义的寒假。”

在“虎虎生威迎新春，传承家风好少年”中，厦门大学马克思主义学院研究生闫旭杰谈道：“家庭和睦则社会安定，家庭幸福则社会祥和，家庭文明则社会文明。”从“忠厚传家久，诗书继世长”到“长幼有序、敬老孝亲”，从大年三十年夜饭倡导的“节俭为先”到节日期间的与人为善、团结和睦，不论地域归于何处，事亲尽孝、敬老慈幼、祈福纳祥、团圆和睦等好家风是共同追求；不管时代如何变迁，爱国保家、勤俭节约、积德行善、诚实守信等好品质也一脉相承。

轻握银笔饱蘸墨，又是一年春联红！在书法老师的带领下，厦门六中多名学生共同挥毫泼墨撰写春联。同学们的行、隶、草等多种书体各显神韵，沾墨、起笔、运笔、收笔，笔笔道出对新的一年家庭的美好祝愿。通过组织开展“写春联过新年”现场实践活动，让学生充分感受家风文化的魅力无边，进一步提高实践和传承中华优秀传统文化的观念和能力，增强文化自信，促进校园文化发展。

家风正，则民风淳，世风清。传承家风文化有利于推动中华民族传统文化熠熠生辉，厦门六中初二（11）班陈可欢与陈诗寒同学通过解读“贴春联贴春花”，感悟到中华传统文化的源远流长，博大精深，在文化熏陶中养成修身律己的道德风尚。年味是那红红火火的场景，红红的灯笼、红红的春联、红红的窗花。年味是年俗，约定俗成，历史悠久，年俗里有说不完的故事，道不尽的家风。初一（4）班的吴泽銮同学以“年味”为主题，用镜头记录家风，在镜头更迭中感悟良好家风的传承。

拜年是中国民间的传统习俗，是人们辞旧迎新、相互表达美好祝愿的一种方式。故宫小学一年（2）班的陈亭聿同学通过解读拜年礼仪感悟到中华礼仪之邦的文化底蕴。“先拜长辈，再拜亲戚，最后还要拜祖先”，在拜年中传承家风，传承文明。

“大中小学思政一体化”归根到底是各学段思政课实现全程贯通，大中小三个学段在春节期间共上一堂实践课，尝试探索“思政”育人格局的新雏形，推动思政课教学创新发展。“天下之本在国，国之本在家”。习近平总书记在会见第一届全国文明家庭代表时指出：“广大家庭都要弘扬优良家风，以千千万万家庭的好家风支撑起全社会的好风气。”站在历史的新征程，我们要始终重视家庭文明建设，倡导优良家风传承，努力使千千万万个家庭成为国家发展、民族进步、社会和谐的重要基点，成为每一个少年梦想起航的地方！

一体化共建以来，努力打破壁垒，跨界融通，横向探究，纵向衔接，发挥多元主体作用拓展课程场域，丰富课程内涵，推进大思政课的校本化实施，发挥思政课一体化的立德树人的关键作用。关注隐性思政课程、社团建设、推动“大中小思政一体化”，努力构建校本化大思政课的实施框架。

自一体化共建以来，提升了共建学校的理论水平，教学成果层出不穷，多人次获思政类奖项，取得教育部“全国中小学思政教师基本功展示活动”

优胜奖，教育部“基础教育精评课”，福建省“百节中小学思政示范课”，福建省单元作业设计优胜奖，福建省“一师一优课”，市区级优质课评比、技能赛、微课比赛、基本功比赛、青少年科技创新大赛等奖项。

习近平总书记强调：“学校思想政治工作不是单纯的一条线的工作，而应该是全方位的。要完善课程体系，解决好各类课程和思政课相互配合的问题。”三年共建，“大中小一体化”扎实推荐各项工作，迈出实践脚步，取得丰硕成果。团队希望在今后的共建合作中，打造育人共同体，完善机制，推进课题研讨，物化合作成果，让三方合作成为可复制，可传播的优秀经验。

思考点：读完本节，相信厦门大学马克思主义学院、厦门第六中学和厦门市故宫小学关于“思政课大中小一体化建设”的探索和实践给你留下了深刻的印象。请结合自身收获，谈谈“思政课大中小一体化建设”给你带来的积极影响。

第五节　传承国学经典，厚植社会主义核心价值观

国学大师南怀瑾先生说过：“一个国家、一个民族重在文化的传承，最可怕的是一个国家和民族自己的根本文化亡掉了，这就沦为万劫不复，永远不会翻身。”如何运用国学经典，打造活力思政课堂？如何引导学生在文化熏陶中厚植社会主义核心价值观？厦门六中道德与法治教研组积极探索显性教育与隐性教育相结合的国学文化氛围，坚定文化自信。

一、追根溯源思“国学”

“国学”最早是我国古代教育机构的称呼，《礼记·学记》中记载“古

之教者，家有塾。党有庠，术有序，国有学”，到了清末转型时期，“国学”才有了学问之意，与“西学”相对应，后来刘师培在撰写《国学发微》中才将“国学”定义为中国传统学术。从严格意义上来讲，到目前为止，学术界关于“国学”并没有统一明确的界定；从狭义上来看，“国学”是指以先秦经典及诸子学为根基的涵盖两汉经学、魏晋玄学、隋唐佛学、宋明理学和同时期的汉赋、六朝骈文、唐宋诗词、元曲与明清小说以及历代史学等一套特有而完整的文化学术体系。

本节所谈到的“国学”是指以儒学为主体的中华传统文化与学术，简单地说就是“人学”。“国学”，是中国人垂教立世之本、立国安邦之据，是中国人的精神价值之所在，亦可谓中国人的安身立命之学。在道德与法治课堂中传承国学经典，厚植学生社会主义核心价值观已成为六中思政人的不懈追求。

二、国学经典是涵养社会主义核心价值观的重要源泉

国学经典凝聚着优秀传统文化的精髓，蕴含着中华民族的价值追求，为中华民族的伟大复兴提供精神动力，是厚植社会主义核心价值观的动力源泉。习近平总书记在党的二十大上明确提出：“增强文化自信，围绕举旗帜、聚民心、育新人、兴文化、展形象建设社会主义文化强国。”运用国学经典传承中华文化既加强了传统优秀文化的传播力，也在无形中端正了青少年的世界观、人生观和价值观。

（一）国学经典中蕴含的社会主义核心价值观

牢固的社会主义核心价值观，都有其固有的根本。抛弃传统、丢掉根本，就等于割断了自己的精神命脉。培育和弘扬社会主义核心价值观，必须立足于中华优秀传统文化。国学经典是中华民族传统文化的宝贵遗产，博大精深，教育意义深远。国学经典在初中道德与法治的课堂的贯彻落实有助于培育学生的社会主义核心价值观，促进学生核心素养的提升。

国学是中国传统文化与学术研究的总和，是铸就中华民族性格的文化。博大精深的国学应该包括祖先留给我们的文字和语言、《易经》和哲学、科

学和技术、文学和艺术、孔子和儒学、老庄和道教、佛学和佛教、民族和民俗、国家和史学等九个方面；另一个定义是指两千多年封建社会中成为主流文化的儒学，人们常常把儒学也叫国学。儒学的精髓，可以用四书五经来解读。四书包括《大学》《中庸》《论语》《孟子》，五经包括《易经》《诗经》《书经》《礼记》《春秋》。而国学经典主要指的就是能够顺应社会发展，并为个人发展提供思想价值引导的一种精神文化。

社会主义核心价值观24个字，分三个层面的要求提出，就是从《大学》三个纲领、八个步骤中提炼出来的。三个纲领就是“大学之道，在明明德，在亲民，在止于至善”，八个步骤则是格物、致知、诚意、正心、修身、齐家、治国、平天下。格物、致知、诚意、正心、修身是个人层面的要求，齐家是社会层面的要求，治国、平天下是国家层面的要求。党中央提出了“社会主义核心价值观”，把涉及国家、社会、公民的价值要求融为一体，既体现了社会主义的本质要求、继承了中华优秀传统文化，也吸收了世界文明的有益成果，既体现了民族精神，又体现了时代精神。事实上，除了《大学》这一国学经典，《论语》《孟子》《尚书》等均有所涉及，国学经典正是社会主义核心价值观的力量源泉，培养学生的社会主义核心价值观意识要善于从国学经典中挖掘有用素材来帮助学生理解践行，善于用优秀的传统文化引导学生思考价值观并转化为自己的行动。

国学经典蕴含着丰富的社会主义核心价值观，比如《孟子》中的“五亩之宅，树之以桑，五十者可以衣帛矣。鸡豚狗彘之畜，无失其时，七十者可以食肉矣。百亩之田，勿夺其时，数口之家，可以无饥矣”，体现了“富强”这一价值观；又如《尚书》中的“民为邦本，本固邦宁”，体现了“民主”价值观；《大学》中的“大学之道，在明明德，在亲民，在止于至善”，体现了“文明”价值观；《道德经》中的“万物负阴而抱阳，冲气以为和”，体现了“和谐”价值观；《庄子》中的“鱼相望乎江湖，人相望乎道术”，体现了“自由”价值观；《西铭》中的“民、吾同胞；物，吾与也”，体现了“平等”这一价值观；《礼记》中的“大道之行也，天下为公。选贤与能，讲信修睦”，体现了“公正”这一价值观；《管子》中的“法者，天下之程式也，万事之仪表也”，体现了“法治”这一价值观；《日知录》

中的“保天下者，匹夫之贱，与有责焉耳矣”，体现了“爱国”这一价值观；《论语》中“君子谋道不谋食，耕也，馁在其中矣；学也，禄在其中矣，君子忧道不忧贫”，体现了“敬业”这一价值观；《荀子》中的“君子养心莫善于诚。致诚则无它事矣，唯仁之为守，唯义之为行”，体现了“诚信”的价值观；《道德经》中的“天道无亲，常与善人”，体现了“友善”的价值观。事实上，蕴含社会主义核心价值观的国学经典不仅存在于上述这些国学经典中，国学著作中的言论、文章等对当前的社会主义核心价值观都有一定的阐述和概括。

（二）国学经典是社会主义核心价值观的力量源泉

社会主义核心价值观是做人的精神之钙、兴国之魂。每个时代都有每个时代的价值观念，社会主义核心价值观作为当前文化的价值引领，对人的思想发展有着指导作用，同时也是评判一个人道德好坏的价值标准。因此，全社会号召大家践行社会主义核心价值观势在必行。

国学经典滋养中华民族的精神气质，凝聚着中华优秀传统文化的精髓，包含着中华民族的核心价值、普遍认同和精神品质，是培育和践行社会主义核心价值观的重要思想文化源泉，学习国学经典，汲取国学精髓是培育和践行社会主义核心价值观的重要路径。国学经典蕴含着培育完美人格的思想，对坚持中国特色社会主义的文化自信，培育一代代爱国、敬业、诚信、友善的社会主义新人，具有重要的当代价值。

三、国学经典引入校园的路径探究

《关于实施中华优秀传统文化传承发展工程的意见》提出，将中华优秀传统文化融入教育各环节、贯穿于教育各领域，强调以课程教材为重点构建“中华文化课程和教材体系”，优秀传统文化在中小学生的身心健康发展中的作用不容忽视，学校将优秀传统文化的基因有效渗透于中小学的课程中，有利于促进五育并举发展。国学经典是优秀传统文化的精髓，合理且创新性地将它融入中小学课程中至关重要。在六中特色文化教育的熏陶下，六中思政人秉持教育初心，坚守教育使命，在教学中，在校园文化建设中，在班级小报设计中巧妙引入国学经典，传承优秀文化，实现文化创造活力，既服务于教学，又促进文化传承与发展。

（一）国学经典进校园

当前素质教育时代背景下，强调教育的感染力、文化的熏陶力。六中始终坚持“德育与美育双翼齐飞”的教育主线，善用国学经典，上好思政大课堂。开展丰富多样的文化活动。

1.“抓”举固定，将地方文化与国学经典相结合

对国学经典资源的挖掘与开发要坚持立足本地特色文化，将国学经典与特色文化相结合，实现文化的传承发展。厦门筼筜书院位于“国家重点公园”白鹭洲公园东部的筼筜湖半岛之上，书院以弘扬中国优秀传统文化为主旨。因此学校在开展教育时，要善于运用当地文化资源，实现以文育人。比如邀请筼筜书院的讲解员进校为同学们讲授“朱子家训”，诵读“嘉庚精神”，使得学生在丰富多样的国学文化活动中受到正确价值观的引导熏陶。

邀请国学经典讲述人进校园既创新了传统文化的学习方式，又丰富了校园活动，使得学生的学习视角从身边拓展到他人，从校园拓展到社会。

2.“推”陈出新，将国学诵读与课后服务相结合

延时服务是学校教育综合服务的延伸，体现出学校教育主体性角色的回归和强化。如何高效运用延时服务实现学习的多样化和丰富化，是各校当前遇到的困境和难题，稍有不慎，就会加重学生的负担。因此，学校应利用延时服务时间为学生开辟新的学习模式和学习内容，增强延时服务的趣味性。

以经典诵读和历史故事讲解的方式展开课后延时服务，有助于培养学生的爱国情怀，坚定理想信念，厚植社会主义核心价值观。厦门六中创造性开展的国学经典诵读社团受到了很多学生的喜爱，他们每到国学经典诵读日，就会着汉服、拿竹笛，满满的“仪式感”，在国学文化的熏陶中感受到传统文化的博大精深，国学经典的魅力。经过与教务处、德育处负责人沟通，厦门六中还设置了“国学经典”诵读日，“博雅”学子共享传统文化之美，在文化熏陶中坚定文化自信，厚植社会主义核心价值观。

3.“扶”稳站立，将国学经典与隐形教育相结合

国学经典是国家和民族的灵魂，凝聚着中华民族的智慧，展示着中华民族的精神。在校园文化布置上，巧妙地展示或者张贴着国学经典著作，有助于学生在耳濡目染中感受到国学文化的魅力，增强对国学经典文化的认同感和自豪感。厦门六中作为厦门本土知名院校，注重校园文化的隐性教育，通过张贴国学经典带动学生学习传统文化的兴趣与积极性。

习近平总书记在学校思想政治理论课教师座谈会发表的重要讲话中提出了“八个统一”，其中，坚持“显性教育与隐性教育相统一”乃是学生成长规律的基本要求之一、立德树人的基本路径之一。[①] 在厦门六中初中部的音乐广场上，背景墙张贴了《弟子规》的竹匾，充分发挥了校园的隐性教育功能，创新了立德树人的格局。

（二）国学经典进课堂

道德与法治课程是义务教育阶段的思政课，旨在提升学生思想政治素质、道德修养、法治素养和人格修养等，增强学生做中国人的志气、骨气和底气。在道德与法治课堂上引入国学经典势在必行。纵观整节教学课堂，教学主要分为四大过程，从课堂的导入、课堂活动，再到讨论和课堂评价，进行国学经典的渗透与梳理，能够有效实现社会主义核心价值观在学习过程中的引导和熏陶。以部编版《道德与法治》八年级上册第四课第三框《诚实守信》为例，引入相关的国学经典进行道德与法治课堂的授课。诚信是社会主义核心价值观个人层面的要求之一，有效应用国学经典论著将“诚信”这一理念引入课堂，塑造学生的诚信价值观，需要讲究技巧和方法。

1.“国学”做导入，引领课堂“身生彩凤双飞翼”

在中华文化中“诚”曰内思，而“信”曰外行，“内诚于心，外信于事”，在讲授八年级上册《诚实守信》这一课时，在课前引入相关文学典故，从中华文化角度入手，引导学生所思所悟，初步理解“诚信”的内涵及意义。

---

① 王林、张延定：大学生要树立正确价值观，湘潭大学马克思主义学院，2021 年 8 月 29 日，http：//mks. xtu. edu. cn/info/1044/3268. htm，2022 年 3 月 3 日查阅。

【教学片段】

教师活动：教师播放国学典故动画片《一诺千金》。

学生活动：围绕视频展开讨论，思考视频所传播的优秀品质。

国学经典动画导入，既激发学生的课堂主动性和参与性，也在无形中对学生进行了优秀文化的熏陶。通过课前的中华文化情境创设，营造国学文化氛围，为整节国学文化课奠定了基调。瑞士心理学家让·皮亚杰说："学习的本质不是在被动地接受，而是在于认知，在于建构。""一诺千金"这一典故为学生的整节学习建构了基础，也为课堂后续国学文化的贯穿营造了氛围。"一切学习都是从感觉开始的。"国学典故创设的文化情境，容易引发学生的真实思考，从而产生真实感悟，为课堂的真实学习作好铺垫。良好的文化氛围使得学生耳濡目染地受到正确价值观的引领，在感悟与思考中不断调整自身的行为习惯，向优秀看齐。

2."国学"促探究，助推课堂"万人丛中一握手"

一堂成功的好课，就像一首美妙动听的曲子，不仅需要起调，更需要高潮。在进行《诚实守信》课堂教学时，课堂活动能够将"诚实守信"学习推向高潮，因此在教学中进行了"诚信"国学经典故事收集并通过绘制、演讲、手抄报的方式提升学生对"诚信"的理解与思考，通过聆听一个个国学故事，思考探究"诚信"的重要价值。

【教学片段】

教师活动：同学们，通过观看《一诺千金》的视频典故，我们认识到诚信是中华民族的传统美德，也是我们安身立命之本，在课前大家通过小组展开的"诚实守信，我来讲"活动，进行了有关诚信典故素材的收集，相信大家在活动的过程中也是收获满满，接下来就有请我们的小组代表展示活动活动成果。

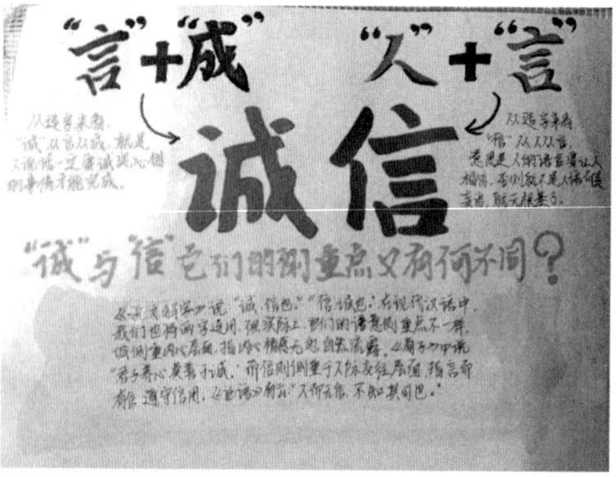

学生小组作品（"诚信"画报）

学生活动：学生展示课前收集的有关诚信故事的画报，并进行展示与演讲。

A组：《韩信报恩》　　B组：《立木为信》

C组：《烽火戏诸侯》　　D组：《宋濂借书》

教师活动：进行简要点评。

设置问题：通过聆听同学们演讲的《诚信》小故事，大家发现诚信的重要性了吗？

当前教学倡导“深度学习理念”，所谓深度学习，是指建立在理解基础上，通过解决真实问题所进行的可迁移学习。为加强学生对知识的认知和理解，贯彻新课程的深度学习理念，可引导学生全身心参与到教学活动中。传统的教学注重对知识的传授，忽略了学生主体性地位。为调动学生的全身心参与，通过开展小组活动来激发学生的学习兴趣，增强活动参与度，自己通过搜集史料、解读史料、分析史料、整合史料、展示成果的方式，真正掌握知识，调动一切感觉器官的全身心参与。

课堂展示互动既为学生的活动提供了平台，也为小组成员的合作学习提供了机会。在活动参与到认识到诚信的重要价值，无论是个人、社会还是国家，诚信至关重要。该课堂帮助学生明确诚信价值，又在无形中督促学生践行诚信，厚植社会主义核心价值观。

3.“国学”谈感悟，升华课堂“使我衣袖三年香”

感悟式学习是文学性教学的重要方式，其源头可以追溯到古代所倡导的“自省”学习。学生通过自己思考，自己启发自己最终达到自我认知不断提升。在课堂展示活动结束后，学生通过分享对诚信典故的感悟，最终引发对自我行为的思考，引导学在日常生活中主动学习诚信这一优秀精神品质。

4.“国学经典”说评价，促进学习知行合一

评价是检验、提升教学质量的重要方式和手段，2022 版的新课标明确提出“要充分发挥评价的诊断、激励和改善功能，促进学生的发展”。《诚实守信》课程评价坚持以素养为导向，贯彻评价促进学习的理念，关注同学们真实发生的进步，捕捉、欣赏、尊重同学们创意、独特的表现，并予以鼓励，进而引导同学们发现自己的艺术潜能，发挥自己的特长。

本节课教学全程引用国学经典故事，引导学生主动参与到国学经典文化的学习、感悟实践中。在文化熏陶中认识诚信，理解诚信并自觉践行诚信。在课后的学习评价中注重学生的表现性评价，重视同学之间协作能力，在沟通合作中，形成多方共同激励的机制，增强学生学习的动力和信心，促进个体的全面发展。基于本课程的性质，结合科任老师的评价建议，制作《诚实守信》学习的量化评价指标，坚持以评促学，实现以评促教，实现教学评一体化。（见下表）

《诚实守信》学习核心素养评价量表

班级：　　　　姓名：　　　　　　　　　　　　　　日期：

评价项目	评级内容	评价方式	评价等级(A/B/C/D)
政治认同	学生能够认同我国优秀传统文化，能够践行和弘扬社会主义核心价值观，坚定共产主义远大理想	自评	
		小组评	
		家长评	
道德修养	能够践行优秀品德，并能转化为实际行动，在课后作业完成后能够积极主动搜索史料	自评	
		小组评	
		家长评	
法治观念	在参与诚信实践小组活动中，能够遵纪守法，积极承担自己所在小组的义务	自评	
		小组评	
		家长评	
健全人格	正确认识自己，积极调整自己参与活动的心态，正确认识小组的分工配合任务	自评	
		小组评	
		家长评	
责任意识	参与活动过程中关心小组活动的开展情况，积极参与课后的诚信实践活动	自评	
		小组评	
		家长评	
教师评价	教师评语： 最后评价等级： 签名： 日期：		

厦门六中思政人用国学经典打造韵味教学课堂，引优秀文化资源入课堂，挖掘国学经典与社会主义核心价值观的交织点，促进文育与思政育人

的深度融合，探索思政课堂新模式，既“抓眼球”又“触灵魂”，充满文学底色，又厚植学生的社会主义核心价值观。这正是思政课程立德树人、以文育人的无痕渗透。

思考点：国学文化的有效传承是当前文化发展的一个困境，虽然各校园、各机构都在探索国学发展的路径，但在实际操作上困难重重。要实现国学文化的有效传承就要找到国学发展的关键点，寻求一个可以落地的关键支撑，实现国学经典与社会主义核心价值观的契合点，方能有效推动国学文化的传承发展，厚植社会主义核心价值观。看完本文，你认为这个“契合点”是什么？请说说你的理解。

第六节　扬鹭岛红色文化，育“博雅”家国情怀

红色文化资源是一种优质的教育资源，也是学校开展爱国主义教育的优质素材。在初中道德与法治课教学实践中融入红色文化，实现文化育人是对初中生进行社会主义核心价值观教育的新举措。弘扬鹭岛红色文化，培育“博雅”学子的家国情怀势在必行。

红色教育一直是道德与法治课中不可或缺的一部分，红色教育可以让学生的性格变得更加正直，政治思想变得更加高效，能够进一步提升学生的价值观。福建省目前已有《福建红色文化实践教程》《福建红色文化读本》（大中小学版）等，为“厦门红色文化资源融入初中道德与法治课的教学研究”提供了充足的福建红色资源，但能把红色文化资源与初中教育教学结合的并不多见。

福建是革命老区，党史事件多、红色资源多、革命先辈多，开展党史学习教育具有独特优势。作为经济特区的厦门有极其丰富的红色历史文化

资源。厦门红色文化资源包含有留存在当地的党史文献资料、中国革命战争时期的历史文献，历史遗迹、会议旧址等物质类资源，同时还有革命英雄的感人事迹、红色革命精神、地方红色文学资源等非物质类资源。在教学中将极具地域特色的红色资源融入道德与法治课堂中弘扬主旋律，是新时代对教育的要求，也是道德与法治课程的教学目标之一。在课堂教学中，用好红色资源，传承好红色基因，把厦门红色文化资源融入初中思政课的教学研究既契合了时政热点，又能在无形中激发学生爱国情感，充分发挥红色文化立德树人的教育价值。

红色文化资源是对初中生开展核心价值观教育的优质资源。那么如何把具有时代价值的红色文化资源与初中道德与法治课程结合起来，深入挖掘和认识厦门红色文化资源，将这些红色文化资源融入初中道德与法治课教学中呢？即增强学生对红色文化的体验，贯彻落实社会主义核心价值观教育，促进初中学生正确思想观念和良好道德品质的形成与发展，使学生成为有理想、有道德、有文化、有纪律的社会主义合格公民奠定基础，促进他们健康、全面地发展。这个育人任务任重而道远。

厦门地区红色文化资源比较丰富，能为学生接触厦门红色文化资源与信息提供便利，增强对厦门红色文化的理解与认同。革命斗争时期留下了宝贵的精神财富，形成了红色文化和革命精神，是极好的教育教学资源。教师把厦门本土的红色文化资源引入初中校园，采取课堂教学、教育活动、课外实践、校园文化建设等方式，拓宽教育渠道，引导学生积极参与丰富多彩的红色文化实践活动，以提高对红色文化的认识，坚定理想信念，强化爱国主义信念。

一、厦门红色文化资源与教学内容有机融合

用好红色资源，丰富初中《道德与法治》课程的教学内容，传承好红色基因，把红色江山世世代代传下去。

（一）打开视窗，启悟红色

初中生作为民族的希望和国家栋梁，需要通过红色文化学习感受到今

天的幸福生活来之不易，从而自觉肩负起时代发展和实现伟大中国梦的重任。

指导学生阅读《福建红色文化实践教程》《福建红色文化读本》（大中小学版）等书籍，启发他们关注厦门的红色文化景点，了解红色人物事迹，激发爱国热情，培养家国情怀。同时作为一名道德与法治教师，需要认真研究教材，把初中六本《道德与法治》课本中能结合厦门地区红色文化资源的相关课题罗列出来，然后组织老师和学生积极探寻厦门地区红色文化资源。

"学习强国"中福建平台的"厦门平台"为我们道德与法治课堂提供了丰富的学习资源。厦门市在"学习强国"厦门平台开设《百年·百篇厦门党史文献连展》专栏，陆续推出"厦门革命英烈""厦门革命遗址""图说厦门党史"三个子板块，百余篇珍贵文献展现了新民主主义革命时期厦门地方党史。这些资料能帮助学生更加全面、清晰地了解党和国家的历史，从而树立爱党爱国爱人民的信念。落实学生"立德树人的教育观"，树立崇高的理想信念，培养学生成为合格的社会主义建设者和接班人。

（二）精挑细选，有机融合

师生通过网络查询或者实地走访等形式收集了丰富的厦门地方特色的红色素材。接下来便需要汇总素材，进行精挑细选和分类，整理出厦门优秀的红色文化资源，如厦门大学囊萤楼（厦门地区第一个中国共产党支部）、厦门市土堆巷红楼、集美陈嘉庚纪念馆（爱国旗帜，民族光辉）、厦门市集美区集美街道集美小学三立楼以及铁血军长彭德清纪念馆（指挥抗美援朝志愿军英勇奋战歼灭美军"北极熊团"）等。寻求厦门红色文化资源与初中《道德与法治》课的有效契合点，将厦门红色文化资源与教学内容有机融合并转化为学校育人资源，在课堂教学中渗透红色文化教育，让学生感受到自己身边红色资源的魅力。例如集美嘉庚精神可融入《道德与法治》七年级上册中，让学生感受生命的意义教学；九年级的民族精神等课堂教学内容，让学生能理论联系实际，了解厦门红色资源，身临其境，发自内心敬仰革命先辈，珍惜当下幸福生活，努力学习报效祖国。增强学生热爱家乡、报效祖国的责任感和使命感，实现立德树人的根本任务。

厦门红色文化资源与教学内容有机融合能够进一步丰富并深化初中道德与法治课的教学内容，提升教育教学的实效，实现对学生的深化教育，实现革命精神的内化于心。

二、厦门红色文化资源与教学实践有机融合

初中阶段重在打牢思想基础，引导学生把党、祖国、人民装在心中，要讲好党的故事、革命的故事、根据地的故事、英雄和烈士的故事，加强革命传统教育、爱国主义教育、青少年思想道德教育，把红色基因传承好，使红色基因渗进血液、浸入心扉，确保红色江山永不变色。开展社会实践、研学旅行活动，红色文化资源进校园，建立校园红色文化，提高学生在红色文化资源传承与发展中的参与度，努力践行社会主义核心价值观。引导广大青少年树立正确的世界观、人生观、价值观，提升思想道德素养与内在人格魅力，赓续红色血脉，成为优秀人才。

一直以来，鹭岛拥有深厚的红色文化底蕴和丰富的红色文化资源，将红色文化资源融入初中思政课，实现课堂内外有机结合，对于推动红色文化的传承、弘扬和发展有积极的现实意义。

（一）红色基因融入血脉，代代相传

厦门六中在初一和初二年级少先队建退队交接仪式上，每年都会引导同学们继承和弘扬少先队的光荣传统，增强少先队员的光荣感和自豪感，帮助他们迈好“青春第一步”。激励教育全体少先队员听党的话、爱祖国、爱人民、爱学习、走进共青团的怀抱，做共产主义事业的接班人。

开展各项丰富多彩的红色主题教学活动，让学生感受到自己身边红色资源的魅力，传承红色基因。加强党史学习教育，在学生的心中播撒下红色文化的种子，激发爱党、爱国热情。如厦门市博物馆举办的“红领巾心向党·红色基因代代传”活动以及厦门市庆祝中国共产党成立100周年青少年儿童歌手赛“最美的歌儿献给党”，这些都有厦门六中“博雅”学子的风采，学生能真真切切感受身边红色的力量，振奋民族精神，担当历史重任，学史明理、学史增信、学史崇德、学史力行，从而实现文化育人的目的。

（二）打卡厦门红色基地，铸魂育人

习近平总书记指出，“革命博物馆、纪念馆、党史馆、烈士陵园等是党和国家红色基因库”。为此我们安排学生利用假期或课余时间“参观革命烈士陵园、厦门红色教育基地、厦门红色遗址”等访谈、研学形式，实现学生零距离地与红色资源进行沟通交流，激发学生爱祖国、爱人民、爱党的美好品格，让学生真切地感受到红色文化蕴含的丰富历史意义以及独特的时代价值，形成社会主义核心价值观。在2021年寒假时，学校安排学生“打卡”厦门红色基地，并写出心得体会。学生通过“打卡”行动，深切地感受到今天的幸福生活来之不易。现选摘如下：

学生收集红色资源作品

• 我“打卡”的红色革命文化基地是厦大的囊萤楼。厦门第一个中共党支部就是在这座平平无奇的小楼中成立的，其中共有三人：罗扬才、罗秋天与李觉民。小小的楼层白墙红瓦包含的确是三位同志对国家无比的热爱与对共产党无限的拥护，我们要感谢他们，向他们致敬！

• 厦门破狱斗争旧址深居陋巷，悲壮革命史生动地呈现在了我们的面前，让我们无不为当时革命先烈的英勇而感到热血沸腾，抚今追昔，我们更应该追忆这段艰辛历史，缅怀革命先辈，如今的幸福生活来之不易，望珍爱和平！

• 胡里山炮台这几尊大炮见证了岁月的痕迹，它饱经风霜历经风雨，立下了丰功伟绩。我不禁陷入沉思，我们如今的美好幸福生活又何尝不是革命先烈们，靠着一枪一弹打出来的呢？我们作为后继者应该珍惜现在的和平生活，努力读书，贡献属于自己的一份力量。

2022年国庆假期，道德与法治与历史学科融合布置学生游历红色厦门。从学生这些实践成果和认知可见这种红色之旅具有深刻的教育意义。具有浓郁地方特色的红色文化资源对青少年学习革命历史、体会革命传统、培养自己的社会主义核心价值观有着积极作用。

三、厦门红色文化资源与“博雅”少年红色传承

（一）“博雅”少年以实际行动传承厦门红色文化

厦门红色文化资源作为初中核心价值观教育的重要载体，有助于从理论上深化红色文化资源思想政治教育理论研究。实施过程中结合本地本校的红色教育资源，以党史学习教育为重点的“四史”教育以及教育系统红色资源“鲜活教材”，增强课程吸引力感染力，培育提升学生红色文化素养。如厦门首批思政宣讲团成员全部来自厦门六中学生，他们以阿卡贝拉合唱、朗诵、舞蹈等形式，将党的一大召开、解放厦门鼓浪屿、抗美援朝等历史题材搬上舞台；他们还努力挖掘身边的典型事例，与时俱进，特别是抗击新冠疫情期间的感人事迹，广大师生在积极参与的过程中也提高了对红色文化的认知和认同。启发和引导中学生坚定不移听党话、跟党走，主动、积极地弘扬红色文化精神，传承红色基因，赓续红色血脉。

（二）激发学生参与意识，推进红色基因铸魂育人工程

加强厦门红色文化资源的宣传力度，建构适合初中生学习实践的平台，将红色资源融入校园文化，提高学生在红色文化资源传承与发展中的参与度，六中学子运用新媒体展现厦门红色文化，增强文化感染力，提升地方红色文化资源的影响力。引导学生知史荣校、知史爱党、知史报国。着力把思政小课堂和社会大课堂有机结合起来，用好大资源，将“四史”教育特别是党史学习教育内容有效融入初中思政课，努力践行社会主义核心价值观，实现文化育人的目的。

附：部编人教版七年级上册道德与法治

10.1《感受生命的意义》教学案

厦门六中张丽琴

本节课所依据的是2022课程标准内容要求，即“树立正确的人生观和价值观，尊重和敬畏生命，热爱生活，追求生命高度，成就幸福人生”。以“生命的意义是什么？”为总议题，以及三个子议题：“爱国华侨陈嘉庚先生的故事——探索生命的意义”“环卫工人蔡月英生活点滴——发现生命的意义”“我该如何创造我想要的生活？——创造生命的意义进行课堂教学”。

【教学目标】

知道每个生命都是有价值的，认识个体生命的意义与自我、他人和社会的关系。认同、理解不同的人生价值，学会选择适合自己的人生之路；培养对生命的认同和热爱，积极探索生命的价值并立志构建自己独特且有意义的生命价值。

【核心素养】

1. 珍爱生命，实现生命价值，增强责任担当。

2. 感受生命的不同意义。学会分辨什么样的人生是有意义的，增强选择过有意义的生活的能力。发现和创造自己的生命意义。

【重点难点】

重点：发现生命的意义。

难点：能够分辨什么样的人生是有意义的。

课前准备：一张A4纸和彩笔

【教学过程】

导课：《道德与法治》是一门需要思考的学科，让我们在思想碰撞中体验美好的感受。让我们一起来做课前热身运动《天天向上》，放松一下因公开课带来的紧张情绪。接着，让我们带着对生命意义的探索走进今天的道德与法治课堂。

板书：10.1《感受生命的意义》。

总议题：生命的意义是什么？

【议题一】爱国华侨陈嘉庚先生的故事——探索生命的意义

【议题二】环卫工人蔡月英生活点滴——发现生命的意义

【议题三】我该如何创造我想要的生活？——创造生命的意义

【议题过程】

人为什么活着？人的一生应该怎样度过？怎样的一生是值得的？这是从古至今不断被追问的永恒话题。为了探讨生命意义这个课题，今天这节课老师要带大家去游览集美、海沧，然后回到我们的思明小课堂。现在开始我们的红色之旅。

第一站：集美。

【议题一】爱国华侨陈嘉庚先生的故事——探索生命的意义

出示图片《华侨旗帜　民族光辉》，并让学生猜猜图片中的人物是谁。

这是国家和人民对他的褒奖和认可，我们的人民和社会都需要这样将自己的生命赋予意义和价值的人，都需要活出生命的精彩。

播放视频：《陈嘉庚先生的故事》。

探索生命的意义：陈嘉庚先生的生命意义表现在哪里？

老师归纳：陈嘉庚先生的生命意义在于：陈嘉庚独立创业，成为橡胶大王（实现自我价值）；陈嘉庚替父还债，兴办教育开始（帮助他人，承担责任）；陈嘉庚兴办118所学校（为国家、为民族、为人类社会作贡献）。

师生总结：什么样的一生是有意义的？（课本P113笔记）

（1）为自己：能够活出自己的人生，自食其力，实现自我价值，这样的一生是值得的。

（2）为他人：当别人需要帮助时，付出自己的爱心；无论责任大小，自愿承担责任，这样的一生是值得的。

（3）为国家、为民族、为人类社会：能够将个人理想与国家发展、民族复兴和人类命运结合起来，为国家富强、民族复兴、人类进步作贡献，这样的一生是值得的。

【活动】

知识擂台大比拼：什么样的一生是有意义的？

第二站：海沧。

【议题二】环卫工人蔡月英生活点滴——发现生命的意义

老师启发引导列举身边同学、家长或老师等在日常生活中做了什么有意义的事。

播放视频：《厦门二十大环卫工人代表　蔡月英》。

议一议：蔡月英的生活单调枯燥，这样的生命有什么意义？

学生说：发现蔡月英生命的意义（略）。

课堂生成：2013 年“最美洗脚妹”刘丽从厦门到人民大会堂。

小结：普通人的生命也是有意义的，也能在平凡中创造伟大。关键在于我们应该如何作出选择，自愿承担责任，努力把事情做好。这样的人生值得我们去学习。

第三站：思明。

老师启发引导学生观察现实生活中各种不同的生活方式，例如浑浑噩噩、关爱他人、奉献社会，你想选择哪一种生活？我要想让自己的生命有意义，需要怎么做呢？

【议题三】我该如何创造我想要的生活？——创造生命的意义

普通人的生命是有意义的，我们也要发现自己的生命意义。

作为中学生我们有想过选择什么样的人生目标吗？

实现人生意义应该从生活点滴做起。我们的每一个选择都在践行着生命的意义。

举例：你们在平时学习、交友等日常生活中是怎么实现人生意义的？

请每个同学用笔在象征生命的白纸上勾画出自己的生命意义。

选择展示几个学生的画卷，说明各人的生命轨迹不同。

得出结论：每个人要发现和创造自己的生命意义，每个人的生命意义不同，是独特的，意义是具体的。

为什么要探索生命的意义？（课本 P113—115 笔记）

（1）探索生命意义，是人类生命的原动力之一。

（2）生命是独特的，生命意义是具体的。

（3）生命的意义需要自己发现和创造。

学思结合，提升素养（学生小结）。

本节课学习《感受生命的意义》，明白了我不要________我要________；发现我可以做________；我还能够努力做________。

【板书设计】见下图

【师生总结】

生命的意义没有统一的答案，不在于他人的赋予和解读，而在于自身的发现和创造。生命的意义不在于长短，而在于内涵。老师希望同学们能在生命的沃土中扎实人生的根基，在阳光雨露滋养下，领悟生命的意义，践行理想，茁壮成长！

【课堂练习】

1. “感觉自己在这个世界上是件多余的装饰品，那是很难堪的。活着而没有目标是可怕的。”这句话说明（　B　）。

A. 活着必须要有远大的目标

B. 活着就要让生命更有意义

C. 有奋斗目标的人才能活着

D. 难堪地活在世上的人是多余的

2. “青春的光辉，理想的钥匙，生命的意义，乃至人类的生存、发展，全包含在这两个字之中——奋斗！只有奋斗，才能治愈过去的创伤；只有奋斗，才是我们民族的希望和光明所在。”这句话启示我们（　C　）。

A. 探索生命的意义是人类生命的原动力

B. 生命是独特的，生命的意义是具体的

C. 生命的意义需要自己发现和创造

D. 每个人的生命都能有自己的价值

【教后反思】

本节课采用议题式教学，主题清楚，形式新颖。厦门本地红色资源融入《道德与法治》课堂，学生身临其境，有感而发。随着议题步步深入，学生对于生命的意义认识逐渐清晰，结合厦门革命时期红色人物陈嘉庚，能深切感受到怎样的一生是值得的，从而树立目标，自觉追求更有意义的人生。由远及近，镜头回到现阶段党的二十大代表环卫工人蔡月英这么一个普通人的日常，进一步审视我们普通人的一生应该如何度过才更有意义。这样的时空转换以及不同身份的人生对比，给学生以思考和辨别，有助于他们做出今后的人生目标规划。因此，这堂课既弘扬厦门红色文化资源，又内化于心，让“博雅”学子们明确今后的奋斗目标，育人效果显著。

传承和弘扬鹭岛红色文化，打好“博雅”学子的人生底色。引导他们成为鹭岛红色基因的传承者、红色故事的宣讲者、红色精神的践行者，不忘初心、牢记使命，实现红色基因代代相传。

思考点：随着时代的发展，厦门的红色文化资源也在日新月异中不断累积，思考如何进一步挖掘各个行业中为厦门建设作出贡献的红色文化资源并汇编成册，真正做到赓续红色血脉，育“博雅”家国情怀！

后　记

进入中国特色社会主义新时代以来，如何有效在思政课中用新时代中国特色社会主义思想铸魂育人，成为思政教师的核心工作，也急需教师创新教学方式。如何在教学实践中，贯彻“五育融合”理念，科学地实现思政课程与历史课程的有效融合？也急需有相关的素材和模式供参考和借鉴。我们在姚育青校长的支持和带领下进行了大胆的尝试。

从课程来看，随着思政课程改革的深入，新的课程理念逐渐进入到课堂中去，其中具有代表性的是核心素养的提出和新教材的应用。因此，开展政史学科融合教学，具有重要的价值和意义。政治学科和历史学科有着不同的教学目标、教学侧重点和教学方法，但也有共同的立德树人的教学目标。不同学科之间的知识互通，尤其是政治和历史这具有先天联系的学科，直接地交流更能够发挥优势，提高教师的知识水平，落实学生核心素养的培养。道德与法治和历史教材中存在着相关的知识内容，历史学科侧重于历史与现实的追问、历史细节的分析。而其立德树人的核心目标是一致的，其培养学生核心素养的目标也是一致的。思政和历史这一类的跨学科综合能力的提高也是新课改的方向。

经过半年的筹备与酝酿，也经过多次思维火花的碰撞，我们团队开始了自己的摸索和尝试。历史学科立足于“把握时势，造就机遇”的主题，从近代、现代两个不同时期，对百年中华屈辱重生史、社会主义建设探索史、改革开放奋进拼搏史和厦门六中跨越发展史进行有机整合，回望百年中华民族屈辱重生、砥砺前行的光辉岁月，以多元史料描绘出各时期的时代特征。厦门六中也随着国家的发展抓住机遇，奋勇拼搏，始终处于时代前列。道德与法治学科则着眼于时事，立足于“为党育人，为国育才”的主题，在授课中加入历史元素，课程素材更加充实，让学生更好地理解中国共产党在近代历史中扮演着至关重要的角色，引导学生感悟“中国共产党为什么能，社会主义为什么行”，将百年中华红色文化进行多样化的课堂渗透，以学生喜闻乐见的形式开展教学活动，增强政治认同，培育家国情怀，提升道德素养，增强责任意识，推动核心素养的落地。

雅斯贝尔斯说：“教育的本质意味着：一棵树摇动另一棵树，一朵云推动另一朵云，一个灵魂唤醒另一个灵魂。”教育要培养、激发学生的优势，引导学生形成高端思维品质，提升学生的社会实践能力，促进学生创新精神的培养形成，为学生全面发展、创新发展打下坚实的基础。政史融合的校本编撰是一个良好的开端，为学科融合教学探究式的发展揭开了序幕。希望能为同行者以后的教育、教学、教研提供参考和助力，为学生的探究性学习指明方向。

杜益、鲍鹭滨

2023 年 7 月